LOS NIÑOS DE
IRENA

Tilar J. Mazzeo

LOS NIÑOS DE
IRENA

**La extraordinaria historia de la mujer
que salvó a 2 500 niños del gueto de Varsovia
durante la Segunda Guerra Mundial**

Traducción:
Elena Preciado Gutiérrez

Penguin
Random House
Grupo Editorial

Los niños de Irena
La extraordinaria historia de la mujer
que salvó a 2 500 niños del gueto de Varsovia
durante la Segunda Guerra Mundial

Título original: *Irena's Children.*
The Extraordinary Story of the Woman Who Saved
2,500 children from the Warsaw Ghetto

Primera edición: febrero, 2017

© 2016, Tilar J. Mazzeo

© 2017, derechos de edición mundiales en lengua castellana:
Penguin Random House Grupo Editorial, S. A. de C. V.
Blvd. Miguel de Cervantes Saavedra, núm. 301, 1er piso,
colonia Granada, delegación Miguel Hidalgo, C. P. 11520,
Ciudad de México
© 2021, Penguin Random House Grupo Editorial USA, LLC.
8950 SW 74th Court, Suite 2010
Miami, FL 33156

www.megustaleer.com.mx

© 2016, Elena Preciado Gutiérrez, por la traducción

ISBN: 978-607-315-089-7

Impreso en Estados Unidos – Printed in USA

Para Robert Miles
La madurez es todo

ÍNDICE

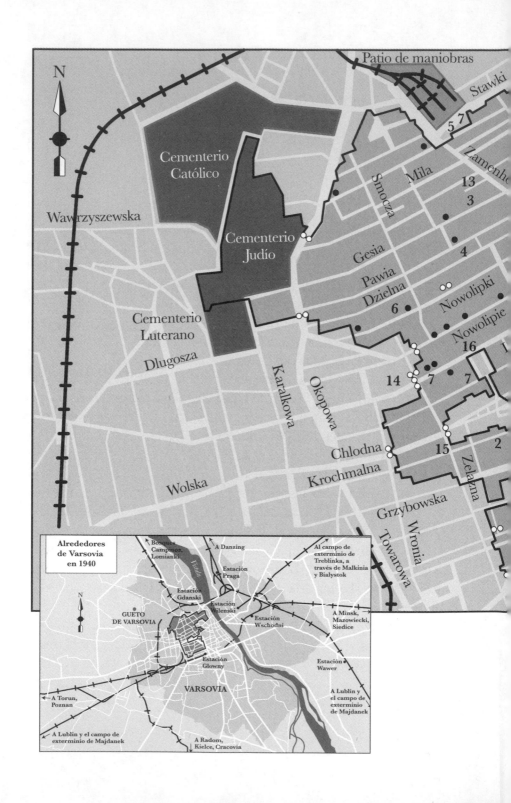

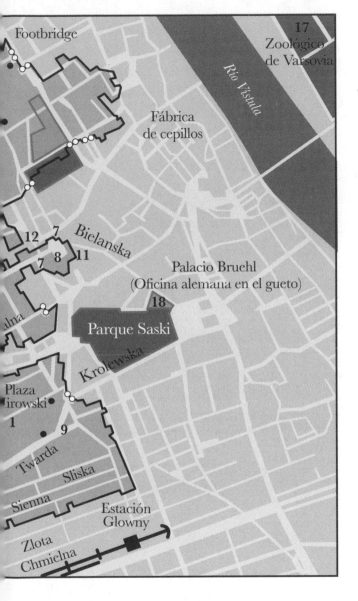

EL GUETO DE VARSOVIA EN 1940

—— Límites del gueto (muro rematado con alambre de púas) al 15 de noviembre de 1940

○○ Entradas y accesos al gueto

● Algunas fábricas del gueto

1 Consejo judío (Judenrat)
2 Policía judía
3 Prisión de Gesiowka
4 Prisión de Pawiak
5 Umschlagplatz (lugar de ensamble y oficina de transferencias)
6 Escondite del archivo Ringelblum
7 Hospitales
8 La gran Sinagoga
9 Sinagoga de Nozjik
10 Sinagoga de Monan
11 ztos (Sociedad Judía de Ayuda Mutua)
12 Centos (Sociedad Central para la Protección de los Huérfanos)
13 Oficina postal
14 Buró del Trabajo
15 Orfanato del doctor Korczack
16 Tribunales
17 Zoológico de Varsovia
18 Palacio Bruehl (Oficina alemana en el gueto)

PREFACIO
Cracovia, 2009

En 2009 fui por primera vez a Polonia. Pensé que serían unas vacaciones. Mi hermano y su esposa trabajaban para el Departamento de Estado de Estados Unidos y vivieron en Cracovia varios años. Antes estuvieron un tiempo en Breslavia y atestiguaron la integración del país a la Unión Europea y su rápida transformación poscomunista. Sus dos hijos pequeños (gemelos y entonces todavía bebés) aprendían sus primeras palabras en polaco, y mi cuñada era directora de una escuela internacional fuera de la ciudad.

Los tres crecimos católicos, aunque creo que ninguno tuvo un interés particular en la religión. A diferencia de Varsovia, Cracovia escapó de ser bombardeada o arrasada por completo al final de la Segunda Guerra Mundial, así que su herencia católica se aprecia en toda la arquitectura de la Ciudad Vieja. Es una urbe hermosa y medieval en algunas estructuras. Pero pocas áreas son tan atmosféricas como el histórico barrio judío de Kazimierz, donde los turistas hacen peregrinaciones para ver la fábrica de Oskar Schindler y las sinuosas calles donde se filmaron partes de la película de Spielberg: *La lista de Schindler*. Pero si quieres imaginar cómo se veía el gueto de Varsovia en 1940 no tienes que ir hasta allá, donde sólo queda un porcentaje muy pequeño. El gueto fue arrasado en la primavera de 1943. Después del levantamiento de Varsovia, el resto de la ciudad fue destruida y sólo el diez por ciento de las construcciones quedaron de pie. En esencia, Varsovia es una ciudad moderna.

Cuando los fui a visitar, la escuela donde trabajaba mi cuñada se encontraba en la última fase de un importante proyecto; estaban desarrollando las instalaciones y rodeándola con una cerca. Mi cuñada decía, a manera de broma, que pasaba sus días regañando a los equipos de construcción locales y que había aprendido un colorido arsenal de leperadas polacas. El sitio fue una tierra de cultivo durante años. En un extremo de la propiedad, después de las casas suburbanas y en medio de los campos, había crecido un bosque. De pie en la orilla de la arboleda, me atreví a preguntarle de forma distraída quién era el dueño del bosque y por qué lo habían dejado abandonado de manera evidente durante décadas. Tras un momento de pausa dejó escapar un suspiro y me dijo: "¿Sabes? El tren hacia Auschwitz solía pasar no muy lejos de aquí. No exactamente aquí, pero por el área".

No había nada en el bosque, sólo un área verde. Me contó que al principio solía caminar por ahí, hasta que un primero de noviembre, que es la víspera de Todos los Santos en Polonia y la tradición consiste en prender velas en las tumbas de los muertos (en todo el país), justo la primera vez que vivió ese día feriado la carretera que rodea el extremo del bosque estaba completamente iluminada de velas. Entonces supo que algo terrible había pasado ahí.

Después, los locales le dijeron que fue en 1945, al final de la guerra, cuando el Ejército Rojo estaba haciendo retroceder la retirada alemana. La llegada del Ejército Rojo no trajo alegría a Polonia. Pocas mujeres (desde las niñas en edad escolar hasta la más anciana *babcia* —abuela en polaco—) escaparon de ser violadas por los soldados soviéticos que pasaron el invierno en Cracovia. Y pocos alemanes que enfrentaron a las tropas soviéticas lograron cruzar la frontera. A lo largo de Polonia hubo cientos de masacres anónimas e indescriptibles. Bajo el régimen comunista nadie se habría atrevido a prender una vela en el bosque, pero ahora las cosas han cambiado. Todavía hay ancianos, y en especial ancianas, que recuerdan. Mi cuñada dijo con tristeza: "Aquí están por todas partes. Polonia es un cementerio sin nombre, ¿y qué podemos hacer salvo dejar el pasado enterrado en silencio y tranquilidad?"

Regresamos a la escuela y las brillantes voces de alegría de los niños de primaria llegaban hasta el corredor por todas direcciones. Pensé en las muertes que ocurrieron aquí, en las vías que llevan a Auschwitz y en las historias de los niños arrancados de sus madres y arrojados contra las paredes de ladrillos para asesinarlos. Pensé en mis pequeños sobrinos y en cómo mataría a cualquiera que les hiciera daño. Días después mi hermano me preguntó si quería ver Auschwitz. Dije que no.

Años más tarde mi cuñada fue una de las primeras personas en contarme la historia de "la mujer Schindler", Irena Sendler (o Irena Sendlerowa, porque en polaco los apellidos de las mujeres adoptan una terminación femenina). Desconectadas en espacio y tiempo, estas dos conversaciones fueron el origen de este libro. Nunca pude separar los lazos que conectan la historia de Irena Sendler con aquella experiencia del bosque polaco abandonado y las voces de los niños de la escuela. Como escritora, dejé de intentarlo.

En la actualidad, en su nativa Polonia, Irena Sendler es una heroína, aunque esta admiración surgió recientemente, después del comunismo. Su historia, como muchas otras, fue enterrada en silencio durante décadas. Con sus amigos y un equipo de colaboradores, Irena Sendler sacó de contrabando a niños del gueto de Varsovia en maletas y cajas de madera, lejos de los guardias alemanes y los traidores judíos. Extrajo del gueto a niños de todas las edades a través de las alcantarillas apestosas y peligrosas de la ciudad. Trabajó con los adolescentes judíos (muchas eran chicas de catorce o quince años) que lucharon con valentía y murieron en el levantamiento del gueto. Y a lo largo de todo esto se enamoró de un judío, a quien escondió con mucho cuidado durante la guerra. Era una persona pequeña con espíritu de acero: medía 1.50 m y tenía veintitantos años cuando empezó el conflicto. Peleó con la ferocidad e inteligencia de un general experimentado y organizó, a través de la ciudad de Varsovia y a pesar de las diferencias de religión, a docenas de personas normales como soldados de infantería.

Antes de ser arrestada y torturada por la Gestapo, Irena Sendler salvó las vidas de más de dos mil niños judíos. Con un riesgo inmenso guardó una lista con sus nombres para que sus padres pudieran encontrarlos después de la guerra. Obviamente, no podría haber sabido que más del noventa por ciento de sus familias morirían, la mayoría en las cámaras de gas de Treblinka. Tampoco (como izquierdista radical y socialista de toda la vida) que después de la guerra sus niños serían acosados por el comunismo soviético debido a sus acciones en tiempos de guerra.

Aunque es innegable que Irena Sendler fue una heroína (una mujer con un coraje moral y físico inmenso, casi insondable), no fue una santa. Hacer de ella una santa en la narración de su historia sería, al final, un tipo de deshonor a la verdadera complejidad y dificultad de sus elecciones humanas. De vez en cuando, durante mis investigaciones y entrevistas en Israel y especialmente en Polonia, aquellos que sobrevivieron ese periodo en Varsovia me dijeron lo mismo: "No me gusta hablar sobre aquellos años con alguien que no los vivió, porque, a menos que estuvieras ahí, no puedes entender las razones por la que la gente tomó ciertas decisiones o los tipos de precios que tuvieron que pagar por ellas." El amor por la vida de Irena fue anárquico, caótico y rebelde, y luchó con la consciencia de no haber sido una buena esposa o una buena hija. Puso a su madre delicada y enferma en peligro de muerte y le ocultó el conocimiento de esos riesgos. Era imprudente y a veces miope, puso lo abstracto antes de lo concreto e incluso, en ocasiones, fue egoísta en su altruismo. Cuando llegó el momento de ser madre, básicamente estuvo ausente y distraída la mayor parte del tiempo. Fue una heroína (aunque despreciaba esa palabra) y al mismo tiempo una persona con errores. Pero también fue alguien dotada con un sentido de propósito y justicia tan poderoso que, con su ejemplo, logró persuadir a otros a su alrededor para ser mejores de lo que habrían sido de otra manera, y juntos hacer algo sorprendente, decente, respetable y valiente.

Durante la escritura de este libro, me impresionó y me hizo ser más humilde el valor de esos "otros": las docenas de hombres y, en mayor parte, mujeres que se le unieron de forma silenciosa. Irena dijo que en cada rescate un promedio de diez personas en Varsovia arriesgaban sus vidas en el proceso. Sin el valor y sacrificio de aquellos que se le unieron, nunca habrían tenido éxito. Para los que ayudaron a Irena, las posibilidades eran monstruosas. El castigo por ayudar a un judío empezaba con ejecutar a tu familia frente a ti, iniciando por los hijos pequeños. Para cualquiera que ame a un niño, es trillado y frívolo describir lo que significa el dolor en presencia de la fragilidad de la vida, y la gran mayoría de los que ayudaron a Irena tenían hijos pequeños. Pero ni una sola vez alguna de esas personas (docenas de ellas) se negó a ayudar a Irena en su misión. Una ocasión, Irena dijo que nadie, nunca, se rehusó a cuidar alguno de los niños judíos.

Ésta es la historia de Irena Sendler, de los niños que salvó y de las docenas de valientes "otros". También es la historia del pueblo polaco, complicada y a veces oscura, pero valerosa. Si te parece que hay demasiados nombres al principio de este libro, recuerda que te estoy narrando las historias de una pequeña fracción de todos aquellos a quienes ayudó. Y considera que, conforme el libro avanza, los nombres tristemente van disminuyendo. Dejo aquí sus historias para hacer un pequeño homenaje a todos ellos. Sus vidas y, a veces, sus muertes hablan de lo que somos capaces, como gente común, al enfrentar el mal y el horror.

PRÓLOGO
Varsovia, 21 de octubre de 1943

Aleja Szucha. Irena Sendler sabía su destino. La puerta se cerró de golpe y la negra prisión móvil se puso en movimiento con una sacudida. Sólo le habían dado unos minutos para vestirse. Su cabello rubio y corto estaba alborotado.

Janka Grabowska bajó corriendo hacia el patio de enfrente y le dio sus zapatos en el último momento, desafiando los violentos caprichos de los soldados. Irena no pensó en amarrarse los cordones. Estaba concentrada en una sola cosa: permanecer calmada y mantener su rostro inexpresivo, tranquilo. Nada de caras tristes. Ése era el último consejo que les daban las madres judías a sus hijos cuando los dejaban a cargo de extraños. Irena no era judía, pero aun así sabía que en verdad las caras tristes eran peligrosas.

No deben pensar que tengo razones para estar asustada. No deben pensar que tengo razones para estar asustada, se repetía en silencio. Si sospechaban lo que estaba ocultando, sería mucho más difícil lo que vendría.

Pero *sí estaba asustada.* Muy asustada. En el otoño de 1943, en la Polonia ocupada por los nazis, no existieron palabras más terroríficas que "Avenida Szucha." Tal vez no hubo palabras más temidas en ningún lado durante la guerra en Europa. Era la dirección del cuartel general de la Gestapo en Varsovia. El brutalismo de su exterior parecía ajustado con crueldad al objetivo de los alemanes. Adentro del complejo de edificios invadidos, los corredores repetían el eco de los gritos de los interrogados. Después, quienes sobrevivieron recordarían el olor nauseabundo de orina y miedo. Dos veces al día, justo antes del amanecer y en la tarde,[1] unas camionetas negras regresaban de las celdas de la prisión de Pawiak para recoger los cuerpos magullados y rotos.

Irena adivinó que apenas eran pasadas las seis de la mañana, tal vez seis treinta ya. Pronto el tardío sol de octubre se levantaría sobre Varsovia. Pero Irena llevaba horas despierta. Igual que todos en el edifico de departamentos. Esa noche Janka, su enlace de confianza y querida amiga, había ido a una pequeña celebración familiar por el festejo de santa Irena. Después de comer muchos embutidos y rebanadas de pastel, la débil madre de Irena y la tía de visita se fueron a su recámara. Janka ya había perdido el toque de queda, así que tendría que quedarse a pasar la noche. Las jóvenes mujeres acamparon en la sala, se acomodaron en los sillones y platicaron mientras compartían té y digestivos.

Después de medianoche, Irena y Janka por fin dormitaban. A las tres de la mañana dormían profundamente en catres improvisados. Pero en el cuarto de atrás la madre de Irena, Janina, estaba intranquila. ¡Cuánto había disfrutado escuchar el despreocupado murmullo de las voces de las chicas! Sabía por la tensa mandíbula de su hija que Irena estaba arriesgándose y tenía una gran preocupación de madre. El dolor le dificultaba dormir y se dejó llevar por sus pensamientos. Entonces, en la oscuridad, llegó un sonido que sabía que estaba mal. El ruido sordo de las pesadas botas resonaba desde algún punto del cubo de la escalera. *¡Irena! ¡Irena!*, siseó Janina con un susurro tan apremiante que penetró los sueños de Irena. Despertada de repente, Irena sólo escuchó la ansiedad en el tono de su madre y en un instante supo lo que significaba. Esos pocos momentos que tuvo para aclarar su cabeza fueron la diferencia entre la vida y la muerte para todas ellas.

A continuación vino el ruido de once agentes de la Gestapo golpeando la puerta y exigiendo entrar. El miedo trajo un sabor extraño y metálico a la boca de Irena, y bajo su pecho el terror iba y venía en ataques que se sentían como descargas de electricidad.

Durante horas los alemanes lanzaron amenazas y agresiones, destruyeron las almohadas y registraron los rincones y alacenas. Levantaron la duela del piso y rompieron los muebles.[2]

Pero no encontraron las listas de los niños.

Las listas eran lo único que importaba. Sólo eran delgados y endebles pedazos de papel para liar cigarros, pero en ellos, con un código de su propia invención, estaban escritos los nombres y las direcciones de algunos de los miles de niños judíos a quienes Irena y sus amigos habían salvado de los horrores de la persecución nazi (niños que todavía estaban escondidos y apoyados en locaciones secretas por toda la ciudad de Varsovia y más allá). En el último momento posible, antes de que la puerta saliera volando para dar paso a la porra y la paliza, Irena tomó las listas de la mesa de la cocina y se las lanzó a Janka, quien con descarado aplomo las metió en su generoso brasier, justo debajo de la axila. Si registraban a Janka, todo habría terminado. Pero Dios sabe que habría sido mucho peor si registraban su departamento, porque allí había judíos escondidos. Irena no podía creer lo que veían sus ojos cuando se dio cuenta de que los mismos alemanes taparon la evidencia incriminatoria más importante: observaba hipnotizada cómo enterraron la pequeña bolsa de documentos de identidad falsos y montones de dinero ilegal bajo los escombros de un mueble destruido. Quiso caer de rodillas en ese momento. Y cuando entendió que la Gestapo no arrestaría a Janka ni a su madre, sino sólo a ella, se sintió invadida por un sentimiento positivo. Sabía que la risa que surgía en su interior estaba teñida de manera peligrosa con histeria. *Vístete*, pensó. *Vístete y sal de aquí rápido.* Se puso la falda desgastada que había doblado sobre el respaldo de la silla de la cocina sólo unas horas antes, abotonó su suéter tan rápido como pudo para acelerar su partida antes de que los agentes tuvieran oportunidad de reconsiderar y salió del departamento caminando descalza en la fría mañana de otoño. Ni siquiera lo había notado hasta que Janka llegó corriendo.

Ahora, mientras el carro-prisión se tambaleaba en cada esquina de la calle, tenía tiempo de reflexionar en su dilema. Sin duda tarde o temprano la matarían. Irena ya lo había entendido. Así era como terminaría su historia. La gente no regresaba de Aleja Szucha ni de la prisión Pawiak, donde los arrestados eran presa de unos interrogatorios devastadores. Nadie regresaba de campos como Auschwitz o Ravensbrück, donde deportaban a los "sobrevivientes" inocentes de la Gestapo. Además, Irena Sendler no era inocente.

El vehículo giró con fuerza hacia la derecha cuando se dirigió al sureste, cruzando una ciudad todavía dormida. La ruta más directa los llevaría hacia las anchas avenidas de preguerra, primero rodeando por el este y luego por el sur el terreno desértico que una vez fue el gueto judío. Durante los primeros años de la ocupación nazi, Irena entraba y salía del gueto tres o cuatro veces al día (siempre arriesgándose a un arresto o una ejecución inmediata), tratando de ayudar a salvar a algunos de sus antiguos amigos de escuela, sus profesores judíos… y miles de niños pequeños. Ahora, a finales de 1943, sólo había ruinas y escombros. Era un campo de matanza, un cementerio infinito. El gueto fue destruido después del levantamiento judío de esa primavera, y su amiga Ala Gołąb-Grynberg desapareció dentro de ese infierno. Los rumores clandestinos susurraban que Ala seguía viva en el campo de concentración de trabajos forzados de Poniatowa, donde un grupo de jóvenes partidarios planeaban su escape en secreto. Irena esperaba que, cuando la barbárica guerra terminara, Ala regresara por su pequeña hija Rami al orfanato donde la había escondido.

El carro-prisión pasó unas cuantas cuadras al norte de la que alguna vez fue la Universidad Libre de Polonia. La institución era otra víctima de la guerra. Irena estudió trabajo social al otro lado de la ciudad, en la Universidad de Varsovia, pero en 1930 visitaba mucho el campus de la Libre de Polonia, y fue allí, gracias a la profesora Helena Radlińska, donde formó su célula de resistencia. Casi todas sus integrantes fueron alumnas de la doctora Radlińska en los días anteriores a la ocupación. Ahora eran parte de una red bien organizada e intrépida, y la profesora también había sido la inspiración para eso. Era una red de interés urgente para sus captores. Ahora Irena andaba por los treinta años, pero su apariencia de niña abandonada y femenina era engañosa. La Gestapo acababa de capturar a una de las figuras más importantes de la clandestinidad polaca. Ella sólo podía tener esperanzas de que los alemanes no lo supieran.

Al su lado, un soldado con botas altas de piel, un látigo enredado y una porra bajó la guardia. Era el final del turno de la noche de terror. Irena se sentó en el regazo de otro joven recluta y adivinó que el chico no tendría más de dieciocho o diecinueve años. Le pareció que dormían. El rostro de Irena estaba tranquilo, pero su mente viajaba a toda velocidad. Había tanto que pensar y tenía tan poco tiempo.

Janka sabía muy bien lo importantes que eran estas listas (y qué tan peligrosas). Si las descubrían, se activaría una cadena de ejecuciones. La Gestapo perseguiría y cazaría a los niños judíos. Asesinarían a los hombres y mujeres polacos que los habían cuidado y escondido. Zofia y Stanisław. Władysława e Izabela. Maria Palester. Maria Kukulska. Jaga. Y matarían a la madre de Irena, a pesar de que la frágil señora, postrada en la cama, apenas podía adivinar el alcance de las actividades ocultas de su hija. Los alemanes seguían una política estricta de castigo colectivo. Familias enteras eran ejecutadas a tiros por las transgresiones de un solo miembro. Irena no podía ayudar sin sentir que era una mala hija. Sabía que siempre había sido más parecida a su padre, impetuosamente idealista.

Si las listas se perdían o Janka las destruía como medida de seguridad, surgiría otro dilema agonizante. Cuando Irena muriera, no habría nadie para reconstruirlas. Irena era el general en este ejército de ciudadanos y la única que conocía los detalles grabados en ellas. Prometió a las madres y a los padres enviados a Treblinka que les diría a sus niños quién los había amado. Si ella moría, nadie sería capaz de cumplir esa promesa.

También había otra pregunta que la angustiaba: ¿Quién le diría a Adam Celnikier? *Adam. Su Adam.* Su esposo, Mietek Sendler, estaba en algún lugar de los campos de prisioneros de guerra alemanes, y tardaría semanas o tal vez meses en que le llegaran los rumores de su ejecución. Si es que todavía estaba vivo. Pero ella y Mietek se habían separado antes de la guerra, y era a Adam a quien amaba (y a quien sus amigos escondían bajo un nombre falso y una nueva identidad). Adam era uno de los pocos sobrevivientes judíos de Varsovia, cuya vida estaba en constante peligro.

El motor del vehículo de la Gestapo resonaba a través de la mañana silenciosa en las calles de Varsovia. Con cada turno los soldados se animaban un poco. Ahora Irena debía prepararse para lo que vendría después. Tenía que hacerlo para no revelar nada, sin importar qué tortura le infligieran. Demasiadas vidas dependían de eso. Había arriesgado la suya para mantener a los niños escondidos. Ahora estaba más determinada que nunca para morir con y por sus secretos. ¿Y si no era lo suficientemente fuerte para hacerlo? Y si el dolor era demasiado grande, ¿traicionaría el escondite secreto de Adam? Ahora se preguntaba cuánto soportaría. En los días que siguieron, cuando le fracturaron los huesos con porras y mangueras, ese pensamiento la obsesionaría.

Era una mañana fría y el miedo también la estaba congelando. El carro rodó con suavidad hacia el este por la amplia avenida, tomando velocidad en el tramo final del viaje. Pronto llegarían a Aleja Szucha, su último destino. Ahí la desnudarían, registrarían, golpearían e interrogarían. Ahí habría amenazas e intimidación. Ahí habría latigazos, agonía y crueles tormentos que hasta el momento eran inimaginables. Cosas más frías estaban por venir. Irena deslizó las manos en los bolsillos de su abrigo para calentarlas por unos instantes.

Su corazón se congeló en el momento preciso que sus dedos tocaron algo ligero, delgado y crujiente. Papel para liar cigarros. De inmediato recordó que traía una parte de la lista. En ella estaba una dirección, lo que implicaba traicionar la vida de alguien cuyos datos había querido revisar esa mañana. La tenía ahí… entre sus dedos.

Capítulo 1
CONVERTIRSE EN IRENA SENDLER
Otwock, 1910-1932

En los cuentos tradicionales yidis, la historia de Polonia empezó durante el crepúsculo de una tranquila noche de verano. En los límites del cielo, el bosque crecía oscuro.[3] Una familia exhausta colocó sus pertenencias sobre el pasto al borde del camino y se preguntó: *¿Cuánto tiempo deambularemos hasta encontrar nuestra patria?* Siempre esperaban la señal que sus ancestros les dijeron que llegaría, pero no esa noche. Sus pies estaban muy lastimados y alguien lloraba en silencio, melancólico y desolado.

Entonces, en la calma del bosque, un ave cantó dos hermosas notas. Eran la señal que esperaba la familia. El pájaro gorjeó *po lin, po lin.* En su idioma esas palabras significaban: *Vivan aquí.* Aquí, en el lugar que, después de aquel día, llamarían Polonia para siempre.

¿Dónde está esa ciudad, el corazón de Polonia? Nadie lo sabe. Debió de ser un lugar muy parecido a Otwock, la población junto al río ubicada en los límites de un bosque de pinos a veinticuatro kilómetros de Varsovia. Para el siglo XIX, cuando se registraron las palabras de este cuento yidis, Otwock ya era el hogar de una comunidad judía jasídica, establecida hacía mucho tiempo.

Y no sólo los judíos jasídicos encontraron un hogar. De hecho, en 1890, Otwock se convirtió en un lugar conocido. En 1893, el doctor Józef Marian Geisler abrió un *spa* y una clínica para el tratamiento de la tuberculosis. Se encontraba en el margen derecho del río Vístula y estaba rodeado de altos árboles. Se creía que el aire de Otwock era particularmente saludable. En medio de este entorno campestre aparecieron docenas de cabañas construidas con un estilo alpino, con grandes pórticos al aire libre y entramados de herrería a lo largo de las cornisas. La ciudad se volvió una elección de moda para tratamientos de salud. En 1895, sólo dos años después, un tal Józef Przygoda abrió el primer sanatorio para judíos. En aquellos días, judíos y polacos vivían en mundos separados por elección propia, y esa clínica también se hizo popular. Pronto Otwock (hogar de una gran comunidad de judíos pobres)[4] se convirtió en el destino de verano para la clase media-alta judía de Varsovia y otros pueblos de Polonia central.

Irena Stanisława Krzyżanowska (su apellido de soltera)[5] no nació en Otwock, pero en los años venideros esta ciudad fue una parte importante de su historia. Nació el 15 de febrero de 1910 en el Hospital Católico Espíritu Santo en Varsovia, donde su padre, Stanisław Henryk Krzyżanowski era médico e investigador de enfermedades infecciosas. Para el doctor Krzyżanowski y su joven esposa, Janina, fue una historia accidentada la que los llevó a esa región campestre. La madre de Irena era una mujer muy joven, llena de vida y sin ninguna profesión; y su padre, un ferviente activista político, orgulloso de formar parte del incipiente Partido Socialista Polaco. En su juventud pagó un alto precio por sus principios.

En la actualidad, la agenda "radical" del Partido Socialista Polaco parece modesta. Stanisław Krzyżanowski creía en la democracia, en la igualdad de derechos para todos, en el acceso justo a servicios de salud, en las jornadas laborales de ocho horas y en acabar con la tradición atroz del trabajo infantil. Pero a finales del siglo XIX y principios del XX, en especial en esta región del mundo con su reciente historia feudal e imperial, ese objetivo político era un poco inquietante. Como estudiante de medicina, primero en la Universidad de Varsovia y después en Cracovia, Stanisław fue expulsado por su papel como líder en huelgas y protestas dentro del campus, en nombre de estos ideales revolucionarios. *Debes levantarte contra lo que está mal en este mundo*, insistía. Uno de sus dichos favoritos era: "Si alguien más se está ahogando, tiéndele una mano".[6]

Por suerte las cosas fueron diferentes en la Universidad de Járkov, un semillero de radicalismo 1 120 kilómetros al este, en Ucrania. Allí, por fin, el doctor Krzyżanowski se graduó de la escuela de medicina. La ciudad de Járkov también era uno de los centros intelectuales y culturales de la vida judía y del activismo en Europa del este, y su padre no tenía paciencia para el antisemitismo que se extendía por Polonia. La gente era sólo gente. La familia Krzyżanowski tenía ciertas raíces ucranianas. También la familia de su madre, los Grzybowskis. No tenías que venir de algún lugar en particular para ser un buen polaco: así lo veía el doctor Krzyżanowski. Después de la graduación de Stanisław Krzyżanowski y de su matrimonio, él y su esposa volvieron a Varsovia. Y quizá se habrían quedado ahí de forma permanente de no ser porque Irena, con dos años de edad, contrajo un terrible cuadro de tosferina en 1912. El doctor Krzyżanowski veía cómo su pequeña hija luchaba por respirar, con sus diminutas costillas moviéndose de arriba a abajo, y sabía que los niños podían morir de esta manera. Debían sacar a Irena de la ciudad congestionada. El aire limpio del campo la ayudaría a respirar mejor. Otwock era la solución más obvia. Stanisław había nacido ahí, su hermana y cuñado tenían algunos negocios y era una locación famosa por su salubridad, así que le ofrecería muchas oportunidades a un joven y entusiasta doctor. Ese año la familia se mudó a la ciudad. El doctor Krzyżanowski, con ayuda de la compañía de bienes raíces de su cuñado,[7] Jan Karbowski, abrió un consultorio privado como médico especializado en el tratamiento de la tuberculosis... y esperó a sus pacientes.

Los lugareños más pudientes y los visitantes elegantes demoraron más en confiar en él. Los granjeros trabajadores y la gran población de judíos pobres eran menos quisquillosos. Algunos médicos polacos se negaban a tratar a judíos pobres, en especial a los que no podían pagar. El doctor Krzyżanowski era diferente. Le preocupaba hacer la diferencia. Les daba la bienvenida a todos con amabilidad,[8] ponía una alegre sonrisa y no se preocupaba por el dinero. Como los judíos representaban la mitad de la población local,[9] había suficientes pacientes como para mantenerse ocupado. Pronto, todos en Otwock decían que el doctor Krzyżanowski era un buen hombre y mucha gente, rica y pobre, llegó a la ciudad para verlo.

Aunque el doctor Krzyżanowski era médico y muchos de sus pacientes eran pobres (porque siempre hay más pobres que ricos necesitados de la ayuda de un buen hombre), no era pretencioso. Su casa estaba abierta para cualquiera y Janina era una mujer agradable y extrovertida que disfrutaba la compañía de otros. A los dos les encantaba ver a su pequeña entablar amistad con los niños de las familias judías, las cuales aceptaban a su hija con los brazos abiertos. Cuando tenía seis años, Irena ya hablaba yidis con fluidez, sabía cuáles eran los mejores surcos para jugar a las escondidas detrás del sanatorio y cuáles eran las mejores paredes para botar una pelota. Estaba acostumbrada a ver a las madres judías[10] con sus pañuelos coloridos en la cabeza y sabía que el olor a pan horneado con comino presagiaba algo delicioso para los pequeños con suerte. "Crecí con esas personas —dijo Irena—. Su cultura y tradiciones no me son ajenas."[11]

Es posible que uno de los niños judíos que Irena conoció cuando tenía cinco o seis años fuera un chico llamado Adam Celnikier. Nadie está seguro de la verdadera historia de su primer encuentro. Ése sería el inicio más temprano y quizá sólo se trate de una ilusión. Tal vez Adam fuera un chico soñador, amante de los libros. Más tarde se convirtió en un hombre soñador, amante de los libros. Tenía el cabello rojizo y rizado, la piel morena y su larga y bella nariz se veía como (lo que muchos llamarían) la de un judío. Tal vez Adam fuera uno de los primeros compañeros de juego de Irena, aunque su familia era muy rica y, a diferencia de muchos judíos, hablaba un perfecto polaco. La madre de Adam se llamaba Leokadia; él tenía muchas tías, tíos y primos con nombres como Jakob o Józef. Su familia no vivía en Otwock todo el año. Poseían casas y negocios en Varsovia, pero Irena debió verlo algunas veces durante los veranos.

Los primeros recuerdos de la infancia de Irena en Otwock fueron mágicos. El padre mimaba a su pequeña. Él tenía un bigote retorcido que se enroscaba más en las puntas cada vez que sonreía y cuidaba a su única hija con un gran cariño. Sus tías lo llamaban "Stasiu", y cuando le daba abrazos y besos, le decían: "No la malcríes, Stasiu.¿En qué la vas a convertir?"[12] Su padre sólo les guiñaba el ojo y la abrazaba más fuerte. Siempre les respondía: "No sabemos cómo será su vida. Tal vez mis abrazos serán su mejor recuerdo". Y de hecho, lo fueron.

Otros niños que Irena conocía no tenían tanta suerte ni vivían en una espaciosa residencia de madera como la de sus tíos ricos. El hogar de su familia era muy grande: la casa cuadrada en el número 21 de la calle Kościuszki[13] tenía veinte habitaciones y un invernadero de vidrio que brillaba con la luz del sol. Como muchos de los pacientes del doctor Krzyżanowski venían de los estratos sociales más bajos, cuando éste hacía rondas por la ciudad o cuando los pacientes iban a la clínica familiar, Irena atestiguaba la pobreza y privación desde el particular punto de vista de una niña. Poco a poco entendió que no todos los polacos en la ciudad eran como su padre. Conoció la cultura judía,[14] y con el tiempo también el sufrimiento judío.

En 1916, cuando Irena tenía seis años, su padre decidió compartir ese sufrimiento. Ese año una epidemia de tifoidea arrasó con Otwock, y como diría el doctor Krzyżanowski: uno no podía escoger no ayudar porque fuera riesgoso. Los ricos se mantuvieron apartados de los lugares concurridos e insalubres, donde la infección tenía mayor presencia. La enfermedad era especialmente peligrosa en los hogares que carecían de agua limpia para beber y de un buen jabón para lavar. Los pobres debían conformarse y la enfermedad acabó con muchos de los compañeros de juego de Irena y sus familias. Stanisław Krzyżanowski continuó tratando pacientes enfermos e infectados como siempre.

A finales del otoño y principios del invierno de 1916 él sintió las primeras sacudidas y escalofríos. Sabía que era el principio de la terrible fiebre. Pronto ardía y susurraba en medio de un delirio salvaje. Sus tías armaron un revuelo. La pequeña tenía que permanecer lejos de la habitación del enfermo y no podía ver a su papá. Todo tenía que desinfectarse. Ella y su madre necesitarían quedarse con otros familiares y no habría besos ni abrazos que malcriaran a Irena hasta que se recuperara. Existía mucho riesgo de contagio para los niños.

Durante semanas, el doctor luchó contra la enfermedad y protagonizó su propia y solitaria batalla, pero nunca se recuperó. El 10 de febrero de 1917, Stanisław Krzyżanowski murió de fiebre. Cinco días después Irena cumplió siete años.

Después del funeral del padre de Irena, su madre la cargó con cuidado e intentó no llorar mucho. Pero Irena la oyó un par de veces y entendió también los susurros de preocupación que sus tías hacían cuando pensaban que ella no escuchaba. Se preguntaba si ahora serían pobres como los pacientes de papá. Eso pasaba cuando te convertías en huérfano. Con su imaginación de niña, creía que su papá se había ido porque ella se había portado mal, así que intentó ser lo más obediente que pudo para que su madre no la dejara. Janina estaba triste, y cuando la gente está triste se va. Pero era muy difícil sentarse y quedarse quieta todo el tiempo cuando lo que quería era correr y saltar por el campo. La pequeña tenía un nudo en el corazón y cargaba un gran peso sobre sus hombros.

Y de hecho, con la muerte del doctor la viuda empobreció. Vivían en una casa propiedad de la familia, pero Stanisław Krzyżanowski no dejó grandes ahorros. La madre de Irena era joven, pero ama de casa y madre, no un médico, y representaba un enorme trabajo para ella encargarse de la clínica y cuidar a su hija. Stanisław nunca se preocupó lo suficiente por los números. Nunca fue un hombre de negocios responsable, sólo un idealista. Ahora era un esfuerzo cuesta arriba. Sin ayuda Janina no podría pagar las colegiaturas para la educación de Irena. Noticias sobre la difícil situación de la viuda corrieron por Otwock y la comunidad judía llegó a una conclusión. El doctor Krzyżanowski había atendido a sus hijos cuando ellos no podían pagar un tratamiento médico. Era momento de ayudar a su viuda e hija.

Cuando los hombres fueron a ver a su madre, Irena se apartó del camino con tranquilidad. La larga barba del rabino se balanceaba mientras hablaba. Usaba unos lentes pequeños que hacían parecer que sus ojos eran enormes. Irena se sentía más en confianza con las madres judías[15] de cabello trenzado y manos que se movían cual aleteo de ave mientras hablaban y cuidaban a sus hijos. *Pani Krzyżanowska,* le dijeron, *nosotros vamos a pagar por la educación de tu hija.* (*Pani* era la palabra polaca para señora). Su madre se frotó los ojos. *No, no,* dijo con firmeza. *Les agradezco mucho, pero soy joven; yo mantendré a mi hija.* Janina era independiente, orgullosa y necia, e Irena se sintió bien de que su mamá se hiciera cargo de ella.

No obstante, el resultado de la independencia de Janina fue una constante lucha con el dinero. Eran tiempos difíciles. El tío de Irena, Jan, era dueño de la casa que habitaban y del edificio de la clínica. En 1920 dijo: *No más.* Era momento de cerrar y vender la clínica. El tío Jan y la tía Maria eran ricos,[16] pero la madre de Irena no quería vivir de su caridad. Odiaba ser una carga y consiguió un trabajo de costurera para ganar dinero. Janina prefería vivir con modestia y escatimar un poco antes que pedir un favor, así que puso la frente en alto y sólo le dijo a su cuñado: *No te preocupes, estaremos bien en la ciudad.* Se irían a vivir a Piotrków Trybunalski, donde estaba la familia de Janina, no muy lejos de Varsovia.

La vida en Piotrków era diferente. Ya no estaban los bosques de pinos ni las cabañas de madera de Otwock. Ya no estaban sus amigos. Irena extrañaba el campo. "A menudo regresaba a esa región[17] [cerca de Otwock]", dijo. Era idílico, parte de lo que era tener un verano ideal en Polonia, y significaba la infancia de Irena.

Pero su infancia se acabó. Cuando los empleados cargaron en sus hombros los baúles que contenían la mejor vajilla y las sábanas de la familia, Irena se preguntó si todo eso cabría en su nuevo departamento de ciudad. Piotrków era un pueblo mercantil con mucho movimiento, tenía cincuenta mil habitantes y estaba en el paso de la principal línea férrea del país, que iba de Varsovia a Viena. Se acabaron también las noches tranquilas del campo y los sonidos del bosque. En Piotrków el sonido de los tranvías y los gritos de vendedores se colaban por las ventanas. Había muchas otras voces. Ahora, a su alrededor, Irena escuchaba a la gente sosteniendo conversaciones apasionadas sobre la política y la libertad de Polonia.

Durante siglos este país luchó por la independencia contra sus agresivos vecinos en dos direcciones: Rusia al este y Alemania al oeste. El año en que Irena y su madre se mudaron a Piotrków, el conflicto con Rusia estaba en un punto decisivo, y la ciudad era cuna del patriotismo y los ideales de izquierda. Si hubiera existido un "Partido del Té" en la historia revolucionaria polaca, Piotrków habría sido el Boston de Polonia. Había un gran sentido del orgullo nacional, y cuando los niños se unían a los Boy Scouts aprendían más que canciones de campamento: practicaban tácticas paramilitares para defender su nación de los ocupantes en las fronteras. Después de todo, ese verano los polacos vencieron al Ejército Rojo en Varsovia contra toda posibilidad. Si la guerra volvía, los *scouts* serían el ejército más pequeño del país. Orgullosa, Irena aprendió de memoria el juramento de la tropa; sería ahorrativa y generosa. Sería confiable como el caballero de cabello negro Zawisza Czarny. Los niños se maravillaban con las historias del valiente Zawisza, quien en otros tiempos peleó por Polonia y nunca se retiró. Sobre todo, el joven corazón de Irena se colmó de determinación cuando prometió, por el honor *scout*, que sería amiga de cualquiera que así se lo pidiera.

Irena y su madre se mudaron a un pequeño departamento en la avenida Maja en Piotrków (que en la actualidad está marcado con una placa conmemorativa) y cumplió diez años cuando llegaron a la nueva ciudad. El departamento era un poco incómodo y no siempre estaba ordenado, aunque pronto se llenó de amigos y visitas. Janina aún era una mujer joven que enviudó antes de los treinta, y tenía un espíritu algo bohemio. Le gustaba el teatro y divertirse. Podía ser melodramática, pero siempre una cálida y preocupada madre polaca. En Piotrków los edificios del centro, a los que Irena y Janina iban para hacer las compras del fin de semana, estaban pintados con brillantes tonos rosa, verde y amarillo. En los días de primavera, las tropas de *scouts* iban al río para realizar prácticas y picnics. Durante los entrenamientos de primeros auxilios las chicas se lucían con orgullo y aprendían a marchar junto a los chicos en formación militar. El uniforme claro de Irena, con la flor de lis, insignia de los *scouts*, lucía elegante. Cuando cambió a la escuela local secundaria Helena Trzcińska, también se llevó consigo el juramento *scout*: "Ser puro en pensamiento, palabra y acto, no fumar, no tomar alcohol".[18]

Irena era amante de la diversión y estaba llena de vida. Pronto tuvo un novio formal, un romance de secundaria. El nombre del chico era Mieczyław "Mietek" Sendler.[19] En la Polonia católica de la preguerra, un beso tímido entre jóvenes de pensamiento puro los envió de inmediato a una agonizante confesión, y al acabar la escuela el cortejo ya era serio. El matrimonio era el siguiente paso inevitable: las familias accedieron, siempre y cuando acabaran la universidad. Cuando Irena y Mietek obtuvieron un lugar en la Universidad de Varsovia en el otoño de 1927, Janina encontró un departamento en la capital para ella y su hija, de forma que Irena tendría un hogar mientras continuaba su educación. El futuro estaba arreglado.

Pero pronto una pequeña voz en la cabeza le dijo que su futuro no estaba asentado. Intentó silenciarla. Cursar la universidad era nuevo y emocionante. Mietek decidió estudiar a los clásicos e Irena se matriculó para convertirse en abogada. La escuela de leyes resultaba una opción atrevida para una chica de diecisiete años que era más ingeniosa que obediente o tranquila. Sin embargo, la anticuada facultad no veía el derecho como una profesión para mujeres. En cada oportunidad los profesores obstaculizaban su ambición. Irena estaba indignada, pero se resignó, cambió a estudios culturales polacos y planeó convertirse en profesora de teatro. Todos a su alrededor estuvieron de acuerdo en que era un mejor estilo de vida para una joven polaca bien educada.

Tal vez fue en el departamento de leyes, durante su primer año, que se reencontró con Adam Celnikier. Ese joven sensible y compañero de clase tenía rizos oscuros, afición por la poesía romántica y ademanes extravagantes. Uno se pregunta si quizá le recordaba al caballero de cabello oscuro Zawisza, el legendario héroe polaco de los *scouts*. Pronto Irena se integró a un grupo de estudio en el que veía a Adam con frecuencia, y los sentimientos fueron eléctricos. No tardaron mucho en pasar más y más tiempo juntos. A veces se sentaban bajo los árboles que se balanceaban alineados por los senderos del campus y hablaban de su infancia. Muchas veces debatían sobre arte y política. Hablaban de leyes y del futuro de Polonia. Cuando sus manos se rozaban por accidente, Irena sentía sus mejillas arder; de seguro sólo era la emoción que le causaban las ideas compartidas. Hablar con él era una experiencia embriagadora. Los principios de Irena ya eran de izquierda, gracias a su padre, pero Adam era un radical. Estaba muy vivo, vivía el presente… En cambio Mietek estaba en el pasado. Era un estudiante de lenguas muertas y un recordatorio de aquella adolescente extraña de la que Irena se desprendía poco a poco. Adam quería hablar del mundo a su alrededor, quería cambiar y moldear el futuro.

Pero era imposible. Aunque la irritaran las limitaciones de su romance de adolescentes, Mietek era su novio. Sus vidas y sus familias ya estaban conectadas. Adam era un enamoramiento, y una joven responsable no terminaría una relación con un buen chico como Mietek sólo por tener sentimientos confusos. La responsabilidad era importante. Además, Adam ya estaba comprometido y entendía el dilema de Irena. Alrededor de 1930, por deseos de su familia, Adam se casó con una joven judía[20] que estudiaba en la universidad con ellos, mediante una ceremonia ortodoxa arreglada por las dos familias. La chica era una amiga de clase de Irena.

Otra consideración pesaba durante sus noches de insomnio sobre su pequeña y dura cama en el departamento de su madre. Irena podía esperar, claro, y posponer su boda con Mietek. Pero ¿con qué sentido si Adam ya estaba con alguien? Además, el matrimonio significaba libertad. En especial, libertad para su madre. Con seguridad Irena se lo debía. Mientras Janina tuviera que mantener a una hija, debería seguir recibiendo dinero de su familia, cuando lo que más deseaba era su propia independencia. Irena había prometido ser una buena hija. Al casarse con Mietek, liberaría a su madre. Era muy tarde para tomar otra decisión. Así que, a la edad de veintiún años, apenas después de graduarse de la universidad, en 1931, Irena Krzyżanowska hizo lo que todos esperaban de ella y se convirtió en la señora Irena Sendlerowa; en otras lenguas el nombre se acorta como Irena Sendler.

La joven pareja comenzó a construir una vida en Varsovia, donde se instaló en un pequeño departamento de una habitación que Irena intentó adornar (como su espíritu decaído) con brillantes cortinas y quehaceres. Pero no funcionó. Irena y Mietek no eran felices. Por las noches tenían cada vez más discusiones, y ella empezó a guardar más y más secretos. En 1932 Mietek era asistente de la facultad en el departamento de clásicos, como parte de su camino para llegar a ser profesor universitario. Irena quería seguir estudiando. Un día ella le anunció sus planes de conseguir un certificado en trabajo social y pedagogía antes de enseñar. Mietek supo que era inútil preguntar si su punto de vista sobre el asunto era importante. Ya sabía que su joven esposa era una persona intensa y decidida. Cuando tuvieran hijos cambiaría. Seguro se quedaría en casa, ¿o no? Pero Irena no tenía prisa, así que se inscribió en el programa de trabajo social en la Universidad de Varsovia.

¿Por qué trabajo social? Si alguien le preguntara, hablaría sobre su papá. Nunca dejó de extrañarlo. "Mi padre —explicó— era un doctor y un humanista. Mi madre amaba a la gente, así que lo ayudó en el trabajo social. Me enseñaron desde muy pequeña que la gente es buena o mala. Su raza, nacionalidad y religión no importan, lo que importa es la persona. Ésa fue la única verdad que inculcaron en mi cabeza."[21] Con el deseo de conectar con su padre, ella intentó convertirse en su propia definición de lo que era una buena persona.

También quería algo de aventura. Además, apenas tenía veintidós años y la década de los treinta era una época emocionante. Los rusos volvieron vencidos a sus fronteras y Polonia quedó libre por segunda vez en su historia. Pero por dentro el país estaba destrozado por la política y al borde de una explosiva protesta social. El relativamente nuevo campo del trabajo social estaba en el corazón del asunto, el programa era radical y energizante. Los estudiantes del curso en la Universidad de Varsovia fueron alentados para obtener experiencia en el campo como parte de su entrenamiento. Irena se inscribió de inmediato en un proyecto comunitario al otro lado de la ciudad, financiado por el departamento de pedagogía de la Universidad Libre de Polonia. Escuchó cosas maravillosas sobre la directora del departamento.

La Universidad de Varsovia, con su campus bien cuidado, su ostentosa e incluso palaciega arquitectura y sus espacios abiertos, era una institución de élite en Polonia. La Universidad Libre de Polonia era otro universo. Ahí los profesores trabajaban y enseñaban en un horrible edificio de seis pisos, con sucias ventanas y una fachada descuidada. Mientras una multitud de alumnos se apresuraban de los salones de clase a los corredores estrechos, subían y bajaban escaleras, el olor de sus cuerpos cálidos impregnaba el aire. Desde abajo llegaba el bullicio de las campanas de bicicletas y las voces amigables de mujeres jóvenes. Después los pasillos volvían a la tranquilidad. En su primera visita, ella sostenía con fuerza un pedazo de papel y alargaba el cuello para poder ver los números de las oficinas. Buscaba una placa que dijera: PROFESORA H. RADLIŃSKA.

Irena comparó las opciones para sus prácticas con cuidado, angustiada por sus decisiones. Algunos estudiantes de su curso hicieron sus prácticas de campo como profesores en la innovadora escuela orfanato fundada por un colega de la doctora Radlińska, el teórico de la educación doctor Janusz Korczak. Otros estudiantes, sobre todo las chicas que se entrenaban como enfermeras, trabajaron en investigaciones médicas con algunos galenos afiliados a la facultad de la doctora Radlińska. Ella venía de una familia de renombrados científicos y uno de los médicos más distinguidos del curso era su primo, el doctor Ludwik Hirszfeld. Pero fueron los principios clínicos de la doctora los que llevaron a Irena hasta ahí: centros de asistencia social de caridad que buscaban erradicar la pobreza. Éstos eran los lugares a donde los desempleados locales podían asistir para recibir educación gratuita y donde los indigentes y vagabundos recibían asistencia legal.

Aunque parezca difícil de imaginar en la actualidad, en 1930 éste era uno de los círculos intelectuales y políticos de izquierda más emocionantes en toda Europa, y a Irena la entusiasmaba formar parte de él. La doctora Radlińska, una decidida y robusta mujer judía de nacimiento, pero convertida al catolicismo, rondaba los sesenta años y era una heroína diferente. Su delgado cabello gris y pecho de matrona le ganaron el apodo de "Abuela" en el campus. Tenía el rostro de una mujer siempre preocupada y acosada, pero también irradiaba una inteligencia y determinación feroces, y los estudiantes que se reunían a su alrededor (muchos de ellos judíos de nacimiento) estaban en el centro de un movimiento por los derechos civiles parecido al activismo ardiente que se expandió por Europa y Norteamérica en la década de los sesenta. Al lado de eminentes psicólogos, educadores y doctores, la profesora Radlińska era pionera en el campo del trabajo social en Polonia. Más tarde, ya avanzado el siglo, estos programas se convertirían en el modelo de la mayoría de las democracias occidentales en materia de trabajo, asistencia y bienestar social. No hay forma de entender cómo Irena Sendler y sus conspiradoras se unieron de la forma en que lo hicieron durante la Segunda Guerra Mundial, sin tomar en cuenta que mucho antes de la ocupación alemana la doctora Radlińska las conectó unas con otras dentro de una estrecha comunidad.

Atraída a la órbita de la doctora Radlińska, Irena floreció. Deseaba este tipo de emoción intelectual y sentido de vocación. En poco tiempo la profesora hizo lugar para esta joven seria y apasionada. Estaba claro que Irena había nacido para el trabajo social, siempre organizada, sensata, con una indignación genuina por la injusticia mientras que el sufrimiento le provocaba compasión. Por eso la doctora Radlińska no sólo le ofreció a la nueva aprendiz un lugar como practicante,[22] sino un empleo regular y remunerado en sus oficinas, dentro de la división madre-e-hijo del Comité Ciudadano de Ayuda Social, que daba apoyo a madres solteras.

Cuando Irena se levantaba por las mañanas, saltaba veloz fuera de la angosta cama que compartía con Mietek y su corazón se sentía más ligero al pensar en el día que la esperaba. Mietek se dio cuenta de que Irena era más feliz cuando se iba de casa que cuando regresaba. En 1932 su hogar se encontraba en un moderno complejo habitacional en el número 3 de la calle Ludwicka, en el distrito de Wola, en Varsovia. A veces, cuando Irena bajaba corriendo las escaleras, alguna persona abría la puerta para saludar a la joven que vivía arriba y que siempre tenía prisa. Los Jankoswski, sus vecinos, eran una familia amigable, tenían hijos pequeños y se levantaban temprano. El administrador del edificio, el señor Przeżdziecki, despedía a Irena en su camino al trabajo cada mañana mientras regaba con cariño el jardín comunitario. Otra vecina, Basia Dietrich,[23] dirigía el jardín de niños del complejo y quizá hasta el propio Mietek a veces se preguntara si sus hijos jugarían allí. Pero eso no pasaría a menos que encontraran una forma de revivir la pasión marital, aunque Irena, saltando de la cama, era más de la mitad del problema. Parecía que sólo le interesaba trabajar.

Era lo único. Lo que hacía era *muy importante*. No tenía tiempo para ser ama de casa. Ayudaba a familias en desventaja para conservar a sus hijos. Deseaba que Mietek entendiera por qué significaba tanto. Y Mietek sólo quería que se enfocara en *su* familia.

La brecha entre los dos se hizo cada vez más profunda, hasta que el fuego del joven matrimonio se extinguió. Lo único que les quedaba era una extraña amistad. No era que Irena no amara a Mietek, pero no había pasión. En la división madre-e-hijo, Irena sintió que tenía un propósito. "Ahí todos estaban tan dedicados y comprometidos con sus objetivos: todo lo que aprendía era útil",[24] intentó explicar. También estaba entablando a diario amistades interesantes con otros empleados y estudiantes de la doctora Radlińska. "El ambiente de trabajo era muy agradable", y también la gente. En particular, había una persona a la que veía mucho: Adam.

CAPÍTULO 2

LAS CHICAS DE LA DOCTORA RADLIŃSKA
1935-1940

La clase acabó, pero el profesor no se movió.

Los estudiantes del lado izquierdo del salón permanecieron de pie por más tiempo, inmóviles y sin aliento. Irena estaba ente ellos. En el otoño de 1935 tenía veinticinco años y medía menos de 1.50 m; era más baja que el resto del grupo. Sin embargo, nadie que la conociera dudaría de que tenía fuertes opiniones políticas.

Esos cuantos segundos se alargaron muy despacio. Todos en el salón de clases esperaron. Un repentino movimiento desde la derecha y la ráfaga de aire de un cuerpo acercándose a otro apareció como una exhalación colectiva. Irena vio el destello del listón verde que colgaba en el brazo de la chamarra del joven. El extremo de su bastón levantado brillaba con la luz.[25] *Navajas. ¡Los villanos ataron navajas a sus bastones y los trajeron para golpearlos!*, notó Irena. Una de las chicas que estaba cerca gritó, y la siguió el sonido de nudillos metálicos para golpear. El tumulto empezó de nuevo. Ahora el puño se erguía frente a Irena. A su lado estaba un compañero de clase judío, un joven con cabello oscuro y rizado que usaba lentes. El hombre con las insignias verdes levantó el bastón y le gritó: "¿Por qué estás de pie?" Él respondió con entereza: "Porque soy judío".

El vándalo volteó hacia Irena y exclamó "¿Por qué estás de pie?" Irena no sentía miedo. A sus amigos les preocupaba lo intrépida que podía ser. Sus profesores más rígidos lamentaban que su joven idealismo fuera tan insistente y desafiante, pero Adam amaba esas

dos partes de su carácter. Su atrevida respuesta estaba pensada
para despertar la ira del hombre frente a ella. "Porque —hizo una
pausa— soy polaca."[26] En respuesta, el puño metálico golpeó su
rostro. Sintió la sangre tibia, y después la oscuridad.

Lo que desencadenó los disturbios en el campus de la Universidad de Varsovia en 1935, cuando Irena y Adam eran alumnos de
posgrado, fue la situación informal del "gueto de las bancas", un
área de asientos en los salones de clases donde se separaba a los
alumnos judíos de los arios[27]. La extrema derecha no sólo crecía en
la vecina Alemania: Polonia también tenía problemas. Para Irena
y Adam, el mayor de esos problemas era una organización llamada ONR (Obóz Naradowo Radykalny) o Grupo Nacional Radical,
un grupo de derecha ultranacionalista cuyas violentas tácticas y
discurso racista estaban ganando terreno e intensificando las ideas
antisemitas. Los simpatizantes del ONR mostraban orgullosos su
filiación política usando listones verdes.

¡El gueto de las bancas es indignante! Irena, Adam y sus amigos se
enfurecían al decirlo. Los estudiantes judíos y quienes los apoyaban
en el campus organizaron manifestaciones furiosas y apasionadas y se negaron a sentarse durante las clases. Algunos profesores ordenaban a los alumnos rebeldes que abandonaran el salón.
Otros los apoyaban y daban su clase de pie, en un gesto solidario.[28]
Como Irena dijo de forma simple: "Mis años de universidad fueron
muy difíciles y tristes. Se estableció una regla que segregaba a los
alumnos católicos de los judíos. Los católicos se sentaban del lado
derecho y los judíos del izquierdo. Siempre me senté con los judíos,
y por eso los antisemitas me golpeaban junto con ellos".[29] Pero lo
importante era que los enfrentaba junto a Adam. A él le fascinaba
el coraje de esta mujer y, como la familia de Irena testificaría más
tarde, "su historia de amor continuó aunque ella se casó con otro".

En la anticuada Universidad de Varsovia, la mayor parte del
campus apoyaba en silencio la discriminación contra los estudiantes judíos. Pero del otro lado de la ciudad, en la Universidad Libre

de Polonia, las cosas eran diferentes. Cuando los matones del ONR llegaron a atacar a los estudiantes judíos, todo el campus se movilizó y los echó de ahí con las mangueras antiincendios y gritando abucheos. La doctora Radlińska y las jóvenes de su programa, incluida Irena, se unieron a las protestas y a los enfrentamientos. Era emocionante. En casa, Mietek hacía gestos amargos. Le preocupaba la seguridad de Irena. También le angustiaba pensar en la nueva persona (una activista dispuesta a arriesgarse) en la que se estaba convirtiendo su esposa.

Las nuevas amigas de Irena en el círculo de la doctora Radlińska eran mujeres jóvenes talentosas y llenas de vida. La mayoría era judía de nacimiento, pero como eran activistas de izquierda la religión no les interesaba mucho. Una de sus mejores amigas era Ala Gołąb-Grynberg, una enfermera del Hospital Judío de la calle Dworska, que trabajaba de cerca con el primo de la doctora Radlińska, el doctor Hirszfeld, en el estudio de enfermedades contagiosas. El nombre de soltera de Ala era Gołąb, ella era seis años mayor que Irena y llevaba mucho tiempo casada con un actor judío y director de escuela llamado Arek. Sus amigos eran personas emocionantes, cantantes de cabaret, actrices y otros intérpretes. El doctor Korczak a veces invitaba a Ala a hablar en sus pláticas, porque todos sabían que era experta en obstetricia y saneamiento. Irena consideraba que su amiga era inspiradora y a veces intimidante. Pero Ala también era divertida, excéntrica, inteligente, con un sentido del humor sarcástico y un terrible gusto por la moda; sus ropas lucían un tanto hombrunas, nunca parecían ajustarle, y su cabello crespo y oscuro siempre se veía salvaje y despeinado.

Por el contrario, otra de sus nuevas amigas, Rachela Rosenthal, era hermosa, ágil y rubia. Rachela estaba dentro del programa de la doctora Radlińska para ser profesora. Los hombres se detenían en las calles para hablarle y ella les correspondía, tenía una personalidad efervescente. Irena era bonita en la forma en que alguien regordeta y tranquila puede serlo, pero los hombres no se paraban para verla pasar y su humor, tenía que admitirlo, era más seco y tosco.

El tercer miembro del círculo era Ewa Rechtman,[30] una estudiante de lenguas que trabajaba con otro profesor que todas conocían bien, el jovial doctor Władysław Witwicki. Ewa era muy inteligente y todos decían que era una de las estudiantes más talentosas de la Universidad Libre de Polonia. Era una persona suave, nada contundente, con la cabeza llena de rizos oscuros y cuya voz tranquila hacía que todo lo que dijera pareciera una canción de cuna.

Después del trabajo o de alguna clase, Irena posponía el momento de llegar a casa y se iba con las chicas a tomar un café o un helado y a reír un poco. En esos días las mujeres jóvenes se vestían a la moda: zapatos de tacón bajo y vestidos de estampados brillantes. A sus nuevas amigas no les molestaba fumar en público. Hacía mucho que Irena se había olvidado del juramento *scout* y no sentía la necesidad de salir corriendo a confesarse si un pensamiento sobre Adam aceleraba su corazón. Se hizo un corte de cabello *bob*, que en esa época ya no era escandaloso, sino práctico. Tenía ojos luminosos que sus amigos recordarían de un azul profundo y una sonrisa un poco maliciosa. Todas las otras mujeres venían de familias judías y explotaban en carcajadas cada vez que escuchaban a una chica católica como Irena decir algo en yidis.

Claro que también hablaban de política. Su trabajo estaba enfocado en la justicia social. La Universidad Libre de Polonia aún era el centro del activismo radical y las amigas de Irena eran fervientes socialistas, como su padre. En ocasiones trató a personas cuyos principios iban todavía más lejos. "Conocí a algunos miembros ilegales del Partido Comunista Polaco, justo después de que pasaran un tiempo en prisión", [31] confesó Irena. Ella los consideró "personas inteligentes y nobles." El propio Adam coqueteó con el comunismo y tal vez eso era parte de su encanto. Cuando, como hijo único en una familia muy rica, heredó la mayor parte de la fortuna de su padre en 1930, su madre, la viuda Leokadia, se horrorizó al conocer su plan. Él quería donarlo todo a la caridad.[32] Leokadia lloró, le rogó y lo regañó, pero él se empecinó. *El dinero tiene que irse*, le dijo a su madre. Adam batalló toda su vida contra la maldición de la riqueza y no creía en las herencias. Tampoco sus amigos comunistas, Stanisław Papuziński y su temeraria novia Zofia Wędrychowska. Vivían juntos, incluso tenían un pequeño hijo, pero ningún plan de casarse. El matrimonio era una institución burguesa y ellos eran bohemios.

A Irena eso le parecía encantador. Además, cuando se trataba de ideales de izquierda, Irena tenía un impecable historial familiar, y sus nuevos amigos lo sabían. Su padre tuvo un papel importante en la creación del Partido Socialista Polaco y todavía había miembros del partido en Varsovia que recordaban a Stanisław Krzyżanowski. Además, nadie hablaba del padre de Irena con mayor entusiasmo que Helena Radlińska, quien lo conoció en persona. Helena y su exesposo, Zygmunt, fueron activistas fundadores del Partido Socialista Polaco a principios de 1900. Zygmunt, un doctor del hospital de la Universidad de Varsovia, trabajó al lado de Stanisław Krzyżanowski. Irena nunca dejó de extrañar la presencia de su padre, y para ella todo esto representaba un regreso al hogar. Se unió al Partido Socialista Polaco y "me sentí bien con mi pasado político",[33] dijo Irena. Por desgracia para Mietek, allí ella encontró a su verdadera familia.

Se alejaba cada vez más de su inestable matrimonio y se acercaba a Adam y a sus nuevas amigas del círculo de la doctora Radlińska. También se comprometía más que nunca de manera política. Eso significaba *hacer* en lugar de *hablar*. La pregunta que Irena se planteaba todo el tiempo era: *¿Qué se puede hacer?* Puso los ojos en su credencial de la universidad y vio estampada la palabra "ario"; eso la enfureció. La borró con la uña y presentó el documento con valentía en la universidad como una protesta pacífica. Cuando los administradores supieron de la rebelión, decidieron que ya tenían suficiente de esa pequeña demagoga y de su presencia en la Universidad de Varsovia. Atacaron a Irena con una suspensión por tiempo indefinido. Pasarían años antes de que se le permitiera volver a clases.

Mietek debió de sentirse aliviado al saber que los efervescentes días de su esposa como agitadora universitaria habían llegado a un abrupto fin administrativo. Quizá ya sospechaba que su corazón estaba con Adam. Tal vez estaba demasiado cansado de las peleas como para que le importara. De cualquier manera, en el camino hacia el fracaso de su joven romance, es probable que se aferrara un tiempo a la esperanza de que ella regresara. Ese año, al llegar las noticias de que la división madre-e-hijo de la doctora Radlińska cerraría por falta de fondos y que el trabajo de Irena también se terminaría, le pareció la mejor oportunidad para que ella por fin se estabilizara y tuviera sus propios hijos. Además, ya tenía veintitantos. De todos modos, le habían ofrecido a Mietek una oportunidad importante para su carrera y un trabajo permanente en la universidad, a unas horas de ahí, en Poznań. Él asumió de manera natural que ella lo seguiría.

Irena ni siquiera imaginaba ese camino. Ya no era una adolescente obediente que hacía lo que otros esperaban porque no tuviera más opciones. El deber les causó suficiente dolor a ella y a Adam. Sabía que había fracasado como esposa, pero no quería seguir casada con Mietek. Como su madre y sus nuevas amigas, tenía un corazón bohemio. Como su padre, nació para la acción constante. No quería dejar Varsovia ni a su nueva familia. Estaba decidida a terminar sus estudios a como diera lugar, apelando su suspensión una y otra vez hasta que se levantara. Y aunque no lo dijera, no estaba preparada para dejar ir su floreciente relación con Adam. Encontró deprisa un nuevo trabajo en el departamento de asistencia social municipal con la ayuda de la doctora Radlińska y le dio la noticia a Mietek. Se quedaría en Varsovia.

Cuando Mietek se fue a Poznań, no hubo divorcio. La iglesia católica lo prohibía y a Mietek no le convenía ningún escándalo. Irena no se fue con él. Suspendida de la Universidad de Varsovia y ahora laborando de tiempo completo como trabajadora social, Irena vivía con su madre por comodidad. Desde entonces y por el resto de su vida, se mantuvo tranquila (en especial con el asunto de Adam). Después, el hábito de la discreción probaría su capacidad de salvar vidas.

Durante tres años, en los que sus amistades con los colegas y su romance con Adam se profundizaron, la suspensión académica continuó. Cada año Irena hacía una nueva petición a la administración. Y cada año se enfrentaba al mismo rechazo. Todos en los altos puestos de la universidad aún recordaban su activismo. Hasta que en 1938 un profesor de filosofía de la Universidad de Varsovia intervino en el papeleo y le permitió inscribirse por el año que necesitaba para completar sus estudios. Ella hizo cuanto pudo con esa pequeña oportunidad. En la primavera de 1939, al final del año escolar, entregó su tesis de maestría a su asesor, el doctor Wacław Borowy, un profesor de literatura y cultura polaca, y por fin se le permitió graduarse. Adam ya se había recibido como abogado,[34] pero el sentimiento antisemita de la ciudad, que lo enfurecía, limitaba sus oportunidades de trabajo. Las leyes sin sentido que restringían lo que podían o no hacer los judíos ofendían su orgullo y su patriotismo. Adam era un joven taciturno y melancólico. Se ensimismó leyendo libros y poesía, haciendo reflexiones privadas. En lugar de practicar la abogacía (como en algún momento él e Irena soñaron), comenzó un doctorado en historia política con el doctor Borowy.[35]

No se sabe a ciencia cierta en qué momento fracasó el matrimonio de Adam. Incluso el nombre de su esposa es sólo una conjetura. Los registros de las familias judías en Varsovia no sobrevivieron la ocupación y la familia de Irena prefirió guardar el nombre en secreto. Todo lo que se sabe es que fue amiga de Irena en la universidad. Una serie de probables coincidencias en los tiempos de guerra y algunos registros de propiedad en Varsovia sugieren que pudo ser una compañera llamada Regina Mikelberg. Si la esposa de Adam no era Regina, era alguien como ella: una joven educada, proveniente de una rica familia judía de Varsovia. Y sea cual sea el caso, Regina Mikelberg formó parte de su círculo en tiempos de guerra. Irena y su red nunca la olvidarían.

En el verano de 1939, Irena y Adam sabían que se avecinaba la guerra contra los alemanes. Los dos estaban bien enterados y eran realistas. Vivieron por años con el fantasma del fascismo europeo y con el antisemitismo polaco. En julio, en Varsovia se rumoraba que las fuerzas armadas polacas se estaban movilizando.[36] Adam sería reclutado a finales de agosto. Los jóvenes estaban angustiados por la forma en que el mundo estaba cambiando a su alrededor, pero también se sentían seguros y optimistas. Después de todo, la doctora Radlińska les había enseñado que el compromiso de un pequeño grupo de personas bienintencionadas podía moldear el mundo de acuerdo con su visión del mismo. Estaban a punto de poner a prueba los límites de lo que era posible.

De cualquier manera, el comienzo del ataque contra Varsovia impresionó a Irena. No importó que supiera que venía en camino. El 1° de septiembre de 1939, a las seis de la mañana, el gemido de las sirenas por la ciudad las despertó a ella y a su madre. Lo primero que pensó fue en Adam; seguro estaba por ahí con el ejército. Ésa era la verdadera declaración de guerra. Desde la primavera habían surgido incursiones armadas y enfrentamientos dentro de la frontera oeste de Polonia, pero el ejército sólo se movilizó dos días antes.

Irena se unió a sus vecinos mientras salían despavoridos de sus departamentos hacia las calles vacías, alzando la vista hacia el cielo y especulando, desesperados por una explicación. Del cielo no caía nada, ni bombas, ni sonidos, pero las sirenas seguían sonando,[37] hasta que por fin guardias exasperados los enviaron de vuelta a casa bajo la amenaza de un ataque aéreo. La ansiedad y la hora hicieron que la gente se molestara; en algún departamento del complejo se azotó una puerta. En la mesa de la cocina, aún con sus batas y pantuflas, los ojos entrecerrados y algo de tristeza, Irena y Janina escucharon la noticia cuando se anunció en todos los radios polacos. Los hombros de Irena se tensaron cuando la voz entrecortada del locutor pronunciaba las palabras que todos temían escuchar: el ataque de Hitler contra Polonia había comenzado.[38] Irena se inclinó sobre el radio para escuchar el reporte. El líder de la ciudad pidió a los empleados municipales que permanecieran en sus puestos y que resistieran a los agresores alemanes. *¡Gracias al cielo!* Pero ella quería hacer algo. Una mirada de su madre le dijo que al menos se sentara y acabara su café. De todos modos, ¿qué podría hacer a las seis de la mañana? La siguiente hora pasó lenta. *Irena, deja de moverte*, la tranquilizaba su madre con una sonrisa. Esperó hasta que no pudo soportar más. A las siete bajó corriendo las escaleras, más allá del jardín del señor Przeżdziecki. A nadie le preocupaban las flores esa mañana y el patio estaba vacío. Lanzó su bolsa a la canasta de la bicicleta y se levantó la falda un poco más de lo normal, por si tenía que pedalear más rápido. En cuanto su pie empujó con fuerza el pedal, la bicicleta comenzó a moverse; dio vuelta al este, hacia el centro, en dirección a su oficina en la calle Złota. Aquella mañan le pareció que ella tenía un sentido y un propósito, la aliviaba saber que podía hacer algo más que esperar y preocuparse con su madre.

En la oficina fue a ver a su jefa, Irena Schultz, delgada, rubia y con una gran sonrisa. Conocida como "Irka", ella era más que sólo la supervisora de Irena. Era también una de las chicas de la doctora Radlińska y formaba parte de una hermandad femenina muy unida. Finalmente, a las nueve de la mañana comenzó el ataque aéreo sobre Varsovia. La aproximación de los bombarderos alemanes, recuerda un habitante de la ciudad, al principio sonaba como "olas, no como olas tranquilas, sino como olas cuando rompen en la playa durante una tormenta".[39] En poco tiempo la ciudad tembló con el constante "ruido de los aviones, decenas, tal vez cientos de ellos", y con las poderosas explosiones. Las chicas de la oficina corrieron a los sótanos y se tomaron fuerte de la mano en medio de la oscuridad mohosa.

Una vez que pasaron los escuadrones, las calles eran un caos. En sus veintinueve años Irena nunca había visto algo parecido a esa devastación. Pero esto sólo era el principio. ¿Qué les estaba pasando? A su alrededor, autos particulares y taxis cumplían su deber como ambulancias improvisadas, transportando a los heridos por las calles llenas de escombros hacia los hospitales. Allí donde las bombas cayeron, las calles estaban llenas de vidrios de ventanas y pilas de ladrillos rotos. Irena observaba con asombro mientras las llamas consumían fachadas enteras de edificios de departamentos. Los muros se balanceaban y se partían en pedazos sobre los adoquines a su alrededor. La gente se cubría con sus abrigos y corría al otro lado de la calle y a las plazas, en busca de la seguridad de un espacio abierto, mientras el cielo se oscurecía. Irena tosió y se tapó la boca con su mascada. Nubes de polvo irritaban sus ojos y su garganta. Vio caballos muertos por las calles y algunos cuerpos humanos destrozados. Los doctores y las enfermeras ayudaban a los habitantes que se quejaban y se apresuraban a prestar ayuda;[40] más tarde entregaron suministros a las estaciones de campo mientras la batalla se aproximaba.

El miedo se apoderó de Varsovia. Por toda la ciudad una idea angustiante unió a sus habitantes. ¿Cómo sería estar en un campo de batalla si esto pasaba en una ciudad llena de civiles? Irena pensó en Mietek. Le había dado una despedida amistosa en una estación unos cuántos días atrás, cuando fue a Varsovia para unirse a las fuerzas armadas, y le deseó buena suerte. Otro de sus amigos de la oficina de asistencia social, Józef Zysman, un abogado *pro bono* judío,[41] también fue llamado como oficial de reserva. Irena estaba preocupada por él; pensó en ir a ver a su esposa, Theodora, y a su bebé, Piotr. Y después pensó en Adam, quien también estaba en un regimiento, en algún lugar allá fuera.[42]

Esa mañana la pregunta más práctica en la oficina, en una ciudad donde estaba comenzando un sitio, era: ¿por dónde empezar? Irka Schulz,[43] la jefa de la oficina, llamó a todos los empleados. El problema era que de pronto todos estaban necesitados. Nunca antes se enfrentaron a una crisis de servicios de esa magnitud. Toda la mañana discutieron preguntándose qué tenían que hacer primero.

En unas horas la respuesta se hizo obvia: alguien debía ayudar a los heridos y refugiados que ya inundaban Varsovia. Alguien debía encontrar alimentos y refugio para las personas cuyas casas habían sido bombardeadas esa mañana. Los habitantes de Varsovia lucharían para defender la ciudad casi por un mes, y antes de que todo acabara hubo reportes de soldados de caballería enfrentando los modernos tanques alemanes en un último intento desesperado, demostrando así qué tan armados estaban los polacos. El número de refugiados aumentaba cada día, al tiempo que la gente en el campo y las ciudades más pequeñas buscaba seguridad. Llegaban a pie, cansados y asustados. Las mujeres, con los ojos atormentados, contaban cómo a lo largo de los caminos los aviones alemanes volaban bajo y abrían fuego contra las familias que cargaban sus pertenencias. La gente que trabajaba en el campo corrió hacia los setos, pero en el campo abierto no había ningún resguardo. Irena escuchaba las historias e intentaba que sus manos no temblaran. En ese momento era administradora en una división de la oficina de asistencia social,[44] responsable de gestionar las cocinas comunitarias que repartían sopa por la ciudad, y en las siguientes semanas ella y sus colegas instalaron docenas de comedores improvisados y refugios para los sobrevivientes.

El 24 de septiembre, cerca del fin de los ataques, más de mil aviones alemanes llenaron el cielo de Varsovia en un ataque aéreo que duró horas y convirtió todos los distritos en escombros. Durante dos días la devastación fue imparable. Una de las áreas más devastadas de la ciudad incluyó el barrio al norte de la oficina de Irena, que iba desde los cementerios judío y polaco al oeste hasta la gran sinagoga al este. Cada bomba significaba gente herida, gente que no podría llegar al comedor pero que estaría hambrienta. ¿Dónde empezar ahora? Irena lo supo de inmediato. Se apresuró en la bicicleta hacia el Hospital Czyste en la calle Dworska, dispuesta a encontrar a su amiga Ala.

El hospital judío era un recinto grande no muy lejos del río Vístula, y antes de la guerra presumía poseer las instalaciones médicas más modernas de Europa. En ese momento los médicos y las enfermeras carecían de suministros. Ala trabajaba con desesperación tratando de ayudar a los refugiados y heridos. Hacían entre treinta y cuarenta operaciones de gravedad al día, todas sin anestesia, reportó temblorosa una enfermera. Al parecer, uno de los pacientes fue la doctora Radlińska. Cuando los bombarderos volaron sobre su distrito, el piso se abrió bajo sus pies y corrió por las escaleras hasta el patio. En la calle, el polvo café llenó el aire de nuevo y Helena escuchó los primeros llantos de los heridos atrapados bajo los escombros. Alguien debía ayudarlos. La doctora regresó al edificio justo cuando otro fragmento se derrumbó. Sintió mucho dolor y después nada. Quienes la sacaron de entre las ruinas, quejándose y medio consciente, vieron las quemaduras y los huesos rotos que la incapacitarían por los siguientes meses.

Toda Varsovia sufrió. No había agua, electricidad ni comida. Los "cadáveres de hombres y animales se amontonan por las calles",[45] recuerda un testigo. "Los hombres de buena voluntad entierran a los muertos donde los encuentran, en un jardín, en una plaza o en los patios de las casas. La gente hambrienta corta pedazos de carne en cuanto los caballos caen al piso y sólo deja los esqueletos." Los aviones alemanes volaban tan bajo que Irena podía alzar la mirada y distinguir los rostros de los pilotos. En los refugios contra ataques aéreos, los heridos se apilaban en camillas, llorando en silencio, pidiendo agua. Todos intentaban no pensar en los hombres en el frente. En casa su madre rezaba con insistencia, e Irena admitió que ella también lo hacía.

El 27 de septiembre Varsovia se rindió.

Exhaustas, Irena y su jefa, Irka, se sentaron juntas en la oficina de la calle Złota cuando supieron que todo terminó.[46] Todos en la oficina lloraban y se abrazaban. Los alemanes y los soviéticos dividieron a Polonia en dos y se repartieron el territorio como recompensa. El trato secreto se pactó incluso antes de que el bombardeo comenzara. En la repartición, Varsovia fue para los alemanes, quienes la declararon parte del Gobierno General y marcharon hacia la ciudad.

¿Podrían los esposos, padres, hijos y hermanos volver a casa? ¿Y a qué volverían? Las familias en toda la ciudad, aún humeante y hambrienta, se hacían preguntas angustiosas. Alrededor de 40 000 personas murieron en los bombardeos de Varsovia.[47] La cifra en las líneas frontales era aún más aterradora. Cerca de 70 000 hombres fallecieron. Otros 630 000 iban camino a Alemania o a la Unión Soviética como prisioneros de guerra. Los alemanes nunca dejarían a los jóvenes polacos irse a casa, donde podrían incomodar a la ocupación, organizarse y luchar por la libertad de Polonia. Mietek Sendler estaba entre los capturados. *Rezaremos por tu esposo*, le aseguraba la gente. Rezar por Mietek, sí. Pero Irena también añadía una oración silenciosa y ferviente por Adam.

La resistencia se dio rápido en Polonia. Fue algo parecido a un milagro, o así le pareció a Irena al verla tomar forma y florecer. Los rumores se esparcieron en silencio por Varsovia en las siguientes semanas. De todos los países ocupados por Alemania, Polonia era excepcional en distintas formas. Sobre todo porque se organizó un movimiento partidario casi de forma inmediata, liderado en gran parte por hombres mayores, la comunidad judía y un gran número de mujeres valientes de todas las edades. Algunos de los más extraordinarios eran también los más jóvenes. Irena y, por milagro, Adam estaban entre ellos. Para él fue un regreso agridulce a la Varsovia destruida. Habían fallado en el frente, pero estaban dispuestos a seguir luchando contra los alemanes. La oleada de resistencia fue en gran parte la razón por la que Polonia fue objeto de tácticas de represión tan brutales.

Ya se estaba gestando todo un Estado clandestino. Primero, el gobierno polaco en el exilio instaló un cuartel en París; después evacuó hacia Londres, desde donde canalizó soporte financiero y logístico para las divisiones "en casa". Como siempre, el principal problema para que todo funcionara con eficiencia eran la política y las discusiones.

Como resultado de esas discusiones (porque la política polaca antes de la guerra no había sido menos divisoria), la mayor parte de los esfuerzos de la resistencia se organizaron desde las líneas de los partidos más viejos. Esa disputa sin fin se debía a la tumultuosa historia del país y a la larga batalla por su independencia nacional.

Fue sólo al final de la Primera Guerra Mundial, después de un siglo de dominación extranjera, que el Estado "polaco" se volvió a crear por segunda vez en su historia. No obstante, el tratado hizo poco por ajustar las fronteras del este, hacia Ucrania, con sus siempre alertas y codiciosos vecinos rusos. Su vecino al oeste, Alemania, tenía otras ambiciones imperiales. Sin esperanzas, atrapada entre un vecino de extrema izquierda, la Unión Soviética bajo el mando bolchevique, alrededor del cual circulaba un sinfín de teorías horribles sobre la conspiración judía, y el levantamiento de un nacionalismo de extrema derecha y proto-fascismo en la frontera oeste, entre 1920 y 1930 la política en Polonia mostró dos caras. ¿Cuál era la menos malvada de esas dos posturas? ¿La extrema derecha o la extrema izquierda? Era una pregunta imposible. Al no tener respuesta, la gente se aferraba a sus antiguas alianzas.

La atmósfera en las reuniones clandestinas de los polacos socialistas a las que asistieron Irena y Adam durante ese otoño era nerviosa, pero desafiante. Ella se sintió muy aliviada cuando Adam y su amigo, el abogado Józef, lograron llegar a salvo a Varsovia. Otros hombres, que tampoco eran judíos, fueron enviados como prisioneros de guerra a campos de trabajo forzado, donde eran obligados a alimentar la maquinaria nazi de guerra. Mietek fue capturado y encarcelado en Alemania. Judíos como Adam y Józef resultaban inútiles ante los ojos de los fascistas. Atrapados en su propia y enredada lógica antisemita, los funcionarios alemanes de Berlín se preguntaron qué podrían hacer con este "problema" judío. Si Adam y Józef no eran hombres sino algo inferior a los humanos, no representaban ningún peligro como soldados o luchadores. No tenía caso enviarlos a las instalaciones de los prisioneros de guerra. Pero los alemanes no querían vivir entre lo que ellos consideraban especies enfermas y degeneradas, y debería existir alguna "solución". Ya estaba planeado que Polonia fuera el depósito de judíos de toda Europa. Mientras los alemanes consideraban la mejor manera de organizar la masiva migración forzada,[48] en

Varsovia más de cien mil jóvenes judíos como Adam y Józef fueron dejados en libertad por un tiempo.

Y no sólo Adam. Józef, Ewa y Ala fueron otros activistas que se encontraron de pronto desempleados y sin nada que hacer. También se involucraron con las reuniones políticas secretas. Al principio la naturaleza clandestina de las cosas era emocionante, susurraban códigos en los umbrales de oscuros departamentos o se reunían en trastiendas de negocios y sótanos. La cálida camaradería y el optimismo animaron el espíritu de Irena durante octubre de 1939, y además se sentía bien junto a Adam. *La guerra terminará pronto,* se decían todos en forma confidencial. *Tal vez hasta entonces las cosas no estarán tan mal bajo el mando alemán.* Irena trató de ser optimista, pero la evidencia de lo contrario apareció rápido. En poco tiempo la Gestapo comenzó a perseguir a quienes consideraba problemáticos, e Irena y sus amigos eran catalogados como agitadores. Un simple ruido fuera del departamento de alguien podía hacer que toda la gente adentro diera un salto. La silla de madera debajo de ella crujió cuando intentaba ponerse cómoda durante los discursos que ni siquiera una guerra pudo hacer menos largos, y Adam echó un vistazo a la puerta de manera furtiva, ansioso por los cigarros que estaban en su bolsillo. La primera orden, anunciaron los líderes, era mandar fondos de apoyo de emergencia para los miembros del partido y activistas obligados a esconderse. Todos se habían vuelto clandestinos, y de pronto la mayoría de los necesitados incluía a casi todos sus antiguos profesores. El partido necesitaba mensajeros secretos que se mantuvieran en contacto con ellos y les hicieran llegar el dinero. Era una misión peligrosa, y por su propia seguridad no debían subestimar los riesgos. El corazón de Irena latió más rápido. Claro, tenía que ayudar.[49] Se ofreció como voluntaria al instante. Sintió una oleada de cariño por Adam cuando lo vio sonriendo. Con gran inteligencia, los profesores se escondieron en cuanto Varsovia cayó ante los alemanes (y no por ser judíos). En 1939, la ciudad era una de las urbes más dinámicas y diversas. En ese año, ahí vivían cerca de un millón de personas y sólo un tercio de ellas eran judías. Los habitantes que restaban eran en gran parte polacos "de origen", pero los alemanes consideraban a los polacos como parte de la raza eslava y, por eso, inferiores a los arios. De manera despreciable los llamaban *Untermenschen* o "subhumanos" (igual que a sus vecinos judíos). Aunque a los habitantes de Varsovia no se les entregó el memorándum alemán en el que se ordenaba la completa aniquilación de la cultura polaca, esta noticia no era un misterio para nadie en el Partido Socialista ni en las reuniones secretas a las que asistía Irena. Para llevar a cabo la aniquilación cultural, matar a los intelectuales del país sería la primera orden del día.

Pero la categoría de "intelectuales" era muy amplia: no sólo incluía a los profesores, sino también a doctores, maestros, abogados, jueces, escritores, ricos propietarios de tierras, industriales, hombres de negocios, aristócratas por herencia, activistas, trabajadores sociales, políticos, párrocos, monjas, oficiales militares, ingenieros, comunistas y científicos del país. En resumen, un "intelectual" era cualquier persona con poder cultural. Con el fin de paralizar a la clase profesional polaca, Hitler dio instrucciones de matar a todas las personas con influencias, volar las escuelas y universidades y quemar sus bibliotecas. Otro memorándum alemán ya apuntaba el plan para la siguiente generación polaca: "El único objetivo de la educación es enseñar aritmética básica, nada arriba del número 500, escribir su propio nombre y la doctrina de que es ley divina obedecer a los alemanes. No considero que leer sea deseable".[50]

La respuesta de los activistas polacos, tanto de derecha como de izquierda, fue crear en Varsovia un mundo espejo que coincidiera con las instituciones alemanas, estructura por estructura. Los patriotas erigieron todo un Estado clandestino polaco. Fue lo único en que se unieron los polacos de todo el espectro político. Habría cortes secretas, un "Ejército Nacional", y ya se gestaban los planes para una universidad.

El asesor de tesis de Adam e Irena, el doctor Borowy, se unió de inmediato a la universidad clandestina[51] y comenzó a trabajar en un proyecto editorial colaborativo. Él y algunos de los más eminentes profesores escribieron, en un valiente acto de desafío a los alemanes, un análisis sociológico sobre los ocupantes y sus crímenes llamado *La cultura nazi en Polonia*. Más tarde lo enviaron de contrabando a editores en Gran Bretaña. La doctora Radlińska, aún cojeando pero determinada,[52] pronto se unió al Estado clandestino y desde su escondite empezó a diseñar un programa para las clases de la universidad secreta. Así lo hicieron también el mentor de Ala e investigador médico, el doctor Hirszfeld,[53] y el doctor Witwicki, el psicólogo polaco que fue mentor de Ewa Rechtman.

Ellos fueron los que tuvieron suerte (quienes necesitaban apoyo). Hubo otros, como el hermano de Helena Radlińska, el doctor Aleksander Rajchman,[54] un eminente profesor de matemáticas en la Universidad de Varsovia, que no resultaron tan afortunados. Después de ser arrestado e interrogado por la Gestapo, murió en el campo de concentración de Sachsenhausen-Oranienburg, al norte de Berlín, durante los primeros años de la ocupación. No estuvo solo. Otros cincuenta mil miembros de la "inteligencia"[55] (más de dos tercios de los colegas de Helena Radlińska) fueron ejecutados o enviados con el doctor Rajchman a morir en campos de concentración. En Cracovia, la tarde del 6 de noviembre de 1939 la Gestapo arrestó a cerca de doscientos profesores de la Universidad Jaguelónica (toda la facultad). Muchos fallecieron. Después acorralaron a cientos de curas católicos,[56] sobre todo en Varsovia, y muy pocos clérigos sobrevivieron esos encuentros.

Éstas eran las personas a las que Irena y sus amigos conocían mejor. Fueron sus profesores, mentores, compatriotas políticos, contactos profesionales en el servicio social y universidades. Eran las personas que veían, conocían o admiraban. Algunos dirigían instituciones de caridad que manejaban cerca de los trabajadores sociales de la ciudad, otros eran los colegas directos de Irena. Después de las limpias, comenzaron los "reasentamientos" de las masas. Otro medio millón de polacos fue acorralado y enviado a los trabajos forzados de los alemanes. La comunidad judía no se salvó de recibir los primeros abusos. Durante los primeros meses de la ocupación, los alemanes y sus simpatizantes polacos de extrema derecha (que eran numerosos) rompían las ventanas de los negocios judíos, atacaban en las calles a los ortodoxos que podían distinguir por su barba y golpeaban a judíos al azar hasta la muerte, sólo por deporte y entretenimiento.

En la sala de emergencias del Hospital Judío, la línea frontal de las atrocidades, Ala Gołąb-Grynberg luchaba por encontrar un sentido. ¿Cómo podía estar pasando eso? Al ser una de las principales enfermeras del cuerpo de ambulancias del hospital, Ella formaba parte de una tríada que parecía no tener fin. Atendía los cuerpos lesionados de los ancianos, cuyo único crimen era no responder rápido a las órdenes dadas con un acento alemán que no entendían. Por eso, eran amarrados por los tobillos a un carruaje tirado por caballos y después arrastrados por varias calles hasta que sus huesos se rompían. Vio a hombres cuyas barbas fueron arrancadas o cortadas bruscamente con cuchillos, y a niños escuálidos luchando por sobrevivir a las golpizas de las ss. Mantenía el rostro sereno y trabajaba veloz, pero por dentro Ala pensaba que estaba conociendo la furiosa desesperación que siente un animal atrapado. A veces abría las ventilas de alguna ventana del hospital y se inclinaba lo más que podía hacia afuera para respirar el aire fresco. Nunca pensó en saltar. Pero todos en algún momento piensan en caer. En casa escribía poemas en pequeños pedazos de papel e intentaba encontrarle un sentido al caos de imágenes.

A su alrededor todo estaba revuelto, no importaba cuánto se esforzaran Ala y su equipo de enfermeras para imponer el orden. Lo que alguna vez fue un hospital glamoroso ahora era un lugar lleno de heridos. En donde el fuego de la artillería había roto las placas de vidrio se cubrieron las ventanas de forma arbitraria con sábanas polvorientas o restos de madera. A finales de octubre los pabellones estaban helados por las mañanas. El cuarto remendado era un reflejo de los cuerpos destruidos en su interior. Al final de su turno, a Ala le dolía la cabeza por apretar la mandíbula con furia. Pero, más que nada, estaba preocupada y asustada: preocupada por las víctimas de la brutalidad y asustada por su propia familia. Su esposo, Arek, dejó Varsovia[57] con la movilización de agosto. Las únicas noticias que tuvo de él fueron un vago reporte en el que se informaba que había sido visto en malas condiciones en el frente este a finales de septiembre. Su hermano Samuel y su esposa ya estaban en territorio ruso, ¿tal vez Arek los encontró de algún modo? También se preocupaba por su hija y por el dinero. Cualquiera que fuera judío se vio de repente preocupado por el dinero. Los alemanes impusieron restricciones económicas limitantes para la comunidad judía con el fin de asegurar que todos vivieran en la pobreza. Empezaron forzando el desempleo. Los judíos ya no podían estar a cargo de ningún puesto público. En los servicios de gobierno, docenas de compañeros de Ala e Irena fueron despedidos, incluyendo a su amiga Ewa Rechtman y a un amigable médico que conocían llamado Henryk Palester. Con las restricciones se registraron las propiedades de los judíos,[58] sus negocios pasaron a manos arias y se congelaron sus cuentas de banco.

Adam fumaba con indignación. Ese invierno él e Irena tuvieron interminables charlas sobre el futuro sentados, rodilla contra rodilla, en un café cerca de su departamento en la calle Bałuckiego. Quizá consideraron huir. Como Ala y Arek, Irena también tenía conexiones familiares en Ucrania. Tal vez ahí podrían construir una vida juntos. Ese año cientos de miles de judíos,[59] uno de cada diez en Polonia, cruzaron sabiamente la frontera soviética. Es más probable que aquellos que lo hicieron sobrevivieran. Pero tanto Adam como Irena eran hijos de madres viudas. La madre de Irena era frágil, y escapar con ella era imposible; abandonarla, también. La madre de Adam, Leokadia, lo desesperaba, pues no hacía más que guardarle resentimiento por regalar su herencia. También discutían por el colapso de su matrimonio. Pero mientras Adam anhelaba liberarse de su madre, tampoco podía abandonarla. Irse no era una opción.

En el primer o segundo año de la ocupación, algunos de los judíos de Varsovia decían que había límites para lo que pudiera ocurrir. La guerra era dura, por supuesto, la gente lo entendía. Cosas terribles pasarían. Otros en la comunidad judía de la ciudad eran más cuidadosos y cínicos. Al principio los alemanes escogieron judíos y polacos para realizar depuraciones sistemáticas. En los primeros años de ocupación morían diez polacos por cada judío asesinado,[60] y por eso se consideraba más seguro ser judío. Se escucharon historias de habitantes católicos que se ponían la banda con la estrella de David en el brazo y fingían un acento yidis durante las redadas en la calle. Como las primeras disposiciones antisemitas eran sólo financieras, la población judía se sentía en relativa tranquilidad. Y ésa era precisamente la intención.

Lo que la comunidad judía de Varsovia no sabía, y Adam e Irena nunca imaginaron, fue que el 21 de septiembre de 1939, antes de que la ciudad se rindiera, en una conferencia en Berlín se tramaron los planes para su futuro. Ese mes el jefe de la Gestapo Reinhard Heydrich, un hombre al que incluso Hitler llamó desalmado, envió instrucciones a los comandantes en Polonia: "En referencia a la conferencia de Berlín del día de hoy —ordenó— de nuevo llamo su atención para […] la solución final".[61] Las ruedas del holocausto se pusieron en movimiento.

CAPÍTULO 3
LOS MUROS
DE LA VERGÜENZA
Varsovia, 1941-1942

Irena podía escuchar detrás de ella todos los sonidos de la vida judía en Varsovia. Los pregoneros en la calle gritaban en yidis, bromeaban entre ellos con alegría y competían por la mejor esquina para mostrar sus mercancías. Cada vez que se movían, las piedras resonaban con el repiqueteo de las ruedas de metal de sus carritos. Escuchaba el ruido del tranvía descendiendo por la calle Gęsia y el graznido de las gaviotas que peleaban en la ribera del río Vístula. Se detuvo en la puerta marcada con el número 1, dudó por un momento, aspiró los aromas de especias y el aire frío de otoño… y luego jaló con suavidad la manija del convento de las hermanas ursulinas.

El rostro que la saludó debajo de la toca no estaba marcado por la edad, y la joven monja le preguntó con gravedad la razón de su visita. *Estoy aquí para ver a Pani Rudnicki, hermana, por favor.* La mujer asintió en silencio y abrió con cuidado la cerradura de la pesada puerta. Irena se internó en las sombras del vestíbulo y escuchó el pestillo cerrarse a sus espaldas.

La joven monja condujo a Irena a través del patio y entre las paredes de un corredor sin mucho encanto. ¡Qué extraño era ser llevada a ver a alguien que no existía! La señora Rudnicki era una mentira. Si alguna persona había tenido ese nombre, ya no le pertenecía. Ahora era la identidad de una extraña desesperada. Rudnicki era el alias falso con el que trabajaba Helena Radlińska[62] desde un escondite en ese convento. Por entonces algunos judíos adoptaron identidades "arias" falsas como medida de seguridad.

Después de tocar la puerta con suavidad, Irena atravesó el umbral y fue a donde la esperaba su profesora. Cuando Radlińska estrechó su mano, Irena sintió una ola de placer. Por su parte, Helena admiraba el espíritu y valor de la joven, pero, con toda su experiencia, podía ver que Irena no entendía los riesgos ni el peligro. Aun así, estaba muy agradecida por su ayuda. Necesitaba el dinero si iba a abusar de la amabilidad de las monjas que la escondían.

Con un té dulce, la profesora le contó su historia. Sin dejar de hacer ademanes con el bastón, le habló con tristeza sobre el bombardeo en su departamento y la pérdida de todos sus manuscritos y su biblioteca. También le contó cómo encontró un refugio con las hermanas. Pero, al ver las firmes paredes, Helena Radlińska no se hacían ilusiones. Sabía que la Gestapo la buscaba. De llegar el momento, las hermanas no podrían salvarla. No importaba. Estaba dispuesta a seguir peleando. Había mucho por discutir y las horas pasaron deprisa. La doctora Radlińska, confinada y aún en convalecencia, quería saber todo lo que pasaba allá afuera. ¿Qué estaba haciendo Irena? ¿Qué estaba pasando?

Irena tuvo que preguntarse a sí misma lo que hacía. La clandestinidad ya estaba creando un ejército y un gobierno secretos y publicaba el periódico de la resistencia. La doctora Radlińska y los otros profesores, se enteró, estaban formando una universidad polaca secreta. Uno de los salones de clase estaría ahí, en el convento. ¿Y qué se hacía en materia de asistencia social? Irena le reportó a Radlińska que a los judíos se les prohibía recibir cualquier apoyo o un puesto de trabajo del gobierno, y ambas sabían de primera mano las terribles consecuencias de la pobreza y el desempleo entre uno de los segmentos más vulnerables de la población. El trabajo de Irena constaba en hacer entrevistas en la comunidad y es probable que la doctora le preguntara por sus hallazgos. Irena le dijo que "había familias con seis niños que compartían un solo arenque para todos durante el *Sabbat*".[63]

¿Por qué no construir un sistema alterno de asistencia social? La doctora Radlińska fantaseaba con la idea. Era algo que Irena podía considerar. Sería un proyecto, además de congruente con sus trabajos y valores como activistas. No se sabe con exactitud cuándo comenzó la cooperación entre Irena y la profesora, ni el grado de asesoría de ésta, pero los archivos guardados por la inteligencia del Ejército Nacional clandestino que registraron sus actividades dan fe de la colaboración. Éstos afirman que Irena Sendler "tiene un gran número de contactos polacos, sobre todo de izquierda. Trabaja directamente con la profesora Radlińska de la Universidad Libre".[64] La doctora Radlińska era un alto mando en el ejército clandestino y alentó a algunos de sus antiguos alumnos a construir redes de trabajo para la resistencia. Más tarde desarrollaría su propio programa clandestino de asistencia social judía.[65] Para entonces los líderes de la resistencia ya tenían una estrategia: crearían tantas células como les fuera posible, todas trabajando para la protección del movimiento, y estarían aisladas unas de las otras. Una de esas células sería dirigida por una chica muy capaz de veintitantos años: Irena Sendler.

La fecha en que Irena y la profesora hablaron no es segura, pero un hecho es claro: no debió ser mucho después de la caída de Varsovia, porque la célula de Irena se desarrolló con velocidad. La necesidad en la ciudad era urgente. Una pregunta crucial era: ¿a quién más integraría a su célula? Helena le aconsejó que confiara en Irka Schultz, su exalumna y jefa de Irena en las oficinas de asistencia social.

La doctora Radlińska también apoyó la idea de atraer a otra colega y exalumna al equipo: Jadwiga Deneka.[66] Jadwiga era una mujer rubia con un corte *bob*, quien se formó como profesora y trabajó en el innovador orfanato fundado por el doctor Korczak antes de trabajar en asistencia social. De veintiocho años de edad, uno menos que Irena, Jadwiga era una mujer vivaz. Ambas se conocían de la Universidad Libre de Polonia y las reuniones del Partido Socialista Polaco.

También se unió una tercera exalumna de la Universidad Libre de Polonia: una colega y amiga de Irena, Jadwiga Piotrowska, a la que le decían Jaga. Su familia, igual que la de Irena, tenía un gran historial de servidores públicos. Su padre, Marian Ponikiewski,[67] era un ingeniero que trabajaba en la asistencia social de la ciudad diseñando viviendas. La doctora Radlińska conocía bien tanto a Marian como a su colaborador más cercano, el teórico social Roman Piotrowski, y de hecho Jaga estaba casada con un miembro de su familia. Ella y Janusz Piotrowski[68] tuvieron una hija y una agitada historia de amor. Jaga estaba a la mitad de sus treintas, seis o siete años mayor que Irena. Era una mujer baja y robusta, con ojos oscuros y una ferviente católica. Jaga e Irena trabajaron juntas desde 1934 en las oficinas de la ciudad, y la primera era parte del equipo de apoyo en servicio social del orfanato. A diferencia de los demás, era anticuada y muy religiosa, pero Irena confiaba en ella por completo.

Esa confianza se derivaba de la amistad de Irena con su hermana menor, Janka. Las dos no podían ser más diferentes. Como Irena, Janka era un alma libre. Mientras Jaga era conservadora y sincera, Janka era irreverente e irónica. Vivía en la calle Karolkowa[69] en el distrito Żoliborz con su esposo Józef quien ya se había unido al Ejército Nacional clandestino. Janka estaría ahí cuatro años más tarde, la fatídica mañana en que la Gestapo atraparía a Irena Sendler. También tomaría la batuta para salvar a una de sus amigas en común: Regina.

En ese primer otoño de ocupación, a unas semanas de la llegada de los alemanes, Irena acudió a cada una de ellas. Resistirse a las reglas alemanas y mantener vivo el espíritu de la independencia polaca era una cuestión de orgullo nacional y tenía el poder de unir a extraños; seguro podría juntar los espíritus afines de cuatro chicas de la doctora Radlińska.

Las amigas y colegas —Irena Sendler, Jaga Piotrowska, Irka Schultz y Jadwiga Deneka— se reunieron una noche en el segundo piso de la calle Ludwiki, en el departamento de Irena. En la pequeña mesa de la cocina, entre cigarrillos, vasos de refresco y una plática amena, las mujeres decidieron hacer un simple pero valeroso acto de resistencia contra las nuevas normas alemanas. Acordaron evitar las reglas con sigilo, alterar los trámites necesarios para continuar dando servicio usual a sus clientes. Fue un plan sin una visión amplia de las cosas, sólo una respuesta necia a problemas prácticos, y no era algo que no hubieran hecho antes. Irena era una de las cuatro conspiradoras, pero también una líder nata. La decisión ataría a las cuatro con lazos de vida o muerte. Aunque no podían saber eso al principio, no todas sobrevivirían al proyecto.

A veces los actos heroicos y grandiosos surgen de pequeños comienzos. Ninguna de las amigas podría adivinar que el círculo se expandiría tanto, ni que formarían una enorme fraternidad de extraños. En los siguientes meses el círculo de confianza se expandió velozmente, demasiado rápido para la comodidad de algunos, al tiempo que se integraban de forma clandestina en los fraudes de oficina y formaban parte de un grupo cada vez más amplio de amigos y colegas de otros centros sociales y municipios repartidos por toda Varsovia. Al principio no eran más que algunos arreglos insignificantes en los trámites para estorbarle a los alemanes y ayudar a sus clientes. En parte alentado por la doctora Radlińska y envalentonado por el éxito diario, el círculo se convirtió en una implacable célula de resistencia cuyo núcleo estaba formado por una docena de personas de distintas instituciones, dependencias y oficinas. En la periferia, dependía del valor y la decencia de cientos. La gran mayoría de todos los que se unieron a esta red, de una forma u otra, tuvo conexiones con el trabajo de Helena Radlińska en la década de los treinta.

La célula de resistencia de Irena era una maravilla de la eficiencia; quienes la conocían y guardaban su secreto no estaban sorprendidos en lo más mínimo. Irena no era una mera organizadora, sino una fuerza de la naturaleza. En un año, para otoño de 1940, el pequeño grupo proveía de asistencia social a miles de judíos en Varsovia.[70] La base no implicaba más que falsificar archivos y solicitudes[71] que se distribuían con sigilo en los comedores de sopa de Irena. Su sistema era simple, pero brillante: "La base de la asistencia social era la recolección de datos y estadísticas de las comunidades —explicó—, así que forzábamos esas estadísticas y entrevistas, es decir, enlistábamos nombres falsos para asegurar más dinero, alimentos y ropa que pasábamos a los centros".[72] Para que los alemanes no intentaran revisar a las familias ficticias, agregaban en los cuadernos observaciones de enfermedades infecciosas como tifus o cólera. La pequeña oficina de Irena estaba llena de actividad y complicidad. Siempre quiso vivir una aventura, y saber que estaba luchando contra el opresor, aunque fuera peligroso, la hacía sentir viva.

El primer año de ocupación fue aleccionador y difícil para la gente en Polonia (judíos y cristianos por igual). El segundo año los invasores se mostrarían peores. En el otoño de 1940 el control alemán sobre Varsovia era mayor. Mientras la cultura polaca era forzada a replegarse, la atención se centró en la explotación del pueblo judío dentro de la nación. Ante la escasez de mano de obra, los alemanes escogían a los hombres judíos en las calles para hacer trabajos forzados. Se cerraron las sinagogas y la comunidad tuvo que obedecer un toque de queda. Los judíos ya no podían mandar cartas transatlánticas, usar el teléfono ni los trenes, caminar por los parques de la ciudad ni sentarse en las bancas municipales. Después los obligaron a usar bandas blancas y azules con la estrella de David para identificarse, así como a hacerse a un lado y bajarse de la acera cuando un alemán se acercaba.

Adam no estaba exento de ninguna de estas humillantes regulaciones. Para entonces él e Irena eran amantes, así que su amor secreto tampoco estaba a salvo. Que una joven polaca caminara por las calles de la Varsovia ocupada, tomada del brazo de un hombre judío, aunque éste fuera su amigo, era peligroso. Se arriesgaban a cualquier abuso, incluso a una golpiza brutal. Los matones antisemitas, alentados por las reglas alemanas que prohibían las relaciones "interraciales", rondaban las calles buscando objetivos fáciles, y esto se los proporcionaba la banda en el brazo que Adam estaba obligado a portar.

Acciones tan simples como caminar por el parque un fin de semana o atravesar la ciudad en tranvía para ir a la fiesta de un amigo se convirtieron de pronto en cosas imposibles para Adam e Irena. Quizá fue ése el momento en el que Irena comenzó a usar la estrella de David cuando caminaba con Adam. La usaba por solidaridad, explicó más tarde, y a finales de 1940, antes de que lo peor comenzara, todavía les daba un poco de seguridad. Una pareja judía se arriesgaba a la violencia azarosa de la calle, pero al menos así su relación prohibida era menos evidente.

A principios de 1941 todo cambió. En enero los matones polacos,[73] animados (y algunos afirman que pagados) por los ocupantes alemanes, se esparcían por las calles de Varsovia a plena luz del día y golpeaban con malicia a cualquiera que portara una estrella de David. En marzo la violencia se convirtió en un pogromo abierto. Por más de una semana, durante la Pascua, más de mil matones aterrorizaron los barrios judíos apaleando a cualquier descarado que se atreviera a salir con una estrella en el brazo. Los ocupantes veían hacia otro lado, así como gran parte de la conmocionada población.

Después, en las primeras semanas de la primavera, salió a la luz que una peligrosa epidemia de tifoidea estaba arrasando con los distritos residenciales más pobres (que obviamente eran los barrios judíos). Por Varsovia corrió el rumor de que los alemanes estaban haciendo planes para establecer un sector judío en los suburbios del otro lado del río para aislar a la población enferma.[74] En abril se ordenó la cuarentena en las "áreas afectadas". Y en verano, justo cuando la enfermedad por fin perdía fuerza, se tomó la decisión de hacer algo aún más radical, algo que cambiaría todo para los judíos en Polonia y transformarían las vidas de Irena y Adam.

A mediados de octubre de 1940 aparecieron carteles por toda Varsovia. Los habitantes, angustiados, se apretaban el abrigo para combatir el viento otoñal y se congregaban alrededor de las noticias para leerlas. Desde los altavoces de las plazas las mismas órdenes se transmitían en un tono severo. La noticia era impactante y al principio Irena y Adam no lo podían creer. El mandato avisaba que los habitantes de Varsovia (judíos y polacos) debían prepararse. Los judíos se mudarían juntos a una pequeña e indeseable área de la ciudad que resultó casi destruida durante los bombardeos. Este nuevo "sector" sería el gueto de Varsovia. Un área de setenta y tres calles (poco más del cuatro por ciento de la ciudad) se reservó para los judíos en el centro, justo en el lugar que por mucho tiempo fue uno de los barrios más pobres y destruidos. Cualquier habitante "ario" debía abandonar el área acordonada y buscar otro hogar. Los que vivieran del lado equivocado de la barrera tendrían que mudarse, sin importar cuál fuera su religión.[75] Los habitantes tuvieron sólo dos semanas para reubicarse.

La ciudad entró en pánico. Las órdenes afectaban a más de 250 000 habitantes (uno de cada cuatro en Varsovia), tanto judíos como polacos. No había organización ni sistema alguno para hacer las mudanzas. *Déjenlos pelear entre ellos por las sobras de la mesa.* Más o menos así era la posición alemana. El consejo de control judío, o *Judenrat,* intentó establecer un centro de información para que las familias coincidieran. Seguro que si las familias judías y arias hacían un intercambio de casas basado en el simple cálculo del tamaño del departamento y el de la familia, todos se podrían ahorrar mucha agonía. Habría funcionado si los habitantes más ricos en ambos lados de la frontera lo hubieran aceptado, pero no lo hicieron. Las familias influyentes no estaban listas para vivir en departamentos pequeños e incómodos o reubicarse en una calle considerada "indeseable", no cuando tenían los bolsillos llenos de dinero para negociar una buena casa en el mercado libre. Los mejores departamentos desaparecieron en un instante cuando estas familias firmaron contratos de arrendamiento a precios increíbles. La clase media cayó en pánico, el costo de la vivienda se disparó aún más y caseros sin escrúpulos en ambos lados de la frontera se aprovecharon de sus inquilinos. Estas familias solían pasar días en una búsqueda frenética de un lugar para vivir, sin importar lo pequeño o costoso que fuera, sólo para ser rechazadas en el último minuto, y entonces verse obligadas a empezar la búsqueda a la mañana siguiente. A los habitantes más pobres se les dejó pelear por un lugar en pensiones sobrepobladas. Irena y sus colegas estaban atestiguando el catastrófico colapso de la red de asistencia social en Varsovia.

Multitudes de desafortunados que cargaban sus pertenencias en carritos y carriolas empujaban a Irena en su prisa por encontrar una nueva casa en cumplimiento de las órdenes alemanas. Esta escena se repitió durante las últimas dos semanas de octubre, cada vez que Irena se aventuraba a salir a las calles. En las puertas del gueto se formaban largas filas con los que esperaban para pasar, mientras guardias armados mantenían el orden levantando las voces. Jóvenes madres batallaban para cargar sobre la cabeza bultos de sábanas y cobijas, e incluso niños pequeños arrastraban maletas llenas. Los autos y camionetas eran escasos y su uso estaba prohibido para los judíos. Dentro del sector judío el transporte se limitaba a carretillas, y las familias, desesperadas, se vieron forzadas a dejar atrás muchas de sus pertenencias. El cambio resultó ser el doble de estresante, porque los alemanes seguían cambiando de opinión sobre qué calles formarían parte del nuevo distrito.

El cruel melodrama se desarrollaba en todas las calles, a la vista de todos, e Irena estaba en la primera fila del peor caos. ¿Qué pasaría si su departamento quedaba en el lado incorrecto de la frontera? Sabía que existía esa posibilidad. El gueto empezaba justo al este de su departamento en Wola. Mover a su frágil madre era una idea aterradora. La salud de Janina era una fuente de constante preocupación. Pero si el departamento de Irena no estaba lejos del nuevo sector judío, su oficina en la calle Złota menos. El nuevo gueto se extendía a partir de esa calle. Desde las pequeñas ventanas de su oficina, Irka y ella no podían dejar de ver la tragedia que ocurría frente a sus ojos.

La conexión de Irena con estas crueles medidas era profunda y personal. Ella y su madre estaban a salvo, pero Adam y la suya no. Quedaron atrapados en medio del caos con el resto de la familia Celnikier: sus tíos, tías y primos. Y sólo porque Adam era su amante y no su esposo, Irena no tuvo que mudarse al gueto con él. Si se hubiera casado con un judío, la habrían tratado como a uno.

En 1940, Adam vivía en un departamento en el número 18 de la calle Bałuckiego, al sur de Varsovia, en el distrito de Mokotów, fuera de los límites del gueto. Adam era judío y Mokotów ahora era un distrito "ario". Debía mudarse, al igual que otros diez mil judíos. A Irena le dolía el corazón por él. Adam tuvo que luchar contra la pérdida de su hogar. Pero fue la pérdida de sus libros lo que más lo enfureció. Para un candidato a doctorado, historiador, un hombre que vivía dentro de los libros y que se guardaba en ellos cada vez más, pocas posesiones eran tan importantes como su biblioteca. No había forma de llevársela. ¿Cómo trasladarla si los judíos tenían prohibido usar cualquier tipo de transporte? Y eso sin contar con que en los puestos de control los alemanes podrían quemar los libros sólo por diversión. Irena quiso decirle que encontrarían una forma. Adam se deshizo de cualquier esperanza y vio con odio las pilas de libros en su departamento. Sabía a la perfección que no había forma de llevárselos, ni una solución para el gueto.

No sólo Adam se enfrentó con el dolor de cortar raíces y quedarse sin posesiones en el círculo. Todos los amigos judíos de Irena de la Universidad Libre de Polonia y de las oficinas de asistencia social fueron obligados a mudarse: Ewa Rechtman, Ala Gołąb-Grynberg y su pequeña hija Rami, Rachela Rosenthal y su hija, el doctor Hirszfeld (el mentor de Ala), el abogado Józef Zysman, su esposa Theodora y su hijo Piotr. También la esposa judía de Adam y sus parientes, incluida su suegra, Leokadia Celnikier. El papel de Irena en el triángulo amoroso de pronto se hizo más complicado. La madre de Adam veía con malos ojos la forma de vida de su hijo. Ellos nunca tuvieron una relación llevadera, y la mudanza al gueto lo empeoró. Aunque el nombre de la esposa de Adam sigue siendo un secreto, los registros de propiedad durante la guerra muestran que algunos de los miembros de la familia Celnikier y Mikelberg[76] vivieron en el mismo lugar. Regina Mikelberg, sin embargo, no figura entre ellos.[77] Ella se mudó con sus padres y sus hermanos menores a un departamento en el sector noroeste del gueto, en el número 30 de la calle Franciszkańska. Y después, como todos en el nuevo sector judío, Regina dedicó su tiempo a intentar que ni su familia ni ella murieran de hambre.

En el lado ario las realidades de la vida eran más fáciles, pero Irena estaba concentrada en las mismas preguntas: ¿Cómo sobrevivirían sus amigos judíos con las miserables raciones de los alemanes? ¿Cómo lo harían sus clientes judíos?

Irena anhelaba el bullicio de la actividad, y ante retos como éstos no se imaginaba atrapada en una casa, aburrida, cuidando bebés. En el trabajo se dedicó a encontrar soluciones y estuvo más ocupada que nunca. Su pequeña red comenzó a falsificar registros oficiales para proveer de asistencia social a familias judías necesitadas. Ahora estaba a la caza de algo más: que a veces pasaban por sus manos documentos oficiales en blanco, papeles que podrían darles a sus amigos judíos una identidad aria.

Con nuevos documentos "polacos", una familia judía podría evitar las órdenes (si tenían el valor de hacerlo). Podrían, como la doctora Radlińska, perderse en la creciente metrópolis de Varsovia y pasar desapercibidos. Lo difícil era convencer a sus amigos judíos de aceptar el riesgo. Adam se negó. No abandonaría el gueto. Su terquedad hizo que Irena se volviera loca de preocupación. También la lastimó. Ante los ojos de la Ley Judía Ortodoxa, en 1940 Adam estaba libre. El divorcio en la tradición ortodoxa era tan simple como ofrecerle a su esposa un *get* (un compromiso escrito para darle la libertad de casarse con alguien más). El impedimento era el matrimonio católico de Irena. El rechazo de Adam molestó mucho a Irena. ¿Qué decía eso de su relación? La verdad, Adam cayó en una seria depresión y fue incapaz de tomar decisiones. También la culpa pesaba en su confusión emocional. ¿Cómo podría salvarse él y dejar a su familia política?

Y, de cualquier forma, a pesar de lo represivas que eran las órdenes, la mayoría de los judíos pensaba que estarían más seguros en el gueto, lejos de los alemanes y de sus vecinos antisemitas polacos. Todos estaban seguros de que los cambios serían pequeños. La gente creía que, como en los guetos medievales, las puertas sólo se cerrarían por la noche y durante el día la vida en la ciudad sería la misma. *Nos encontraremos en nuestros departamentos, como siempre,* se decían. *Después de todo, vamos a vivir en la misma ciudad.* Si el gueto permanecía abierto, ¿cuál era el peligro? Pero en octubre se empezó a construir un muro de tres metros de altura que separaría a la calle Złota de su vecina al norte, la calle Sienna.[78] Una pequeña parte del muro aún yace de pie ahí, en Varsovia, a unos metros de donde se ubicaba la oficina de Irena, uno de los pocos remanentes de los límites del gueto.

El nuevo sector judío era un área originalmente pensada para 80 000 habitantes. La mayor parte de los barrios tenía calles con casas de clases trabajadoras carentes de servicios básicos. Otras partes del área, en especial las grandes casas a lo largo de la calle Sienna, eran barrios burgueses. Los miembros más ricos de la comunidad judía obtuvieron esos departamentos. Muchos amigos de Irena estaban entre ellos, pues venían de familias posicionadas, influyentes, y en algunos casos llevaban décadas sin practicar el judaísmo. Algunos, como la doctora Radlińska y su primo el doctor Hirszfeld, tenían raíces judías pero se convirtieron al catolicismo. Estos hechos no importaban a los alemanes. Algunos como Adam y Józef se consideraban polacos. Otros como Ala y su esposo Arek eran sionistas orgullosos cuyos planes de mudarse a Palestina fueron interrumpidos por la política mundial. Todos eran personas educadas, exitosas, con grados universitarios y carreras profesionales, todos hablaban polaco con fluidez. Quizá lo más importante de todo, todos tenían una red de contactos fuera de los círculos judíos.

Entre los judíos de Varsovia, los amigos de Irena representaban una minoría. Sólo unos pocos eran privilegiados. Sólo una fracción de la comunidad en la ciudad se mezcló alguna vez en la vida cultural de Polonia, y para el resto los judíos eran un país dentro de otro país. Para una mejor estimación, en las palabras de un sobreviviente de la guerra: "En Varsovia había unos cuantos miles de judíos cuyas profesiones los relacionaban con la sociedad polaca, abogados, doctores, ingenieros, periodistas, escritores, actores".[79] Los amigos de Irena formaban parte de ellos. El resto de la población judía en la ciudad, más de 350 000 personas al inicio de la ocupación, vivía y trabajaba en un impresionante aislamiento de sus vecinos "eslavos".

Al principio, incluso en el gueto, el dinero era una protección considerable contra la privación. Los amigos de Irena se mudaron a las mejores partes de la zona y muchos intentaron ser optimistas. En cambio, en otros lugares del nuevo sector las condiciones eran menos salubres y la vida fue desalentadora desde el inicio. Aquellos que mantenían viejas prácticas y hablaban las viejas lenguas tuvieron que quedarse en las calles donde los departamentos eran diminutos y miserables. Estas familias solían ser mucho más numerosas y pobres, y las que llegaron a Varsovia como refugiadas estaban desesperadas. La mayoría de ellos no hablaba polaco ni conocía a sus vecinos. En los departamentos sobre los comercios vivían hacinadas tres, cuatro, hasta cinco familias que compartían un corredor con baños y peleaban por un espacio en el piso. Éstas eran condiciones propicias para las enfermedades y el desastre.

En ese otoño, una de las amigas de Irena se negó con firmeza a mudarse al gueto. Era una trabajadora social llamada Maria[80] y en 1940 ya era parte de la red secreta de falsificación. Maria no nació siendo judía; tampoco su esposo, el doctor Henryk Palester, otro de sus colegas en la universidad y especialista en enfermedades infecciosas del Ministerio de Salud, quien trabajó cerca de Ala y su mentor, el doctor Hirszfeld. El matrimonio de Maria con un hombre treinta años mayor escandalizó a su tradicional familia. No sólo

la diferencia de edad entre los dos idealistas socialistas desconcertó
a los padres, sino también el hecho de que Henryk,[81] un hombre
rubio, un caballero calvo con una larga y bella nariz y anteojos
oscuros, tomó la inusual decisión de convertirse al judaísmo. Y en
1940, eso significó que la familia Palester (Henryk, Maria y sus
dos hijos: Malgorzata y Krystof) debía empacar para irse al gueto.

Pero Maria tenía otros planes. Aunque Henryk fue removido de su
puesto en el gobierno cuando comenzaron las restricciones laborales judías, todos tenían actas de nacimiento católicas y fes de bauti-
zo. A menos que los alemanes fueran a buscarlos, Maria imaginó
que tendrían mejores posibilidades que el promedio de pasar los
tiempos de guerra usando sus propios nombres, en su propio departamento, siguiendo su vida como polacos católicos. No estaban
negando el judaísmo de Henryk, pero tampoco era momento de
señalárselo a los invasores. Cuando una amiga judía, una profesora
y madre de una hija preadolescente, le dijo que se preparaba para
mudarse al gueto, Maria Palester la convenció de correr el riesgo.
Ella estaba segura de que el gueto era una trampa preparada para
la comunidad judía. Algo le decía que acechaba un gran peligro.

María se negó a pasar los tiempos de guerra escondida en su
departamento. Era una cuestión de confianza, supuso. La mejor
apuesta era ocultarse en público. El miedo era el mayor traidor de
un jugador y Maria tenía una gran experiencia jugando cartas.
Cuando en su juego se vieron involucrados informantes de la Gestapo, incluso algunos *Volksdeutsche* alemanes, ella ganó puntos siendo
encantadora y vivaz. Era una mujer delgada, con cabellos oscuros
y rizados y pómulos marcados, que sabía cómo desenvolverse con
gracia. Nunca estaría de más tener protección si los descubrían, y
todos sabían que los sobornos podían resolver cualquier tipo de problemas. Las conexiones de Maria con la Gestapo se convirtieron en
un asunto de vida o muerte para Irena antes de que la guerra acabara.

En unas semanas, no quedaron dudas de que la familia Palesta-
ter había tomado la mejor decisión. El sábado 16 de noviembre
de 1940, las familias que caminaban con sigilo a los servicios

clandestinos del *sabbat*[82] en sótanos y áticos se sorprendieron al darse cuenta de que, de la noche a la mañana, el gueto estaba sellado. Cayó como un rayo, dijeron después los habitantes.[83] Nadie lo vio venir. Se les prohibía a los judíos abandonar el área cerrada, aparentemente para acabar con las enfermedades contagiosas de las que eran culpables, según los horribles carteles racistas que se repartían por toda la ciudad.

Al principio, a pesar de la presencia de soldados alemanes, polacos y judíos en los puestos de control, las barricadas estaban poco vigiladas. Toda la tarde y al menos una semana después, el gueto estuvo abierto a medias. Ese fin de semana, cuando se esparció el rumor por Varsovia, los habitantes polacos (tanto amigos como extraños) llegaron en grandes cantidades para llevar suministros de pan y arreglos de flores.[84] Otros del lado ario trabajaron para hacer llegar cargamentos de productos frescos a los mercados del gueto, organizados con precipitación. Familias enteras iban en busca de estos mercados improvisados que surgían bajo los toldos de camionetas o en mesas destartaladas para conseguir comida.

Cuando Adam e Irena caminaron por las calles del gueto esa semana, ropa recién lavada colgaba de las ventanas para secarse con el viento de otoño y ellos se perdieron entre la oleada de gente. Sería la última vez que caminarían así, al aire libre, en varios años. Irena amaba a Adam, pero las cosas no eran fáciles. Su fatalismo y pasividad la incomodaban, y a veces peleaban. ¿Por qué no se iba con ella? Podía salir del gueto caminando ese día. Ella encontraría documentos para crearle una identidad falsa. También lo haría para su madre y esposa, si era lo que quería. No era imposible estar juntos. Pero Adam no quería o no podía.

Pronto, los límites estuvieron resguardados con determinación despiadada,[85] y mientras se agotaba la comida los precios de todo dentro del gueto aumentaron de forma catastrófica. Los cargamentos eran confiscados e Irena se horrorizó cuando supo que las raciones que sus amigos recibían por parte de los alemanes equivalían a 184 calorías por día.[86] De acuerdo con la ley eso era hambruna.

Los contrabandistas, desde luego, organizaron ingeniosas operaciones usando niños pequeños y ágiles para saltar el perímetro. Los alemanes respondieron poniendo alambre de púas,[87] botellas rotas en los muros y disparando a los niños. Cada día el muro que separaba a Adam de Irena crecía más y más.

Cuando se dibujaron los límites del gueto, el hospital de la calle Dworska se quedó en el lado ario. Aquellos desafortunados que necesitaran atención médica tendrían que pasar por los puestos de control alemanes. Así también el personal del hospital cada mañana. A Ala le dolía despedirse de su hija con un beso en la frente, en medio de la oscuridad. Sabía que podría no volver por la tarde. Bastó cruzar la frontera un par de veces para entender lo grave de la situación. Pero como jefa de enfermeras no tenía opción, no desde un punto de vista ético. Así que con el resto del personal, compuesto por otros setenta y cinco enfermeras y doctores, se enfrentaba a ese desafío dos veces al día.

Durante todo noviembre el personal del hospital se reunía en la calle Twarda antes de las siete de la mañana para esperar la señal. Ala intentaba no pensar en lo que solía ser esa calle antes de la guerra, en el bullicio feliz de las casas de clase media y las tiendas judías. Ahora los habitantes se hundían en lo más profundo de los edificios, lo más lejos posible de los puestos de control.[88] Los alemanes convirtieron la calle de la gran sinagoga en una bodega y un establo para caballos. Ala estaba contenta de ver al doctor Ludwik Hirszfeld, cubriéndose del frío de la amarga mañana con su abrigo, con los mechones de cabello blanco saliendo por debajo de su sombrero. Se veía elegante a pesar de estar en el gueto, y después de una noche de desvelo en el cabaret de la esquina que solía frecuentar. El médico tenía una pasión por el jazz seductor y las canciones de amor, y la glamorosa prima de Arek, Wiera, era una de las mejores cantantes del gueto.

Mientras el reloj se acercaba a las siete en punto, el personal del hospital se reunía y poco a poco se acercaba al puesto de control en la esquina de las calles Twarda y Złota. La vieja oficina de Irena no estaba lejos, y si Ala levantaba el cuello podía sobresalir por la puerta a la distancia. Pero después de que la revisión de algunos archivos arrojara más preguntas que respuestas, Irena fue transferida a instalaciones periféricas, lejos del gueto. Alrededor de Ala, oficiales de policía indiferentes con cascos ladeados empujaban bicicletas a lo largo de las calles pedregosas, con las armas echadas sobre los hombros. Sólo era el comienzo de un día más en las estaciones del gueto.

En el puesto de control, un cartel en alemán y polaco decía: ÁREA INFECTADA DE TIFUS, SÓLO PERSONAL AUTORIZADO. A su lado, Ala escuchó al doctor Hirszfeld refunfuñando. Su mentor le decía con frecuencia que si querían crear una epidemia de tifus, aquel gueto era una excelente forma de hacerlo. El personal ya se encontraba en la línea frontal de la batalla sin esperanzas. Uno de cada cinco de sus empleados sucumbiría a la enfermedad después de tratar pacientes.[89] Pero desde antes cualquiera encaraba riesgos; había un inminente peligro frente a ellos. Debían pasar a los centinelas, que los llevaban a punta de pistola hasta la puerta del hospital. Esa mañana la suerte no estuvo de su lado. Ya había pasado antes y volvería a pasar. Pero cada vez terminaban igual de asustados, temblando, lastimados, humillados y aterrorizados. Al entrar a la zona aria y comenzar su rápida marcha, Ala vio a un montón de jóvenes de las ss caminando en su dirección. De inmediato dirigió la mirada al piso. *No los veas*, se dijo en voz baja. Pero desviar la mirada no cambió nada: se escuchó jadeando al tiempo que la culata de un rifle golpeó el pecho de uno de los doctores de la comitiva, quien luego cayó al piso. Ella se alejó de los sonidos secos de las botas que lo pateaban mientras él yacía en el piso gritando. El resto pasó en un instante. Más culatas de rifles. Más botas, seguidas de llanto de dolor y palabras en alemán. Mientras, los habitantes polacos que se apuraban a llegar a sus trabajos miraban la escena con asombro.[90] Los doctores fueron alineados y obligados a saltar cada vez más rápido, hasta que se cayeran, entre los

alaridos y risas de las ss. Después los alemanes se fueron a buscar
más entretenimiento.

Pronto se prohibieron incluso esas incursiones fuera del gueto. Ala no podía decir que lo lamentaba. En diciembre se cerró
el hospital judío[91] y los equipos médicos fueron asignados a otras
clínicas más pequeñas repartidas dentro del gueto, con una capacidad mucho menor. No eran capaces de cubrir la abrumadora
necesidad, y las cosas en el sector judío iban cada vez peor. A finales
de 1940 el distrito se había convertido en un cementerio para los
vivos. Maria y Henryk Palester vivían bajo el constante peligro de
ser descubiertos, pero era mucho mejor que la otra alternativa.

Todo era parte de un plan que, aunque se creó de forma sutil,
se puso en marcha antes del otoño. En esa misma directiva, el líder de las ss, Reinhard Heydrich, les recordó a sus matones que
"el primer prerrequisito para el golpe final es la concentración de
los judíos"[92] en áreas urbanas. Sólo las "ciudades que unan líneas
férreas pueden ser seleccionadas como puntos de concentración",[93]
informó a sus agentes, Varsovia era uno de los mayores cruces. Tan
pronto como la población judía fue encapsulada, los refugiados de
otras ciudades comenzaron a llegar. Todas las comunidades judías
con menos de quinientos miembros fueron desintegradas a lo largo
del Gobierno General, y sus habitantes, cuando sobrevivían, eran
obligados a reubicarse en otras ciudades. Más tarde también los
judíos de Alemania serían deportados al gueto de Varsovia, lo que
aumentó todavía más las condiciones de hacinamiento. El resultado:
más de medio millón de personas forzadas a morir de hambre en
un distrito amurallado y vigilado.

Adam era uno de ellos. Regina era otra.

Nadie se sorprendió al enterarse de que, en cuestión de semanas,
con su determinación e ingenio característicos, Irena consiguió
un pase de control de epidemias que le permitía salir y entrar del
gueto de forma constante.

CAPÍTULO 4

EL CÍRCULO DE JÓVENES
Varsovia, 1940-1941

Irena temblaba pero hacía lo posible por concentrarse. *Rickettsia prowazekii*. Bacterias. *Pediculus humanus humanus*. Infección de piojos. El cuarto estaba lleno de hombres y mujeres jóvenes. Cada uno escribía pequeñas notas sobre preciado papel en medio de la oscuridad.

Del otro lado del cuarto, Irena le lanzó una mirada de preocupación a su amiga Ala. Había adelgazado mucho. Eran los primeros meses de 1941 y sus ropas holgadas colgaban en sus hombros. Su hija Rami cumplió cinco ese año.[94] Irena sabía que Ala vivía con sus padres, Moshe y Rachel, su hermano mayor, Janek, y una huérfana de dos años, Dahlia, todos aglutinados en un departamento a la vuelta de la esquina, en el número 4 de la calle Smocza.

Ala era ahora la jefa de enfermeras en el gueto. Un nombramiento oficial por el *Judenrat* que le otorgaba un pase excepcional y el derecho a hacer visitas profesionales dentro del sector judío después del toque de queda. También estaba a cargo de guiar al círculo de jóvenes en el número 9 de la calle Smocza[95] y organizaba en secreto cursos comunales de sanidad y entrenamiento médico paramilitar, como la sesión en la que se encontraban en ese momento con el doctor Ludwik Hirszfeld. Algunos jóvenes judíos hablaban sobre una resistencia armada. El esposo de Ala, Arek, quien por milagro sobrevivió en el frente oeste y logró llegar a Varsovia, fue uno de los primeros activistas. Pero él no volvió al sector judío. Vivía en el bosque a las afueras de la ciudad, y ahí se unió a los partidarios. Después de todo, las oportunidades de trabajo para un actor eran limitadas en el gueto y los niños tenían hambre. Irena veía que todo eso era una gran carga para su amiga.

Con una entonación firme, el profesor de la clase, el doctor Landau, enfatizó aquel punto dando unos golpecitos con la tiza sobre el pizarrón improvisado. Había una vela en la habitación; él enseñaba en la penumbra. Pero no le importaba que estuvieran aprendiendo bajo circunstancias difíciles ni que fuera una clase clandestina. El doctor Landau tenía una disciplina estricta, inflexible. Era firme y rudo, y había algo en él que a Irena le recordaba a un sargento o tal vez a un general.

El saneamiento es la clave para frenar la epidemia que está creciendo entre nosotros, continuó golpeteando el pizarrón de cuando en cuando para puntualizar otra oración. *El tifus depende de los espacios pequeños y de la confinación humana para multiplicarse de esta forma. Las tasas de mortalidad se han disparado de menos de mil a unos cuantos miles por mes, y tenemos que trabajar en las medidas...*

Fuertes pasos de botas del otro lado de la puerta lo interrumpieron en medio de la oración. El pánico y el desconcierto hicieron que alguien tirara su lápiz al piso. Era el temido pero familiar martilleo de las botas nazis, y en la oscuridad los jóvenes estudiantes del salón escucharon los horribles bramidos fuera de las ventanas. *¡Raus, Juden Raus!* El agudo grito de un niño llegó de algún edificio cercano. Disparos de armas. Llanto.

En un instante, todos se volvieron hacia el doctor Landau. ¿Dónde se podrían esconder? ¿Qué pasaría? Él volvió a golpear el pizarrón, los vio fijamente, hizo un ademán con la tiza prohibiéndoles moverse y continuó con la clase. *La infección ocurre cuando las heces de la bacteria* Rickettsia prowazekii...

El sonido de las botas se convirtió en un un eco lejano en la calle. Sólo entonces una de las chicas comenzó a temblar y sollozar. Jadeaba por aire con desesperados espasmos de histeria. Otros la siguieron. Irena los vio, sobrecogida, mientras el doctor Landau se volvía hacia ellos con furia.

"¿Todavía no lo entienden?"[96]

Docenas de ojos bien abiertos se dirigieron a él. Sólo Ala parecía estar en calma. A Irena la impresionó su compostura.

"Todos nosotros, todos los días, todas la noches, estamos en las líneas frontales —les dijo el doctor con severidad—. Somos las tropas del frente que nunca se detienen. Somos soldados y debemos ser fuertes. El llanto no se permite aquí."

Después, con el repiqueteo de la tiza, se dio la vuelta hacia el pizarrón y retomó la cadena de ideas como si nada lo hubiera interrumpido. Una ráfaga de polvo blanco flotó por el aire un momento. Nadie se atrevió a toser para que el doctor no pensara que estaban sollozando. Sólo había garabatos y la firme voz del profesor explicando en la oscura habitación.

La presencia de Irena dentro del gueto, tanto en las calles como en las lecciones secretas, no sorprendió a ninguno de sus amigos de la universidad recluidos ahí. Tampoco se sorprendieron por ver a alguna de sus colegas de asistencia social: Irka Schultz, Jadwiga Deneka o Jaga Piotrowska. A finales de 1940 y durante 1941, las cuatro mujeres entraban y salían del gueto dos o tres veces al día.

Esto no comenzó como una red ni como una misión planeada. Irena lo planteó así: "Yo era una visitante frecuente del distrito amurallado".[97] Lo fue desde el momento en que se creó. "Mi trabajo en la administración del Departamento de Salud y Servicios Sociales me facilitó obtener un pase", explicó. Muchas de las familias a las que ayudaba estaban atrapadas en los confines del gueto y ésa era una razón para ir. Pero la razón auténtica era personal: "Conocía el sufrimiento de la gente que se descomponía detrás de esas paredes, y quería ayudar a mis viejos amigos". También había asuntos del corazón, admitió. Quería estar con un viejo amigo en especial: Adam, cuya depresión era ya una espiral sombría de ira. Irena estaba asustada. Uno debía *querer* vivir para sobrevivir en el gueto.

Un médico polaco llamado Juliusz Majkowski facilitó los pases al gueto. Irena lo conoció desde los días de universidad en los círculos de la doctora Radlińska, y ahora él era parte de las células de la resistencia. El doctor Majkowski también estaba a cargo de la división de Saneamiento Urbano en la municipalidad de Varsovia, donde era responsable de combatir la propagación de enfermedades más allá del gueto y deshacerse de materiales infecciosos. Sólo agregó los nombres de las cuatro conspiradoras a la lista de personal médico autorizado y les entregó los pases legítimos de control epidemiológico que les permitirían pasar los puestos de control con libertad. A los alemanes les aterraba infectarse con alguna enfermedad virulenta del gueto, así que le dejaron el trabajo de salud y saneamiento a los polacos por ser más "prescindibles".

En las puertas de entrada y salida del gueto, los hombres de las ss, con las armas colgadas a la altura de sus caderas, revisaban con detalle los documentos de Irena, la bombardeaban con preguntas y gritaban órdenes. Ella moderaba sus nervios cada vez. En teoría, ninguna de ellas se arriesgaba mucho al ir y venir cada tarde, una vez que terminaban su turno en las oficinas de asistencia social. Después de todo, los documentos eran legítimos, aunque el trabajo de saneamiento fuera ficción y además, a pesar de la estrella de David que se ponía en el brazo en solidaridad con sus amigos cuando caminaba por las calles del gueto, no era judía.

Excepto, claro, por el pequeño detalle de *por qué* iba y venía a través del gueto varias veces al día, entrando y saliendo por diferentes puestos de control en una rotación cuidadosa.

Los amigos de Irena estaban muriendo de hambre. Los precios por la comida de contrabando eran estratosféricos.[98] Pero a los judíos no se les permitía tener más que unos miles de eslotis. También estaba la creciente crueldad de los guardias y captores. Se escuchaban tiros a toda hora, pero sobre todo por la noche, y los gritos resonaban en los edificios cuando la ciudad estaba en calma. "Abusos y entretenimiento bestial ocurren a diario",[99] reportaban con tristeza los periódicos clandestinos de Varsovia. Por las mañanas los muertos se alineaban en las calles, donde los apilaban desnudos y los cubrían con viejo papel periódico, porque los harapos que vestían tenían mucho valor para los vivos.

Sobre todo, los amigos de Irena estaban viendo a los niños pequeños morir de tifus todos los días,[100] una enfermedad para la que existía vacuna. Sus amistades morían con frecuencia. El artículo principal del periódico de la resistencia polaca *Biuletyn Informacyjny* (el *Boletín de la Información*) reportó que en 1941 "la densidad demográfica [dentro del sector judío] es inimaginable. En promedio seis personas viven en una habitación; algunas veces hasta veinte. Este hacinamiento en aumento tiene como resultado condiciones higiénicas y sanitarias indescriptibles. Imperan el hambre y la miseria".[101] El gobernador alemán en Varsovia presumía la hambruna como una política oficial: "Los judíos morirán de hambre y miseria y de ellos sólo quedará un cementerio".[102]

Desde luego, Irena hacía contrabando. Sólo podía llevar un poco cada vez, así que la única alternativa era ir con frecuencia. Unas veces llevaba comida; otras, algo de dinero. A veces, más por capricho, cruzaba las muñecas hechas a mano que su exprofesor de la universidad, el doctor Witwicki, tallaba a escondidas durante días para el orfanato en el gueto del doctor Korczak. Cuando podía, eran dosis de vacunas lo que le entregaba a Ala Gołąb-Grynberg y Ewa Rechtman. El precio a pagar por ser descubierta contrabandeando al principio era el arresto y, por lo común, la deportación a un campo de concentración. En el invierno, carteles pegados por toda Varsovia anunciaron que los alemanes aumentaban la apuesta y que la nueva pena por ayudar a un judío, y en especial por darles comida, sería la ejecución.

Los amigos de Irena dentro del gueto se organizaron tan rápido y seguro como sus amigos y compatriotas de las oficinas municipales. Todos eran jóvenes con consciencia social e idealistas con fuertes lazos de amistad y experiencias compartidas, y respondían a las carencias de los que tenían enfrente. La necesidad era preocupante.

En un centro de refugiados, un niño judío de ocho años se volvió loco una mañana. Los cuidadores lo cargaron mientras gritaba: "Quiero robar, quiero comer, quiero ser alemán".[103] En su ruta para ver a Adam, Irena presenciaba muchos casos como éste; incluso tenía que caminar con cuidado para no pisar cuerpos de niños.

En el lado ario, la asistencia social de la ciudad le dio a Irena y a sus colegas acceso a recursos y una cobertura. Dentro del gueto, la organización que diseñaron sus amigos como un proyecto compartido era una asociación judía de caridad llamada Centos (Centrale Towarzystwo Opieki nad Sierotami), dirigida por un profesor de psicología y abogado llamado Adolf Berman. La amiga de Irena, Ewa Rechtman, era una figura cada vez más importante en Centos.[104] Parecía conocer a todos en el gueto. Dirigía el centro para jóvenes en el número 16 de la calle Sienna,[105] una de las partes más ricas del sector judío, donde se encontraban el hospital de niños y el orfanato del doctor Korczak.

En los centros de refugiados y hospitales, el personal peleaba a diario contra las enfermedades y la hambruna. Pero no todos en el gueto padecían, en especial en los barrios ricos. Mientras que casi un millón de habitantes confinados allí sufrían de hambre, los "aristócratas del gueto" (ricos industriales, líderes consejeros del *Judenrat,* oficiales de policía, contrabandistas, dueños de centros nocturnos, prostitutas de alta categoría: quizá un total de diez mil personas) bailaban sobre los cadáveres del resto. Había sesenta y un cafés y clubes nocturnos, y la "orgía de fiestas no tenía límites",[106] escribió el autonombrado historiador del gueto Emanuel Ringelblum. El complejo de la calle Sienna, donde Ewa trabajaba, albergaba uno de esos cafés,[107] en el que tocaban bandas acompañadas de roncos cantantes.

Pero era Ala quien sabía mejor cómo eran esas fiestas locas y clubes nocturnos en el gueto. Su esposo, madre y padre eran aclamados actores y directores de teatro. Su pariente más famosa era una prima política, Weronika, o Wiera, Grinberg, mejor conocida en Varsovia como la sensual actriz de cabaret cuyo nombre artístico era Vera Gran. Su sensual y seductor canto la hizo una estrella antes de la guerra, y en 1941 ya era una atracción legendaria dentro del gueto. Oficiales de la Gestapo, la élite del *Judenrat* y los hombres de las ss se reunían bajo el humo del Café Sztuka, en el número 2 de la calle Leszno, a unos metros de las puertas del gueto, para escuchar a Wiera cantando canciones de amor. Sus duetos con Władysław Szpilman, el músico inmortalizado en la película de Roman Polanski *El pianista* (basada en las memorias de Szpilman) atrajeron a multitudes que incluían las visitas nocturnas del mentor de Ala, el doctor Hirszfeld, y del viejo amigo de Irena, Józef Zysman, ambos clientes devotos y regulares del Café Sztuka. Como el café estaba a unos pasos del reubicado Hospital Czyste,[108] ahora en el número 1 de la calle Leszno, muchos de los doctores y enfermeras iban ahí después del trabajo, así que el esparcimiento y el trabajo social no siempre eran ajenos entre ellos. El entretenimiento para los ricos del gueto fue el principal medio de obtención de donativos de caridad dentro del sector. Los jóvenes del centro de Ala montaban obras de teatro para los habitantes ricos y donaban las ganancias de los boletos para comprar en el mercado negro comida y medicinas para los niños. Cuando el orfanato del doctor Korczak necesitó fondos, Ala convenció a la prima de su esposo de que cantara para la beneficencia, y como siempre Wiera atrajo a una gran audiencia con su fascinante talento.

Ven conmigo, le suplicó Ala con una sonrisa a Irena. *Pasa la noche en el gueto y ve lo que sucede en el Café Sztuka.* ¿Cómo podría resistirse? Irena aceptó al menos dos veces la temeraria invitación de sus amigos para quedarse con ellos. Fue al Café Sztuka. Estaba prohibido, desde luego, y le dispararían si la descubrían. Pero Irena ya había arriesgado su vida muchas otras veces. Exponerse una vez más para pasar la noche con sus amigos y con Adam no hacía mucha diferencia. En 1941 los actos de impulsivo coraje aún le daban energía, eran electrizantes. El peligro personal aún le parecía lejano y abstracto.

Wiera cantó en la oscuridad humeante del café. Era bueno ver sonreír a todos, incluso a Adam. Ya no sonreía con frecuencia en el gueto, pero desde que empezó a dar clases en uno de los centros para jóvenes se fue gran parte de su amargura. En su oficina como voluntario en el número 24 de la calle Elektoralna, Adam alimentaba a niños de la calle. También se unió a la resistencia judía y circulaba de forma secreta publicaciones clandestinas desde un departamento en un edificio cercano. Tanto Adam como Ewa le quitaron el sueño a Irena algunas noches. Cada uno luchó contra la desesperación. Adam ya no decía que la vida en el gueto no valía la pena e Irena notó que comenzó a ser más cuidadoso. Ahora que Ewa trabajaba otra vez, estaba mejor también. El trabajo los salvó a ambos: enseñar y trabajar con niños.

Mientras Irena se arriesgaba aquella noche, la escena que se desarrollaba frente a sus ojos en el club la dejó atónita. En el café, los sonrientes meseros vertían botellas de champaña sobre las copas vacías. ¿Era posible que hubiera champaña en el gueto? No fue hasta que dio el primer sorbo cuando Irena lo creyó. Todo alrededor era un torbellino de conmoción; mujeres tambaleantes en sus galas de preguerra se tropezaban al pasar entre las pequeñas mesas, y alguien puso frente a ella entremeses de salmón que acompañaban el tintineo de las risas ebrias. En algún lugar creyó ver a su viejo amigo, el actor judío Jonas Turkow,[109] cuya talentosa esposa, Diana Blumenfeld, era otra de las atracciones regulares del café. Alargó el cuello por un momento, pero se dio por vencida y sólo escuchó. Mientras Wiera cantaba viejas canciones sentimentales sobre amor y melancolía, Irena contemplaba esa maravilla dentro de un mundo de pesadilla. *Todos están llorando,*[110] se dijo a sí misma. *Todos.* Pero lloraban por las razones equivocadas. Cuando se fueron, sus abrigos los esperaban tibios, alineados en ganchos en el vestíbulo. Afuera, en el umbral de la puerta, frente a ellos yacían en el piso niños hambrientos medio congelados. Cuando su mano tocó la de Adam, éste la apretó fuerte. Entre ellos las palabras no eran necesarias.

Parte de la atracción de Wiera era el poder de su voz, pero no le venía mal ser hermosa también. Debajo de la piel sedosa, Irena reconoció a una mujer fría y cruel. Wiera Grynberg era una de las sobrevivientes más determinadas del gueto. Los amigos de Irena ya habían escuchado rumores sobre la traición de la estrella. Wiera no sólo cantaba en el gueto, era también atracción en el Café Mocha, en la calle Marszałkowska del sector ario, donde entretenía a alemanes entusiastas. Pero era más que sólo un poco amable con la Gestapo. Se rumoraba que Wiera era parte de un grupo de judíos que colaboraban de forma activa con los alemanes para delatar a sus vecinos,[111] y la traición en esos tiempos podía costarle la vida a alguno de los amigos del círculo de Irena.

El desenfreno podía ser la orden de la noche en el café en Sienna o Leszno, pero durante el día Irena respiraba tranquila y agradecida por los adolescentes en los círculos de jóvenes, cuyos espíritus de igualdad y justicia eran inspiradores. Un día de ese invierno, ella llegó sin aliento a la oficina de Ewa. Sus mejillas estaban rojas por el viento frío. En el gueto, un abrigo grande era una bendición. La saludó, sonrió y se quitó la chamarra. Rápido, le mostró su tesoro. Ewa se rio cuando vio lo que Irena estaba haciendo: transportaba de contrabando tres dosis de vacuna contra el tifus. A veces las llevaba en una bolsa con fondo falso. A veces, como ese día, las guardaba en pequeños compartimientos de su sostén acolchonado. Todas las mujeres tenían uno. Una broma en Varsovia en tiempos de guerra hacía alusión a la forma en que los pechos de las mujeres habían crecido de forma dramática desde la llegada de los alemanes.

Ewa aplaudió con placer y llamó a una reunión espontánea para decidir sobre las dosis. Estaban en un serio dilema. ¿A quién deberían vacunar?[112] Ewa le preguntó a una docena de jóvenes, la mayoría adolescentes y niños. Era una decisión de vida o muerte para ellos, pero Ewa conocía su gran espíritu, vivacidad y camaradería, así que los dejó tomar la decisión. Los chicos determinaron que las dosis serían para dos niños cuyos padres estaban muertos y debían mantener a sus hermanos, y para una chica en el círculo que trabajaba muy duro. Trabajar duro en Centos significaba desvelarse y cuidar a los bebés enfermos de tifus… y eso era peligroso.

Irena veía a Ewa, Ala y Adam todos los días. Había otros dos viejos amigos del círculo de la doctora Radlińska que formaban parte del grupo de amigos en el gueto: Rachela Rosenthal y Józef Zysman. Estos cinco compañeros de clase y trabajadores sociales junto con su antiguo profesor, el doctor Korczak, eran el núcleo del círculo judío de Irena.

Rachela trabajaba en la calle Pawia, una cuadra al sur de Ala. Irena nunca visitó a una sin pasar a saludar a la otra. Rachela dirigía un círculo ahí, y de hecho su grupo era uno de los más grandes y dinámicos del gueto. Más de veinticinco mil personas vivían en la calle Pawia; el distrito tenía una tradición judía desde antes de la ocupación. Rachela trabajaba con varias docenas de jóvenes voluntarios que hacían trabajo social improvisado. El carisma, encanto y sentido del humor de Rachela (incluso en el gueto) fueron parte de lo que hizo que su asociación fuera popular. Su familia vivía en uno de los edificios de departamentos más grandes del área,[113] estaba rodeada de amor y tenía una sólida creencia en el poder de la risa infantil. Era madre de una niña que tenía la misma edad que la pequeña de Ala, Rami, y organizaba grupos y entretenimiento para los niños del gueto. Pero la calle en la que vivía era una de las más tristes. Pawia le prestó su nombre a la prisión de la Gestapo ubicada en una esquina: Pawiak, una verdadera casa del terror.

Józef encabezaba la asociación de jóvenes en la calle Ogrodowa, el "centro" del gueto, sólo a unos pasos de los cuarteles de las tan injuriadas fuerzas judías de la policía. Irena también le entregaba suministros de contrabando a su viejo camarada de los días de asistencia social. Józef fue un gran abogado antes de que la ocupación alemana comenzara, y más de una vez Irena lo esperó en las salas de la corte, siempre apoyada en el barandal de la escalera y bromeando. Józef defendía a la gente echada de su hogar de forma ilegal por caseros sin escrúpulos. Irena era una de sus testigos favoritas en los servicios sociales. Józef, riendo, les decía a los demás abogados que Irena disfrutaba arreglar las injusticias y podía ser muy persuasiva. Entre las audiencias con los jueces, Józef le contaba sobre los mejores clubes nocturnos de Varsovia,[114] como si ella fuera el tipo de chica que podría estar interesada.

Los abogados del gueto ahora molestaban a Józef. Muchos miembros de la policía judía eran exabogados, incluso jueces,[115] que ocuparon los puestos en las fuerzas con un natural interés propio y como una oportunidad financiera. Los elementos de la policía judía que respondían ante la Gestapo eran corruptos y brutales. Sus oficiales patrullaban las paredes del gueto, reclutaban habitantes para cumplir con las cuotas alemanas de los trabajos forzados, a menudo vaciaban los bolsillos como maleantes y, con sobornos, les quitaban todo lo que podían a los habitantes.

Así que Józef hizo lo que pudo para frenar su poder en ascenso. Junto con Adam y Arek, le dedicó su energía al movimiento de resistencia judío que poco a poco tomaba forma.[116] Con un grupo de amigos afines, Józef se unió a una prensa clandestina[117] que circulaba periódicos y panfletos donde invitaban a los ciudadanos a ponerse en acción tanto fuera como dentro del gueto.

La célula secreta de Józef se reunía cada semana[118] en un cobertizo de herramientas para jardines de la calle Leszno, fuera de la vieja rectoría en Santa María. El jardín de la iglesia católica se extendía hasta la pared del gueto y los pasajes secretos llevaban de un lado para el otro. Al final del gran jardín, sentados en macetas de plantas boca abajo y pasando los dedos con melancolía por los cigarrillos que no podían encender para no ser detectados, los conspiradores tramaban los puntos de distribución y debatían los aspectos más delicados sobre cómo llevar artículos sin ser detectados por los alemanes. Casi todos los días, entre su grupo estaba una pequeña mujer polaca, que, para quien la conoció, levantó las sospechas de estar relacionada con todo lo bueno que pasara en el gueto. Tener a su vieja amiga Irena Sendler sentada a su lado en la penumbra hacía que su corazón se sintiera más ligero y tranquilo.

CAPÍTULO 5
UNA LLAMADA AL DOCTOR KORCZAK
Varsovia, enero de 1942

En el invierno de 1941-1942, al comienzo del segundo año en el gueto, Irena desarrollaba en silencio un proyecto más temerario.

Cuando la mujer de la oficina de servicios sociales del lado ario visitó el departamento de Irena, platicaron alrededor de la mesa de la cocina en voz baja mientras su madre dormía en el cuarto. Habían visto lo suficiente para saber qué pasaría si las descubrían. Había ocurrido una purga de la Gestapo en la oficinas de asistencia social, y enviaron a un supervisor a un campo de concentración en el este llamado Auschwitz. Sus urgentes conversaciones cada vez trataban más sobre medidas de seguridad. Fuera de ese cuarto comenzaron a usar nombres en código cuando la red comenzó a crecer. Jadwiga Deneka escogió el nombre "Kasia". Irena escogió "Jolanta". Los riesgos de ser detectadas aumentaban cada vez que añadían una persona al círculo, y para entonces tenían más de una docena de colaboradores. En lo más íntimo del santuario las viejas amigas y conspiradoras podían ser francas y honestas. Pero eso no significaba que no hubiera tensiones.

El grupo central del lado ario seguía siendo el pequeño círculo de chicas de la doctora Radlińska, todas ellas contrabandistas de vez en cuando: Irena Sendler, Irka Schultz, Jadwiga Deneka, Jaga Piotrowska y su hermana Janka Grabowska. Falsificar órdenes de requisitos y transportar alimentos y medicinas al gueto ya eran acciones de por sí peligrosas, pero las mujeres hacían planes para otras acciones encubiertas donde los riesgos eran mayores. El problema era que harían falta más de seis personas para llevarlas a cabo. Necesitarían traer más gente al grupo. Tendrían que decidir en quién confiar, y en especial tendrían que pensar en Jan Dobraczyński.

Cuando se trataba de Jan, siempre había un pequeño desacuerdo.

Jan Dobraczyński era un alto administrador en una de las oficinas del departamento de asistencia social de Varsovia y el linaje de su familia lo hacía un socio clave. Su padre, Walery, era uno de los pioneros del movimiento de servicios sociales de Varsovia, junto con la doctora Radlińska y otros profesores de la Universidad Libre de Polonia. De hecho, el padre de Jan fue el director de los programas de asistencia social hasta que se retiró en 1932, y después de cuarenta años en el trabajo todavía conocía a todos en el área de servicios sociales.

Pero se rumoraba que su hijo tenía otro tipo de carácter. Jan siguió los pasos de sus padres y se unió a los servicios sociales al año siguiente del retiro de Walery, aunque sus pasiones verdaderas eran la escritura y la religión. No formaba parte de ningún círculo de izquierda ni era seguidor del socialismo. A diferencia de los conspiradores, no era acólito de la doctora Radlińska. Jan era unos meses menor que Irena, pero ya actuaba como alguien de mediana edad: era anticuado, orgulloso de sus valores tradicionales y católico devoto. A Irena le molestaban sus políticas repulsivas. Jan había sido miembro activo del partido de derecha ultranacionalista por años, el partido detrás del odioso "gueto de las bancas".

Eso significaba que también era antisemita. Creía en Polonia para los polacos, y en su mente los polacos eran católicos. Cuando se tocaba "el tema judío", le gustaba pensar que era de mentalidad justa. Pero la realidad era que a Jan no le molestaba decir que esas personas *debían* tener ciertas restricciones.[119] Los judíos tenían mucho poder. Controlaban algunos sectores enteros de la economía, haciendo que los polacos quebraran, y según su percepción, tarde o temprano ocurriría un conflicto. ¿Qué esperaban los judíos?

Los supervisores alemanes de Jan lo consideraban cooperativo y confiable, aunque él se encontraba activo de manera secreta en movimientos de resistencia (que unieron a izquierda y derecha durante la época de guerra en Polonia). Después de la primera purga en las oficinas, Jan fue ascendido a director de la Unidad de Cuidado de Adultos y Niños,[120] con la supervisión de más de una docena de instituciones diferentes y miles de beneficiarios de asistencia social. Y ése era el origen del dilema. Jaga insistía en que él estaba en una posición que les podía ser de mucha ayuda; su trabajo la puso en contacto constante con él, así que debían pensar en las posibilidades. Irena asintió. Era verdad, la posición de Jan resultaba una ventaja.

Sin embargo, sus políticas iban en contra. Irena no estaba segura de poder confiar en él más allá de lo que ya lo habían hecho. Jan conocía sus secretos; sabía que estaban manipulando documentos para estropear regulaciones alemanas. Incluso las ayudó a ocultar sus rastros, no porque le importara ayudar a familias judías, sino porque era de la resistencia. Pero Irena y sus colegas necesitaban algo más que la vista gorda de Jan. Y la pregunta siguiente era: ¿Jan Dobraczyński en verdad arriesgaría su cuello para ayudar a los judíos? Para Irena era difícil resistirse a hacer una mueca de disgusto cada vez que pensaba en él. Pero también notó el repentino rubor en las mejillas de Jaga cuando defendía a Jan de las calumnias sobre su persona. Irena estudió a su amiga de cerca. ¿Jaga estaba enamorada de Jan? Pensó que la química era obvia.[121] Irena, a quien su propia familia la describió como "una agnóstica con un amor a la vida rebelde",[122] una mujer casada enamorada de un hombre casado, vio esta situación de forma relajada. No la juzgaba. Pero ¿Jan Dobraczyński?

Durante semanas Irena se debatió en silencio sobre Jan. No confiaba en él, pero sí en Jaga, y el respaldo apasionado de su amiga significaba algo. No buscaba una discusión.

En enero las cosas llegaron a un punto crítico.

Una mañana, el jefe de la policía alemana llamó a Jan para darle órdenes arrogantes. Quería hacer una redada de niños de la calle en el lado ario de la ciudad. Las divisiones de servicios sociales podían retirarlos de las calles de forma permanente o la policía se encargaría de exterminarlos. El tifus estaba diezmando a la población en el gueto, y sólo era cuestión de tiempo para que la epidemia se esparciera más lejos, más allá del barrio amurallado. Esos pordioseros llenos de piojos podrían esparcirlo. La enfermedad ya estaba matando a algunos alemanes. Despiojar a los niños y sacarlos de las calles de una buena vez: ésas fueron las instrucciones del jefe. De otra manera los alemanes se encargarían de ellos. A Jan no le gustaba pensar en cómo manejaban las cosas los nazis.

Su trabajo era buscar un lugar en los orfanatos polacos y colocar a los huérfanos en instituciones locales. Su oficina realizaba entrevistas y, lo más importante, revisaba los certificados de nacimiento y los registros bautismales para documentar la historia familiar. Los niños con el papeleo en orden iban y venían de manera ordenada, y eran enviados a lugares seguros dentro de la ciudad. Los niños judíos no tenían nada que hacer fuera del gueto y no se les daba asistencia.

Sin embargo, la tarea crucial de localizar y cuidar a los niños de Varsovia[123] recaía en los pequeños trabajadores sociales, en especial en mujeres jóvenes como Jaga Piotrowska y Jadwiga Deneka. Jan pasaba buena parte de su día fuera de las oficinas de asistencia social, colaborando a escondidas con la resistencia polaca. De manera oficial, trabajaba largas jornadas. "Por un salario absurdamente bajo tienes que estar atrapado en la oficina por diez horas",[124] se quejaba. Pero con rapidez encontró la forma de darle la vuelta. "Claro que no estaba sentado ahí por diez horas: trataba de estar en la oficina al comienzo y al final de la jornada laboral." Al parecer, los alemanes nunca supieron lo que hacía.

Jan encargó el trabajo a las oficinas más pequeñas, y Jaga de inmediato le contó a Irena y las demás. El equipo recorrió toda la ciudad y juntaron a los niños de la calle. Los llevaron en camiones a uno de los refugios. El plan de las mujeres era limpiarlos, que fueran revisados por doctores y mandarlos, junto con el sello de aprobación de Jan como director encargado de colocar a los huérfanos, a alguna de las casas de asistencia social donde ellas mantenían contacto directo por ser trabajadoras sociales.

Las calles de Varsovia estaban llenas de niños hambrientos. Las carencias no sólo sucedían en el gueto. Huérfanos y hambruna eran parte de la triste realidad durante la época de guerra. Desde el comienzo de la ocupación, el número de niños abandonados o huérfanos colocados en lugares de asistencia se había duplicado. Jaga trabajaba muy de cerca con el orfanato del padre Boduen, donde antes enviaban a seiscientos niños[125] y ahora, a cerca de mil doscientos. No todos los seiscientos niños extras eran católicos.

Se podría decir que de vez en cuando había "irregularidades", cuando el papeleo se volvía un poco inventivo. Falsificar los archivos para obtener beneficios sociales para las familias judías pobres, el plan original de Irena y sus colaboradores, se volvía más difícil cuando las familias estaban dentro del gueto y cualquier ayuda tenía que entrar de contrabando a través de los puestos de control. El equipo de conspiradores de Irena cada vez buscaba nuevas maneras de obtener los documentos necesarios para "completar" los archivos falsos y ayudar a los judíos, aquellos tenían el coraje de arriesgarse a vivir en el lado ario de la ciudad, a crear una identidad "polaca". Sobre todo, se trataba de conseguir certificados de nacimiento en blanco u omitirlos. Había diferentes maneras ingeniosas de hacerlo. Uno de los métodos más simples también era el más triste. Cuando un niño cristiano moría en uno de los orfanatos, la clave era asegurarse de que la muerte no fuera reportada. El nombre y el número de registro eran intercambiados para dar una nueva identidad y lugar a un niño judío.

Este macabro movimiento requería tiempo y paciencia. Ahora, en esas tardes de invierno, los cuartos se llenaban de cuerpos de niños pequeños y delgados, niños y niñas encontrados en situación de calle. En tiempos de guerra los niños no gritaban ni reían jugando, en especial éstos. Huérfanos sin hogar vivían y morían en las calles del lado ario de Varsovia. Era muy difícil que sobrevivieran.

Irena se movía entre ellos con su voz baja y tranquila. Era delgada y pequeña, un poco más alta que algunos de los niños y maravillosa para organizar. Las mujeres tenían un delicado sistema operando: las chicas en la oficina cortaban el cabello de los niños uno por uno, juntaban su ropa y los mandaban a tomar un buen baño. El olor a jabón duro provocaba punzadas dolorosas y la habitación era muy fría, pero de forma escalofriante los niños permanecían tranquilos.

Jaga e Irena sabían que entre ellos encontrarían a algunos cuya desnudez y falta de pelo revelarían su peligroso secreto. La circuncisión era una sentencia de muerte. Extorsionadores y ladrones paraban en la calle a cualquier hombre o niño que pensaran que era judío y lo obligaban a mostrar su pene para una inspección, frecuentemente con consecuencias sádicas. Era natural que hubiera un puñado de niños judíos en situación de calle. Los más desesperados del gueto arriesgaban sus vidas para atravesar el muro, esperando pedir o contrabandear suficiente comida para alimentarse a sí mismos y, muchas de las veces, a sus familias. Las mujeres no estaban preparadas para encontrarse con que casi la mitad de la docena de niños de la calle de aquel día eran judíos. El rostro afligido de Jaga lo decía todo: esto era un desastre.

Los niños llegaban a montones, un camión lleno tras otro, y cuando la policía alemana llegó de manera inesperada para "revisar" los baños y despiojar a los primeros niños, Irena y Jaga comenzaron a compartir miradas de ansiedad. Jaga hizo un gesto hacia la puerta trasera y sacudió su vestido para recibir con calma a los alemanes. Irena asintió con rapidez. Dos pequeños niños circuncidados fueron ayudados a desaparecer por la puerta de servicio. Jaga corrió para alcanzar a Irena. *Llévenlos a casa de mis papás*, murmuró antes de volver. *¿Estás segura?* Jaga se encogió de hombros. Era un gesto que decía: *¿Qué otra opción hay?*

Los dos niños, asustados[126] y sin ningún familiar que los cuidara, pasarían la noche en la casa de la calle Lekarska donde Jaga vivía con sus padres, Marian y Celina; su hermana, Wanda; su esposo, Janusz, y su pequeña hija, Hana. Era un acto muy descarado. La casa de Jaga, ubicada a unos pasos del hospital de guerra alemán y de la clínica *Volksdeutsche*, estaba en una calle vigilada día y noche.

Tampoco podían llevar a todos estos niños a sus casas. Ninguna se podía arriesgar. Cuando los camiones dejaron de llegar esa tarde, la cuenta final incluía treinta y dos niños judíos. ¿Qué iban a hacer con ellos? No los podían devolver a los alemanes. ¿Deberían decirle a Jan la verdad? *A esto hemos llegado*, se lamentó Irena. Jaga parecía muy segura de que el corazón de Jan estaba en el lugar indicado. Sin embargo, Irena seguía dudando. Sabía que su amiga no entendía sus sospechas.

Al final, ¿qué alternativa tenían? Necesitaban encontrar lugares seguros para estos niños, y eso dependía de Jan como director. Treinta y dos menores era un número muy grande para sacar por la puerta trasera en una ciudad ocupada. Encontrar de un momento a otro docenas de *Kennkarte* falsas, la identificación más importante para los alemanes, era imposible. Salvar a estos niños significaba hacerlo sin documentos oficiales, y eso revelaba que necesitaban el silencio y la cooperación de Jan. No había otra opción. Tendrían que decirle y acordaron que sería Jaga quien hablara con él.

Jan se angustió cuando entendió lo que Jaga pretendía. No había nada que quisiera más que complacerla. También entendía lo que pasaría si la policía alemana se llevaba a los huérfanos. No necesitaba a Irena para que se lo explicara. El castigo por dejar el gueto era la muerte, y estos niños habían sido encontrados en el lado ario de la ciudad. Sí, él lo sabía. Pero también había pena de muerte para cualquiera que los ayudara.[127] En su opinión, era una misión descabellada.

Al final le tocaba a Jan tomar la última decisión. Él había recibido la orden del jefe de la policía, y tendría que entregarle un informe. Si hubieran sido uno o dos niños habría sido diferente, se dijo; se habría arriesgado. Pero esto era demasiado. Seguro que las mujeres lo comprenderían. Le imploró a Jaga que entendiera. No estaba dispuesto a autorizar la transferencia de treinta y dos huérfanos condenados, no cuando los alemanes lo hacían responsable de la operación. No estaba dispuesto a pedirles a los directores de los orfanatos, viejos amigos de su padre y de su familia, que tomaran a tantos pequeños sin documentos arios.

Cuando hizo la llamada, le dijo la verdad al supervisor alemán. Sí, había niños judíos. Docenas de ellos. Cuando colgó el teléfono tenía muchas razones para el temblor de sus manos. El alemán era un bastardo. Incluso, aunque todos los alemanes se fueran, seguía siendo un bastardo. Habría sido capaz de ir y dispararles a todos en la calle sólo por placer. Jan hizo lo mejor que pudo. En teoría llegaron a un arreglo. No le salió barato. Jan no dijo nada sobre ese tema, pero no había pases gratis con los alemanes. Tenían veinticuatro horas. Necesitaría mover algunas palancas y llamar al viejo doctor. Ya sabía que Irena estaría furiosa. Tenían que meter a los niños al gueto de contrabando.

El padre de Jan era amigo del "viejo doctor",[128] Janusz Korczak, el legendario educador y activista por los derechos de los niños en Polonia, que ahora era director del atiborrado orfanato del gueto, establecido a un lado del círculo para jóvenes de Ewa Rechtman, quien no era la única en ese círculo con una debilidad por el amable doctor. Todas las chicas de la doctora Radlińska lo admiraban desde sus primeros días en el campus de la Universidad Libre de Polonia, donde Korczak impartía clases al lado de Helena. Jadwiga Deneka había estudiado en una de sus innovadoras clases antes de la guerra y lo consideraba su mentor más preciado. Ala Gołąb-Grynberg movió palancas familiares e incluso toleró a su prima Wiera para recaudar dinero para los niños del doctor. Irena lo amaba, y también a la gente entusiasta que se reunía a su alrededor cuando, en sus viajes diarios al gueto, contrabandeaba pequeños dulces de regalo o las caprichosas muñecas judías que el doctor Witwicki hacía para ellos de acuerdo a las elaboradas peticiones de los niños. El doctor Korczak no era desconocido para nadie. Pero para Irena eso no ayudó a mejorar lo que pasó.

En el invierno de 1941-1942 no era del todo necesario entrar al gueto para llevarle mensajes al doctor. Los teléfonos dentro y fuera del gueto todavía funcionaban en algunos lugares, un sorprendente y fortuito descuido que permitió más de una operación de rescate. Jan sólo esperaba que Korazak lo ayudara. Necesitaba un lugar a donde mandar a los niños. "Cuando se lo pedí —comentó Jan— mi padre le hizo una llamada."[129] Si Jan conseguía regresar a los niños al otro lado del muro sin que los guardias les dispararan a todos, ¿el doctor Korczak aceptaría recibirlos? Sí, aceptó. El gueto tampoco era un lugar de elecciones.

Tenían sólo unas horas para planear la peligrosa misión. Había una brecha en el muro en el distrito Muranów, a menos que los alemanes ya la hubieran tapado. No importaba; si ésa ya no estaba, habría otra. Los huérfanos del gueto sabían con exactitud dónde estaban: los rescatistas sólo tenían que preguntarles.

Irena no podía creer lo que le decía Jan. Se maldijo en silencio. Debió buscar otra solución. ¿Iba a mandar a los niños de vuelta al gueto? Ella entraba y salía de ese infierno tres o cuatro veces al día y nunca habría aceptado eso. Sólo alguien que no tenía idea de lo que pasaba adentro podría aceptar una solución tan cobarde y patética. Hizo recriminaciones severas y amargas. Irena confesó después que fue una discusión terrible. Jan estaba impresionado. En su enojo, ella no cuidó sus palabras.

Pero Jan había hecho un trato con el inspector alemán.

Antes del amanecer, bajo el cobijo de la oscuridad, habría sido un mejor momento para ese tipo de operación. Pero las patrullas en la calle tenían la orden de disparar a matar después del toque de queda. Jan sabía que tendría que regresar a los niños a través de un hoyo esa misma tarde, en cuanto los últimos habitantes ansiosos se apresuraran a casa y antes de que las calles quedaran peligrosamente quietas. El doctor Korczak le aseguró a Jan que alguien del orfanato estaría esperando del otro lado para encontrarlos. Jan iría en persona con los niños hasta el muro. Tenía que ser honesto consigo mismo; su consciencia ya lo estaba irritando. Sabía que no podía esperar ninguna simpatía por parte de Irena. Además de verlo con repulsión, ella no quería tener nada que ver con la misión de aquél.

En la calle, los niños caminaban cerca de Jan. Él estaba atento de cualquier ruido; las pisadas podrían significar un desastre. En la nieve todo parecía más ruidoso y la respiración de los niños en el aire frío producía grandes nubes de vapor. Jan sentía que sus dedos se congelaban dentro de los guantes, así que metió las manos en los bolsillos. Le dolía la cabeza de tanta atención para escuchar, y cuando se oyó la palabra clave que estaban esperando recobró el aliento. Por primera vez entendió que del otro lado del muro había una operación de niños. Hubo una discusión corta y luego, en un instante, se abrió un pequeño pasaje. Los niños no esperaron sus órdenes. Uno por uno, sin dudar, sonreían despidiéndose y se retorcían para pasar a ese otro mundo. Una niña con un listón brillante murmuró: *Adiós, señor Dobraczyński.* Entre ellos estaban un pequeño que se detuvo por un instante con los zapatos grandes que alguien le había conseguido y el descarado par de hermanos que no dudaron que estarían de vuelta antes de que acabara la semana. Jan espero hasta escuchar sus pisadas del otro lado. "Unos minutos antes del toque de queda —dijo Jan— escolté en persona a los niños hasta el muro. Cada uno de ellos pasó a través de la pared y desaparecieron de los registros oficiales de niños mendigos."[130]

La operación fue un éxito. Al día siguiente Irena preguntó por ellos en el orfanato del gueto y el viejo doctor le aseguró que habían llegado hasta él sanos y salvos. Debía sentirse aliviada, lo sabía. Trató de entender la lógica de la decisión de Jan, aunque para ella había llegado al punto más bajo. Nunca más se quedaría sentada mientras los niños eran regresados al gueto. En los siguientes meses tomó medidas nuevas y atrevidas. Contrabandeó más comida y medicinas. Lo hizo con mayor rapidez. Ella e Irka Schultz se las arreglaron para llevar miles de dosis de vacunas. Otros amigos y colaboradores en su red (que siempre estaba en crecimiento), incluyendo a Jaga Piotrowska, contrabandearon otras cinco mil dosis. Llevaba fajos de dinero debajo de su vestimenta y medicinas en el fondo falso de su bolsa. Entre la comunidad judía se murmuró de oído en oído que Irena, mejor conocida por su nombre clave "Jolanta", era una mujer que podía manejar todo.

Irena ahora trabajaba de manera más febril y apasionada. Y no le diría a Jan Dobraczyński lo que planeaba.

CAPÍTULO 6
EL GIGANTE DEL GUETO
Varsovia, 1941-1942

La jefa de Irena, Irka Schultz, caminó con lentitud alejándose del puesto de control del gueto. La tranquilidad invadió su cuerpo. Siempre era así. En las puertas pasaban cosas crueles, y se consideraba afortunada en las tardes que no presenciaba algo que le generara un dolor en el corazón durante horas. En algún punto lejano se escuchó un disparo. Un perro comenzó a ladrar. Un tranvía en la calle hacía ruido. Todos eran sonidos de la Varsovia ocupada. Pero cuando escuchó el sonido de una alcantarilla debajo de sus pies, brincó. No era un ruido desconocido, pero supo que esa tarde le dolería el corazón.

Volvió a escucharlo: el ligero sonido de un niño respirando de manera desconsolada. Irka se puso de rodillas mientras veía a su alrededor. Se retiró los guantes y levantó la tapa. La nieve sucia de la calle dejó manchas de humedad en su falda.

Sabía que sólo había una razón por la que alguien estaría arrastrándose en el drenaje: niños judíos de la calle y contrabandistas del gueto hacían peligrosos viajes hacia el lado ario en busca de comida a través de estos canales bajo tierra.

Irka miró dentro de la coladera. El hedor hizo que le lloraran los ojos y volteó hacia otro lado por un momento. Cuando regresó la mirada, la cara de una niña, llena de miedo y hambre, la observó con intensidad. Tenía cabello rubio y ojos azules, pero estaba casi muerta de inanición y completamente sucia. Se encontraba demasiado débil para salir de la coladera sola. Irka la jaló con cuidado y se asomó para ver si venía alguien más. *Witaj! Czy jest tu ktos? ¡Hola! ¿Hay alguien ahí?*

Pero la niña estaba sola. Quizá la habían dejado atrás por moverse con tanta lentitud. El corazón de Irka se encogió cuando vio un pedazo de papel pegado en el vestido de la niña con una pequeña aguja. En él, con una letra temblorosa, sólo estaba escrito un número: su edad. Era la súplica telegráfica de una madre para que alguien, algún extraño, ayudara a su hija. Ese detalle se quedaría para siempre grabado en el corazón de Irka.

Notó que la niña estaba débil, pero tendría que caminar por lo menos un poco. Antisemitas y extorsionadores abundaban en las zonas cercanas al gueto, buscando a cualquiera que se viera desesperado o famélico. Los judíos en el lado ario eran vulnerables a las extorsiones. *Mantén la calma*, se dijo Irka. *Camina despacio.* El miedo era lo que más delataba. Los padres que mandaban a sus hijos fuera del gueto les aconsejaban usar el mejor disfraz de todos: una cara feliz. Le mostró una sonrisa grande y falsa y levantó sus mejillas con los dedos en una seña silenciosa. Después puso un dedo en sus labios. *Silencio.* Los ojos de la niña se volvieron más grandes.

Irka pensaba con rapidez mientras se movían hacia las sombras de una calle cercana. La niña necesitaba un doctor. Irena podía sentir qué tan caliente y delgada era su mano. Intentó no apretarla demasiado. *Catastrófico.* La palabra llegó a su mente y se quedó pegada ahí.[131] Significaba que el orfanato en la calle Nowogrodzka era la única opción. Había médicos entre el personal.

Irena Sendler ya tenía un sistema establecido para este tipo de situaciones. No era la primera vez que lo hacían. Con mucha frecuencia encontraban a niños judíos viviendo en las calles del otro lado del muro y había un protocolo a seguir. Primero limpiaría a la niña lo mejor posible y hablaría con Irena. Después Irka llamaría al orfanato del padre Boduen. Quizás esta vez le preguntaría a su amiga Władysława: *¿Puedo pasar hoy a recoger el abrigo que te presté?* "Hoy" significaba que era una emergencia.

Para cuando Jan Dobraczyński regresó a los niños al gueto, los conspiradores de la oficina ya estaban colocando niños judíos en el lado ario con familias polacas y en instituciones a través de la ciudad conforme la oportunidad y el papeleo ilegal se presentaban. En algún momento del invierno de 1941-1942 comenzaron a tomar acciones más atrevidas y organizadas. Esto era lo que Irena había estado planeando.

Las condiciones en el gueto se deterioraron de manera precipitada en el invierno. Ese año, todos estaban de acuerdo en que pocos inviernos habían sido tan fríos e inolvidables como aquel. Lo que significó que, para cuando la primavera apenas llegaba a Varsovia en 1942, Irena Sendler ya no ayudaba de manera ocasional a familias judías. Ella y su célula ayudaban de modo sistemático a conseguir los documentos que necesitaban para "desaparecer" en la ciudad. En el otoño de 1941 un golpe de suerte les mostró una nueva forma de hacerlo. Las mujeres habían contactado a un sacerdote local en la ciudad distante de Lwów,[132] cuya iglesia se había incendiado junto con todos sus registros. El sacerdote ofreció darles los certificados de nacimiento en blanco que le quedaban, los cuales no podían ser verificados por las autoridades alemanas. Irka hizo el peligroso viaje para recogerlos y transportarlos en el tren, trató de viajar ligera y los guardó en una vieja maleta. Si las mujeres podían encontrar un abastecimiento regular de documentos en blanco, tendrían una solución. Lwów estaba a punto de tener una explosión en la tasa de natalidad.

Aquel invierno las mujeres usaron unos cuantos de esos preciados certificados en blanco para salvar a un viejo amigo. El doctor Witwicki y su familia seguían escondidos y nuevos documentos polacos los sacarían del constante peligro. Irena seguía contrabandeando al gueto las muñecas hechas a mano que el profesor tallaba[133] en un tranquilo cuarto en la calle Brzozowa en la Ciudad Vieja. Irena había llevado un nuevo lote de muñecas al orfanato del doctor Korczak en el gueto, en especial para los pequeños que

había llevado Jan Dobraczyński. Irena todavía se preocupaba por
esos treinta y dos niños, y para entonces ya conocía el nombre y
la cara de todos ellos.

También les insistía a sus amigos dentro del gueto (Adam, Ewa,
Rachela, Józef y Ala) que huyeran y se escondieran en el lado ario.
La muerte acechaba al gueto. Les conseguiría documentos y casas
seguras. Se los imploraba a todos. Cuando decían que no con la
cabeza, Irena no podía ocultar su frustración y preocupación. *Es
muy peligroso ocultar a un judío, Irena*, le dijo Ewa una y otra vez, e insistía en que la vida no era tan diferente. Era el mismo trabajo que
en el lado ario, donde también había hambre y niños abandonados.
"Los niños sólo necesitan poquito amor y mucho pan", decía Ewa.
Irena trató de convencerla de manera tenaz, pero Ewa no iba a
arriesgar la vida de sus amigos. Al final, se mantenía firme ante
Irena. "Por favor no me lo pidas —le suplicó mientras tomaba su
mano con gentileza—. No me voy a quedar contigo; no te puedo
poner en un peligro como ése."[134]

Con Adam las conversaciones eran todavía más irritantes. Él
estaba enojado y exaltado. Todo a su alrededor era muerte y sufrimiento. Alemanes locos de las ss usaban a los peatones para sus
prácticas de tiro. Cada mañana había cuerpos alineados en las
calles del gueto como si fueran basura. Hombres lloraban en las calles, suplicaban. Además de todo esto, los polacos odiaban a los
judíos tanto como los alemanes. ¿Irena quería que se escondiera
entre ellos? Ella trató de razonar con él, pero siempre estaba a
la defensiva y se alejaba de su contacto. ¿Su amor podría sobrevivir esto? El pensamiento la fastidiaba; perder a Adam le rompería
el corazón. Él se centró en sí mismo y en sus amados libros. Recurrió
al pasado, tratando de encontrar respuestas en las historias de
imperios antiguos para la pesadilla del presente. Cuando trataba
de abrazarlo, tocar su brazo o el cuello de su camisa, él se volteaba
con brusquedad. Había una pequeña parte de ella que se preguntaba: ¿el gueto es lo único que se interpone entre nosotros? O en
esos momentos ¿pensaría en su esposa judía o en la sensación de

fracaso de su madre? ¿El hecho de que él era judío y ella "aria" los dividía, como los invasores siempre habían pretendido? La culpa y la vergüenza acechaban todas las consciencias dentro de esos infernales muros. Los niños gimoteaban en las calles por un pedazo de pan frente a las tiendas, y si alguien tenía un poco no había otra opción más que alejar la vista y seguir caminando. La supervivencia dependía de eso. Pero en ese momento uno conocía la vergüenza.

Además, Adam agregaba que no podía dejar el centro para jóvenes. Irena sabía que era su as bajo la manga, su manera de terminar una discusión. No había nada que pudiera decir. El círculo de Adam se ocupaba de los huérfanos más pequeños y enfermos del gueto. Y al igual que el doctor Landau, quien daba clases secretas de medicina en la clínica de Ala, Adam creía de manera apasionada que estaba luchando en un campo de batalla, en una guerra contra la barbarie. Le recordó a Irena que su seguridad no importaba. Ella arriesgaba su vida todos los días por los niños de la calle o para contrabandear vacunas dentro del gueto. Si él le pidiera que se quedara en casa para evitar el peligro, ¿lo haría? Sabía que no. Tampoco Adam.

Así que Irena y sus amigos (dentro y fuera del muro) se aventuraron en una misión nueva y valiente. Irena no permitiría que ningún pequeño regresara de nuevo al gueto. Encontrarían hogares seguros en el lado ario para montones de niños judíos. En la primavera de 1942, un estimado de cuatro mil niños vivían solos en las calles del lado ario, y dos mil de ellos eran judíos.

Algunos eran huérfanos sin hogar tratando de sobrevivir mendigando y robando. Pero también había familias desesperadas que mandaban a sus amados hijos hambrientos a través del muro, niños como la pequeña que encontró Irka Schultz esa tarde en la coladera. A veces los padres iban con ellos y por un tiempo las familias trataban de esconderse juntas. Lo más frecuente era que los padres fallecieran; recibían un disparo cuando los encontraban o después en los campos. A veces cierto sentido del deber separaba a las familias más pronto. Algunos miembros eran más fáciles de salvar que otros. Así se presentaba la realidad en el barrio judío. ¿Quién podría abandonar a los abuelos de avanzada edad? No podrían realizar el peligroso pasaje a través del muro. Los niños que podían caminar eran enviados solos por sus afligidos padres o guiados al exterior por contrabandistas hacia las manos de amigos o de extraños. Cientos de niños hicieron esa peligrosa travesía por el drenaje. En 1942, Wanda Ziemska tenía ocho años cuando se aventuró a las aguas turbias. "Sobre la coladera le dije adiós a mi padre, quien se quedó atrás",[135] recuerda. "El viaje a través del drenaje era muy complicado. En algunos momentos parecía un río de suciedad... Recuerdo lo difícil que fue para mí escalar fuera del drenaje, no podía alcanzar los escalones." Cuando Irena escuchó sobre niños en peligro escondidos del lado ario, pensó en intrépidas soluciones.

Pronto iría un paso más adelante. ¿Cuál sería el destino de los niños que ya eran huérfanos *dentro* del gueto? Los bebés no podían huir por su propia iniciativa. No había padres que los enviaran. Veía a estos niños todos los días en el círculo de jóvenes de Adam.[136] Y no importaba qué tanto trabajara él para salvarlos: estaba fracasando. Había mucha hambre y enfermedades para los cuerpos pequeños.

Así que Adam e Irena hicieron lo obvio. Comenzaron a sacar huérfanos ese invierno. Con su pase para controlar epidemias, ni siquiera era ilegal si los niños estaban muy enfermos. Los niños con sentencia de muerte por la tuberculosis podían ser transportados en ambulancia a uno de los sanatorios judíos que quedaban en Otwock. Una vez más seguía los pasos de su padre. A veces la tos podía no ser tuberculosis, y un niño podía desaparecer en la casa de algún amigo en sus viejos pueblos. Si ella no lograba salvar a Adam, al menos juntos podían salvar a unos cuantos niños.

Si los casos falsos eran descubiertos, los riesgos serían colosales. Darle un pedazo de pan a un niño judío significaba la muerte para ambos, el que dio y el que recibió. Enviar a un niño fuera del gueto para esconderlo con una familia polaca podía costar una bala en la cabeza en la esquina de la calle. Pero las severas consecuencias también significaban, como Irena observó, que uno podía hacer más que sólo contrabandear vacunas. Sólo podían morir una vez, y ahora ella y Adam estaban unidos al menos en acción.

Con el tiempo habría innumerables rutas para entrar y salir del gueto, e Irena usaría todas para sacar a niños judíos. El día en que Irka descubrió a la pequeña niña en el drenaje de Varsovia, las mujeres ya habían establecido unos de sus primeros protocolos en cooperación con el orfanato católico del padre Boduen. Era una expansión de su trabajo en las oficinas de asistencia social. Jaga Piotrowska e Irka Schultz estaban al frente de la red de trabajo en esa misión.

Había dos nuevos socios indispensables para comienzos de 1942. La primera era una cálida y bella joven llamada Władysława Marynowska. Los amigos le decían Władka y se maravillaban de cómo su cabello rubio, brillante y peinado hacia arriba le daba un aire de heroína romántica; en cada fotografía salía sonriendo. Ese ano, Władka tuvo un bebé y se desempeñó como encargada y trabajadora social del orfanato del padre Boduen para niños polacos, jóvenes y madres sin hogar. Su trabajo era investigar a los posibles padres adoptivos, y eso significaba que ella sabía mejor que nadie cómo encontrar cuidadores dispuestos a recibir niños por la cuota habitual que la ciudad ofrecía.

Atraer a Władka a su conspiración fue una decisión fácil, nacida de la necesidad. Uno no lleva amigos a la ligera a estas redes de trabajo, en especial cuando tienen hijos pequeños. Władka ya era una vieja amiga, pero ese invierno las mujeres enfrentaron una crisis: tenían un niño judío que necesitaba un hogar, y había una escasez desesperante de documentos de identidad falsos. Irka e Irena reflexionaban de forma silenciosa y urgente. Irka se inquietaba. Confiaba en Władka. Más que eso, confiaba en el juicio de Irena. Pero la Gestapo ya tenía un ojo en el orfanato del padre Boduen, y le preocupaba que el riesgo fuera muy grande. *¿Los niños estarán* *a salvo ahí, Irena?* La pregunta se quedó en el aire. Siempre vivían con esa duda. "Puedes estar tranquila por los niños —respondió con calma—, Władka Marynowska está ahí."[137] Irka movió la cabeza y tomó su abrigo. Iría a hacer la invitación.

Había una distancia corta desde la oficina de asistencia social en la calle Złota hasta el orfanato. Irka iba de manera apresurada. Su camino a la calle Nowogrodzka la llevó hacia el sur por unas cuantas cuadras. El puesto de control del gueto donde las calles Złota y Twarda se encontraban había sido sellado con ladrillos y alambre de púas en 1941, cuando el límite del gueto fue movido al norte. El muro cambiante era algo constante. Al igual que Irena, Jaga y Jadwiga, Irka también entraba y salía del gueto varias veces al día, y este pequeño era de los "suyos". Resultaba difícil no sentirse protector. El orfanato era un imponente edificio de ladrillo. Seguía pensando en qué diría mientras subía las escaleras, pero de repente se salvó de más agonía cuando Władka la saludó con un "hola" muy familiar. ¿Władka iría a caminar con ella? Los ojos de ésta se entrecerraron de manera inteligente. Cualquier cosa era mejor que hablar en un edificio donde todos sabían que había espías de la Gestapo.

Irka pensaba que podía confiar en Władka. O al menos eso quería. Todavía dudaba. La guerra colocó todo tipo de gente decente en posiciones imposibles. Władka esperó. Irka respiró profundamente. *Hay una niña…* titubeó. *Hay muchos niños. Tenemos que colocarlos en lugares donde los cuiden…* Władka se iluminó. *Claro, Irka, no hay ningún problema. Sólo llévalos a la oficina y…*

Irka había respirado profundamente de nuevo e interrumpió: *Władka, no hay documentos.* Después esperó. Listo. Ya lo había hecho. Sólo un tonto podría malentender la situación y Władka Marynowska no tenía un pelo de tonta. Un niño indocumentado era casi seguro que era judío. Władka lo reflexionó. Pateó un poco de hielo con su bota y después vio hacia el cielo. Miró las volutas de las nubes. Tal vez pensó en su bebé Andrzej. Tenía que preocuparse por su seguridad. La Gestapo estaba a su alrededor. Un espía podía ser una enfermera o una madre desesperada. Incluso un viejo amigo podía ser un agitador en ese mundo loco de la ocupación. La pregunta no era si quería ayudar, si no si podía confiar en Irka. Se volteó y miró a su compañera, e Irka le devolvió la mirada. Después Władka respiró profundamente y dijo: *Sí, tomaré a la niña.* Irka Schultz suspiró: *Gracias.*

"No pregunté detalles —dijo Władka después—. Me pidió que tomara a los niños y les encontrara un lugar seguro con alguna familia foránea. Yo acepté ayudar sin ninguna pregunta."[138] Comenzaron a caminar de vuelta al orfanato. *Debo entrar. Ven en otra ocasión para planear cómo los colocaremos.*

Cuando Irena regresó, llevó consigo un nuevo contacto, una mujer que podría llevar a los niños a Władka. Era una joven de veintiséis años y se llamaba Sonia (según Irka). Pero "Sonia" era el nombre en código de una enfermera polaca llamada Helena Szeszko, una de las nuevas adiciones en la creciente red de trabajo.

Ala Gołąb-Grynberg fue quien sumó a Helena Szeszko a su conspiración. Ella trabajaba en una célula de resistencia en el mundo médico clandestino, y Ala era la jefa de enfermeras en el gueto. Habían colaborado juntas, codo a codo, durante varios meses. Había docenas de pequeñas células a través de toda la ciudad, cada una trabajando en silencio y aislamiento. Pero poco a poco esos círculos fueron encontrando puntos de conexión.

La necesidad de atención médica clandestina era urgente. Después de todo, ni los judíos que se escondían en el lado ario ni los agentes de la resistencia heridos podían ir a hospitales locales. En todos los rincones del barrio judío la necesidad de suministros resultaba desesperante. Otro viejo amigo estaba en el corazón de esa red de trabajo hermana: el doctor Juliusz Majkowski, de la oficina de enfermedades infecciosas. Algunos de sus pases de control de epidemias habían ido a parar a manos de Irena, Irka, Jaga y Jadwiga. Pero uno de éstos había llegado a Helena. Significaba que también podía entrar y salir del gueto. Podía llevar a niños judíos enfermos y suministros ocultos en las ambulancias municipales.

Władka no sabía nada de esto. No lo supo hasta muchos años
después. Saber era peligroso. "Era suficiente con saber que [Irka]
tenía que sacar a niños judíos del gueto y colocarlos en lugares seguros",[139] dijo. Era suficiente saber que "Sonia", y a veces también
Ala Gołąb-Grynberg, aparecerían en su puerta de un momento a
otro. El esposo de Ala, Arek, todavía entraba y salía del gueto trabajando con la resistencia judía. Sus contactos clandestinos, junto
con la posición de Ala en el *Judenrat*, permitían que ella también
pudiera filtrarse al gueto cuando quisiera. En la actualidad, la hija
de Ala recuerda que a veces su madre la llevaba en estos viajes
al otro mundo. "Mi madre me sacaba —cuenta—. No recuerdo
cómo. Estuve un par de meses entrando y saliendo."[140] Pero la
mayoría de las veces Ala iba sola.

Las mujeres establecieron un código. Había un teléfono en el
orfanato del Padre Boduen, y cuando alguien llamaba a Władka,
las conversaciones eran frívolas charlas entre mujeres. Hablaban de
manera ociosa sobre intercambiar faldas o bufandas. Hacían planes para ir por té o para visitar a una madre enferma. Fijaban un
día y una hora. Y siempre había algo sobre el color. El color y la
vestimenta era para saber cómo identificar al niño, entonces y después. Władka mantenía un registro cuidadoso de la vestimenta y
apariencia de los niños, en especial de los que llegaban a ella sin
documentos. ¿De qué otra forma los encontrarían sus padres después de la guerra? Estas simples anotaciones inspirarían en Irena
algo audaz y asombroso. La modesta contabilidad de Władka de
huérfanos y menores abandonados que pasaron por su cuidado fue
casi la razón por la que Irena comenzó su lista maestra de todos
los niños.

Niños sanos de cabello rubio y ojos azules o los que no se veían
como el estereotipo judío se podían integrar a la vida del orfanato
una vez que se localizaban los documentos falsos apropiados y se
lograba obtener un número oficial de registro. Los documentos
falsos eran la especialidad de Helena Szeszko. Ella y su esposo, Leon,
obtuvieron su estrella en la clandestinidad al establecer una célula

para generar documentos de identidad. Los niños que parecían "polacos" no eran los que ocasionaban las pesadillas que empezaron a plagar los sueños de Irena Sendler en 1942. Cuando estos niños estaban acomodados en el lado ario, su salvación era bastante segura. Se necesitaba valentía para salir. Y a veces los pequeños eran actores consumados. Ala venía de una familia famosa en el mundo del teatro. Ahora entrenaba a los niños para fingir una enfermedad y poder salvarlos. Sin embargo, con mucha frecuencia durante los peligrosos viajes en ambulancia, Ala y Helena contaban con el miedo de los alemanes a las infecciones y escondían a los niños bajo pilas de ropa sucia o dentro de ataúdes. Eso ya era angustiante, pero no era lo que ocasionaba las pesadillas de Irena. Lo que alteraba su sueño eran los niños con "malos" rasgos judíos.

El miedo de Irena no era infundado. Estos niños no podían ser vistos ni por un segundo del lado ario y tenían que llegar al orfanato en sacos colgados de los hombros de algún trabajador que los entregaba en la puerta trasera como si fueran sacos de papas o de ropa. Para estas llegadas Władka debía asegurarse de que la familia adoptiva estaba lista para llevarse al niño de manera instantánea y mantenerlo tranquilo y escondido. Era raro que estos niños pasaran más de un par de horas en el orfanato del padre Boduen. A veces llegaban con Helena, otras con Irka o Ala, y otras más (porque el número creció en la primavera de 1942) con Jaga Piotrowska y Jadwiga Deneka.

Cuando estos niños no podían ser colocados al instante, las mujeres no tenían otra opción que tomar medidas desesperadas y llevarlos a sus propias casas hasta que hubiera un arreglo. Algunas veces, incluso Irena, Jaga, Jadwiga y Władka tuvieron niños escondidos en sus departamentos. En casa de Władka, su hijo con apenas la edad para estar en la primaria tenía la gran responsabilidad de ayudar a su madre a cuidar de los enfermos más pequeños. Hoy Andrzej es un distinguido y amable anciano con cálida sonrisa que todavía vive en Varsovia. Recuerda esos días con su madre[141] y cómo su trabajo de pequeño era llevar a los judíos escondidos al baño que estaba al final del corredor, donde alguien tenía que vigilarlos con cuidado. *Pequeños cuerpos al borde de la inanición*, comenta, con la expresión de tristeza de alguien que recuerda, *sufrían espantosos problemas gástricos*.

Los niños iban y venían del orfanato del padre Boduen, y cada día la Gestapo se volvía más suspicaz. Los agentes alemanes revisaban los registros oficiales de Władka, buscando cualquier rastro de evidencia. Pero los registros reales nunca estaban en el gabinete de archivos. Władka no era tonta. Cuando el papeleo los frustraba, los matones de la Gestapo apuntaban sus armas a la cabeza de ella en medio del corredor y amenazaban a todos en la oficina con ejecuciones masivas. Para la primavera de 1942 su red de trabajo había crecido al igual que la vigilancia. Los niños que iban y venían de forma oficial eran monitoreados con cuidado y sus documentos revisados de manera exhaustiva por los ocupantes. Eso sólo significaba, concluyó Irena, que más niños tendrían que ir y venir, con mayor riesgo, por completo fuera de los registros.

Aunque la Gestapo todavía no lo sabía, estaban cazando la red de trabajo de Irena. Ella era la capitana de ese ejército de ciudadanos en crecimiento, que ahora incluía a dos docenas de personas conformadas por la política clandestina, la oficina de asistencia social y la comunidad judía. Los riesgos con esa cantidad de gente eran enormes, y nadie estaba en mayor peligro que Irena.

Cuando la colega de Irena, Irka Schultz, descubrió a la pequeña niña de la coladera, todo debió haber sido fácil. Pero la operación casi se desmoronó por otro riesgo que no habían considerado con suficiente cuidado. La niña tenía "buena" pinta. Irka pasó el código de emergencia a Irena y después a Władka. La niña necesitaba atención médica con urgencia y el orfanato contaba con doctores. Como la niña rubia parecía muy polaca, Irena e Irka decidieron arriesgarse a ir por canales legítimos en el orfanato del Padre Boduen.

Las mujeres establecieron con rapidez un plan y una historia. Irka llevaría a la niña al orfanato y la entregaría al clérigo en la recepción. Tendría que haber un reporte oficial a la policía alemana, reportarles un niño, e Irka tendría que escribir cómo ella, una trabajadora social, mientras cumplía sus deberes, se había topado con la pequeña en unas escaleras en algún lugar lejos del gueto. Cuando una investigación no llegaba a ningún lado, se le permitía al niño quedarse en el orfanato. Al fin y al cabo el mundo estaba lleno de huérfanos de la guerra.

Sin embargo, el plan resultó mal desde el primer momento. En la clínica del orfanato, una doctora brusca se llevó a la niña y con firmeza le señaló a Irka una silla lejos de la puerta. *Espera aquí, Pani.* Irka se sentó. Supuso que se trataba de papeleo. Con los alemanes siempre había mucho papeleo. Lo que Irka no sabía era que detrás de la puerta cerrada su vida pendía de un hilo. Tras echar una buena ojeada a la famélica niña, la doctora estaba en el teléfono con la policía demandando que tomaran acciones. Nunca adivinó que la niña era judía. Más bien pensó que Irka era una abusadora de menores y madre de la pequeña. Cuando un policía polaco llegó para escoltarla a la estación que estaba a la vuelta de la esquina, Irka estaba pasmada y fue tambaleándose.

¿Cómo demuestras que no eres la madre de la niña? Le preguntó el policía. Necesitaba una respuesta con desesperación. Irka insistió toda la tarde que la niña no era suya. Explicó que la había encontrado. Nadie creía esa historia. Irka estaba desconcertada. Y pronto comenzó a tener miedo. Era imposible decir la verdad. Habría sido una sentencia de muerte segura para ella y para la niña. Ayudar a un judío significaba la ejecución, y era obvio para cualquiera de dónde venía un niño que salía de una coladera.

Le dieron vueltas y vueltas al asunto. Al final, el oficial cerró su fólder de golpe y se levantó. *Habrá una profunda investigación, Pani Schultz*, advirtió el aburrido oficial. *Hasta entonces…* No necesitaba explicarse. Sólo azotó la puerta detrás de ella. La cabeza de Irka se hundió en sus manos con el pensamiento de lo que eso significaba. La niña sería interrogada, y era casi seguro que la traicionaría sin querer al decir alguna palabra en yidis. Era sólo una pequeña. No habría forma de que supiera. Irka estuvo despierta toda la noche en la celda pensando sólo en una cosa. El desastre se aproximaba: ¿cómo le haría llegar un mensaje a Irena?[142]

Irena supo que había problemas cuando un niño pequeño le pasó un papel con garabatos y salió corriendo. Władka había escuchado sobre algún problema en la clínica. Durante días, mientras se acercaba el día del juicio, las mujeres en la oficina se rompían la cabeza para encontrar una forma de salvar a Irka de una sentencia que cada vez parecía más segura. No sólo pensaban en el hecho de que la cárcel era un lugar brutal. Criminales convictos eran enviados a los campos de concentración. Por fin Irena tendría que admitir la derrota. Sólo veía una solución, una que pondría en riesgo a todas. Irena y sus contactos en el orfanato tendrían que hacer de la indignada doctora su nueva conspiradora. El director del orfanato estaba listo para explicarle que Irka no había maltratado a la niña. Había sido el gueto.

La doctora, horrorizada, accedió a retirar los cargos de inmediato, y el valiente director corrió para interferir con la policía ofreciendo un falso testimonio. Encogiéndose de hombros, la doctora se disculpó y explicó que la evidencia había desaparecido. La verdadera madre de la niña había ido a recogerla, ¿y quién sabía a dónde habían ido? A casa en algún lugar, seguramente. El engaño funcionó. ¿Qué más podía hacer la policía en realidad? Pero Irena sabía que ésta era una oferta en la que no se podía ganar. Todo se vio muy sospechoso, y hubo mucha plática y atención. Hablar y la atención eran cosas peligrosas. Ahora Irena tenía otra conspiradora involuntaria que manejar y una operación de alto riesgo que había estado muy cerca de quedar al descubierto. No podían continuar así. Necesitaba encontrar medios más seguros para transferir niños a los orfanatos de la ciudad. Las transferencias tenían que suceder en los eslabones más altos de la cadena.

También debía ocurrir rápido. Un nuevo miedo se estaba apoderando del gueto. Cuando visitó a Ala en la calle Smocza, le contó sobre los terribles rumores que habían llegado a oídos de sus

contactos en secreto. Se estaban esparciendo susurros en Varsovia con noticias de muertes en el este. En enero, un judío de treinta
y un años llamado Szlama Ber Winer,[143] quien había escapado
de un campo en un lugar llamado Chełmno, llegó a la ciudad
con historias terribles. Dijo que miles habían sido asesinados en
el bosque, asfixiados con gas en grandes contenedores, y sus oyen-
tes lloraron sólo de escuchar el testimonio de gritos agonizantes
de padres obligados a orinar sobre las tumbas abiertas de sus
familiares para después acostarse sobre ellos para ser ejecutados.
Pero también había rumores que decían que pronto los alemanes se llevarían a todos los menores de doce años a un campo
especial, a una ciudad de niños. Muchas personas dentro del
barrio judío pensaban que no eran más que locos rumores. Aquellos que sí lo creían, jóvenes como Adam, comenzaron a hablar
sobre una resistencia judía armada. Varias familias comenzaron
a hacer planes para sacar a sus hijos del gueto. No fue coinci-
dencia que, para la primavera de 1942, el número de niños que
Irena y sus conspiradores estaban sacando a escondidas tuviera
una explosión.

Irena sabía que tendría que atraer a más gente al secreto. El
orfanato del padre Boduen era sólo una de las instituciones de asistencia social y orfanatos que usaba para colocar niños, pero la
operación allí necesitaba simplificarse y expandirse. También debía encontrar otras formas de ubicarlos con familias adoptivas, a
través de otras conexiones clandestinas. Una persona tenía el poder
de hacer eso: el administrador de asistencia social, Jan Dobraczyński, el hombre cuyas políticas cuestionaba.

Jan había retrocedido ante el peligro y regresó a docenas de
niños al gueto. ¿Cómo podía confiar en alguien con creencias tan
diferentes a las suyas, alguien con sentimientos antisemitas? Jaga
trató de recordar a Irena que estaba mal en su juicio sobre Jan. Él
se guiaba por su fe católica, y no le hacía falta una brújula de mo-
ralidad, incluso si él e Irena no estaban de acuerdo sobre en qué
dirección está el norte. La cara de Jaga le dijo a Irena que estaba

siendo de mentalidad cuadrada y necia. *Necesitamos su ayuda*, le dijo Jaga con gentileza. Pero Irena se resistió.

Algo más la molestaba y angustiaba. ¿Qué hacer con las listas? Jaga entendió el problema. También estaba muy preocupada. Sólo Irena y sus conspiradores más cercanos sabían los nombres de estos niños cuyas identidades habían ido desapareciendo. Sólo Irena sabía todo. ¿Y si le pasaba algo? ¿Alguien sería capaz de encontrar a los niños escondidos bajo nombres falsos en toda la ciudad?

Y si…

Irena debía pensar en una solución.

CAPÍTULO 7
UN VIAJE A TREBLINKA
Varsovia, julio de 1942

Desde junio de 1941 algunos prisioneros judíos y polacos fueron enviados a un campo de trabajos forzados en un pequeño pueblo cerca del río Bug, a menos de 100 kilómetros al noreste de Varsovia. A pocos kilómetros estaba el cruce del tren en Małkinia, y en el invierno de 1942 los prisioneros laboraban ahí, en los hoyos de grava, rodeados de bosque.

En abril de 1942 los destinaron a otro proyecto.[144] Había una ramificación de la vía del tren en el cruce de Małkinia, un pequeño tramo en zigzag, y se excavaron largas zanjas. Llevaron a trabajadores de pueblos cercanos para construir barracas. Los guardias que vigilaban el campo eran crueles, y a diario ejecutaban a una docena de trabajadores judíos. El campo estaba lleno de muertos, dejados ahí para los perros.

El 15 de junio de 1942 por fin se terminó el nuevo proyecto: un campo para judíos. El edificio principal era una construcción de ladrillo y concreto rodeado de alambre de púas. "Los hombres de las ss —recuerda Jan Sulkowski, un prisionero polaco forzado a trabajar en el edificio— dijeron que era para las regaderas... Un especialista de Berlín llegó para poner azulejos por dentro y me dijo que ya había hecho ese tipo de cámaras en todos lados." [145] Se veía limpia y tentadora. Había vestidores para desnudarse, con ganchos para la ropa, un lugar para guardar cosas de valor y pilas de jabón y toallas. Todos los que entraran requerirían boleto, cuyo precio sería de veinte eslotis.[146]

Después había una enfermería de la Cruz Roja, con un brillante *banner* rojo y blanco, donde los que estaban muy débiles o tenían problemas para caminar hasta los baños recibirían tratamiento especial. La terminal de tren de fantasía, con horarios de llegadas y partidas, sería construida meses después, cuando la terrible verdad llegó a Varsovia. El 23 de julio de 1942, cuando arribaron los primeros judíos del gueto, sólo había un andén para llegadas al campo de la muerte en Treblinka y una bandera que ondeaba sobre el techo cuando las cámaras estaban funcionando. Había un cartel en la plataforma en alemán y en polaco que decía:

¡Atención, judíos de Varsovia! Están en un campo de tránsito de donde serán enviados a un campo de trabajo. Como medida de seguridad contra infecciones, deben entregar inmediatamente su ropa y pertenencias para desinfección. Oro, plata, dinero extranjero y joyería tienen que ser colocados en la caja a cambio de un recibo. Sus pertenencias serán regresadas después con la entrega del mismo. Todos deben pasar a los baños para lavarse antes de continuar el viaje.[147]

Con el tiempo, alguna orquesta tocaba canciones judías y había marchas alegres en el campo para ocultar el ruido de los perros ladrando y los gritos.[148]

Henia Koppel tenía veintidós años en el verano de 1942. Vivía en el gueto con su esposo, Josel, un rico banquero muchos años mayor que ella. Su padre, Aron Rochman, un empresario exitoso, residía no muy lejos con la familia de Henia, y por algún tiempo la riqueza combinada de ambas familias les proveyó de protección, incluso en el gueto. Prevenido, Josel guardó una gran parte de su fortuna en numerosas cuentas en Suiza, y tenía suficientes billetes escondidos bajo la duela del piso o en lo profundo de un colchón. Ese verano había suficiente dinero para comprar a Henia uno de los codiciados permisos alemanes de trabajo. El permiso la facultaba

para laborar como costurera en una fábrica en el gueto Walter
Toebbens. Trabajar para los alemanes otorgaba cierta seguridad.
Pronto comenzaría la reubicación masiva a los campos de trabajo.
Hubo advertencias y mensajes codificados. El gueto había estado
conteniendo el aliento por lo menos desde abril. Los alemanes no
enviaban de inmediato a los campos de trabajo fuera de Varsovia
a la gente que ya trabajaba en la ciudad; por eso los permisos de
trabajo eran codiciados. Para julio, se vendían hasta en 5 000 eslotis (en la actualidad serían como quince mil dólares). Costaban lo
mismo que otra comodidad muy deseada en ese verano: cápsulas
de cianuro.[149]

Había una terrible falla en el plan para proteger a Henia con un
permiso de trabajo: la fábrica Toebbens no permitía a las madres
llevar a sus hijos con ellas durante sus largas jornadas laborales.
Elżbieta, la pequeña "Bieta", tenía seis meses y seguía tomando
leche de pecho, así que la familia recurrió a su amiga Ewa Rechtman. El primo más grande de Elżbieta ya estaba seguro en el lado
ario, gracias a la intervención de Ewa y la valentía de Irena. Lo
habían sacado a través de los puestos de control.

Cuando Irena tocó la puerta sabía que su propuesta era atrevida. Pero también sabía que para la familia Koppel, y para todas las
familias del gueto, las opciones iban desapareciendo con rapidez.
¿Henia y Josel permitirían que tratara de salvar a su bebé? Josel
sabía que salvarla sería el único sustento para Henia. Su fortaleza
más grande era su entendimiento.

Las familias siempre hacían la misma pregunta agonizante:
¿Qué garantías puedes darme de la seguridad de mi bebé? Josel Koppel
hizo la pregunta con seriedad y urgencia. *No te puedo prometer nada,
sólo que arriesgaré mi vida por intentarlo*, le respondió. Ni siquiera podía prometer que ella y Bieta saldrían con vida del gueto ese día.
La muerte las esperaba a ambas si las descubrían en el puesto de
control. Les podrían disparar al azar en el umbral de la puerta
mientras partían. En el gueto ejecutaban a la gente por las razones
más triviales. Josel suspiró y asintió con la cabeza. Sabía que era

verdad. No hacía la decisión de la familia más fácil, pero el gueto ya era una sentencia de muerte para un bebé. Henia y Josel acordaron dar a su hija a esa pequeña y determinada extraña.

Irena presenció escenas como ésta una y otra vez. Éstos eran los momentos que no la dejaban dormir por las noches. Las pesadillas iban y venían. Cuando se lo contó a Adam, la abrazó y le susurró al oído que sólo estaba cansada. Ahora veía a Henia sosteniendo a la bebé dormida cerca de su pecho, respirando el aroma de la pequeña, y veía una cara mojada en lágrimas que no dejaban de brotar. No había otra opción más que actuar con rapidez. Pronto la familia no sería capaz de terminar lo que habían empezado. Algunos días Irena no sabía si ella podría hacerlo.

Irena tomó a la bebé. Los ojos verdes de Henia eran suplicantes. Las lágrimas comenzaron a brotar de los ojos de Irena y ambas mujeres se miraron fijamente por un momento. Henia meció a Bieta con suavidad un poco más. La bebé continuaba dormida. Era algo bueno. Irena colocó su mano en el pequeño pecho por un momento sólo para asegurarse de que su respiración estuviera bien. El tranquilizante funcionaba. Luego Henia Koppel dejó ir a su niña.

Irena hizo la promesa de nuevo. Sí, les haría saber cuando lograran salir a salvo. Le prometió a Henia que se aseguraría, sin importar nada, de que la cuchara de plata con su fecha de nacimiento grabada iría a todos lados con Elżbieta. Por ahora Irena y el joven que la ayudaba en esta misión, Henryk, hijastro de uno de sus colaboradores, tenían que actuar con rapidez. Estaban a punto de arriesgar sus vidas para sacar a una bebé de seis meses del gueto.

Irena la acostó dentro de una caja de madera de herramientas y ajustó la cobija a su alrededor con firmeza, asegurándose de no bloquear el paso de aire. Colocó la tapa en su lugar y cerró la caja. En la calle, Henryk la ubicó entre las pilas de ladrillos en la caja de una camioneta y dirigió una sonrisa tensa a Irena. Su pase de contratista le permitía entrar y salir del gueto; él era una nueva adición en el equipo. Irena subió al asiento del pasajero, y la camioneta comenzó su marcha mientras Henryk manipulaba el viejo *clutch.* Irena volteaba con rapidez, rogando que ninguno de los ladrillos cayera.

Manejó en silencio hacia la calle Nalewki. Pasaron por panaderías cerradas, señalamientos oxidados, estrechos edificios de departamentos, gente harapienta y famélica en las esquinas de la avenida… Cuando llegaron a la puerta en la calle Nalewki, Irena lanzó un quejido. *Maldición.* Ella quería que esa parte acabara, pero esa tarde había una fila larga. Cruzar el puesto de control era la parte más peligrosa de cualquier día. Los minutos pasaban y la espera era una agonía. Las manos de Irena estaban empapadas de sudor y resbalaron cuando trató de tomar la manija de la puerta. Como si ahora pudieran escapar de cualquier modo, pensó Irena. No había forma de regresar. Al final un soldado les hizo un gesto para que avanzaran y Henryk entregó sus pases con una tranquilidad que la asombró. El guardia miró a Irena y después a Henryk. *¿Qué hay en la parte de atrás?* Sus ojos se entrecerraron, y en ese momento Henryk titubeó con la respuesta. Después de todo no saldrían con vida del gueto. Siempre era una posibilidad. Henryk caminó lejos de la camioneta como se le ordenó. Irena esperó.

Escuchaba el ruido de las puertas abriendo y cerrando. El soldado golpeó los ladrillos con sus pesadas botas y levantó la lona en cada esquina. Irena contuvo el aliento. Un momento después, Henryk volvió a subir a su lado y los guardias les dieron permiso de continuar. En el lado ario, Irena tomó el brazo de Henryk como muestra de alivio mientras la camioneta continuaba con lentitud por la calle. *¿Está bien si continúas el resto del viaje solo? Se verá mejor.* Él asintió. Sólo tenía llevar a la bebé a casa de su madre adoptiva. Irena bajó del vehículo y regresó sobre sus pasos en otra dirección; sabía que si alguien vigilaba, ella era el mayor peligro para la misión.

La madrastra de Henryk, una partera de mediana edad llamada Stanisława Bussold, era la "sala de emergencias" en la que Irena confiaba, uno de los enlaces que trabajaba de cerca en el campo médico clandestino con Ala Gołąb-Grynberg y Helena Szeszko. Irena llamaba a estos lugares, con cierto tono burocrático, sus "puntos protectores de distribución",[150] y eran operaciones de riesgo. En sus primeras horas y días fuera del gueto, alguien tenía que limpiar a los niños, alimentarlos y darles servicios médicos, que con frecuencia necesitaban de manera urgente después de meses de no comer bien. Si se veían "mal", había un cambio de apariencia para aclarar el color del cabello; con frecuencia los niños judíos circuncidados eran transformados en niñas polacas por su propia seguridad. Si los niños ya eran grandes, las cuidadoras de las "salas de emergencias" les enseñaban oraciones católicas y a hablar polaco. Las pruebas de catequismo eran el examen favorito de los alemanes para atrapar judíos, por eso saber las oraciones para niños era la herramienta básica de supervivencia durante la guerra. En la primera semana del lado ario, los pequeños tenían que aprender a desaparecer cualquier indicio de que eran judíos.

Contrabandear niños en cajas de herramientas era una operación de mucho riesgo; por eso en 1942 Irena buscaba mejores opciones, estrategias que les permitieran no mover a un niño, sino docenas. "Llevar a los niños al lado ario se volvió una necesidad —dijo Irena sin rodeos esa primavera—. El interior del gueto era un infierno. Bajo las ordenes de Hitler y Himmler los niños estaban muriendo en las calles con el consentimiento de todo el mundo."[151] Irena hizo lo que siempre hacía cuando se le pedían respuestas: acudió a sus amigos y a la doctora Radlińska.

Helena Radlińska no había dejado el convento en la calle Gęsia desde el otoño de 1939, pero no había nada de solitario en la forma en que la vieja profesora vivía. Sus habitaciones eran el corazón de un salón donde el mundo clandestino se reunía. Cuando Irena se paró en el umbral de la puerta se encontró con gente que entraba y salía. Algunos eran estudiantes sosteniendo libros, parte de los alumnos de las clases secretas de la profesora. Otros parecían de su edad. A algunos los reconoció de días pasados en la Universidad Libre de Polonia. En algún momento del invierno de 1941-1942, tres de esas caras pertenecían a sus viejos colegas: Stanisław Papuziński, Zofia Wędrychowska, y su cuñada Izabela Kuczkowska, Iza. Juntos habían formado un valiente grupo que dirigía otra de las células de resistencia que la doctora Radlińska coordinaba desde las oficinas en el convento. Para la primavera de 1942, la doctora Radlińska estaba en el centro de muchas redes de trabajo que ayudaban a salvar niños judíos.

Durante meses Iza había estado a cargo de una operación de contrabando, llevando comida y medicina al gueto a través de corredores subterráneos desde el juzgado en la calle Leszno. Ahora, Stanisław, Zofia e Iza estaban a punto de darle a Irena una parte de la solución que necesitaba con tanta desesperación. La calle Leszno se extendía entre el gueto y el lado ario, y había puertas que abrían en ambas direcciones; sólo se tenían que pasar los puestos de control en la planta baja. Si Iza y algún conserje en el edificio podía meter suministros al gueto, de seguro podían sacar a unos niños en la otra dirección, pensaron. Siempre y cuando Irena pudiera encontrar un lugar seguro para ellos. Y para eso ella tenía un completo equipo secreto de trabajadores de asistencia social. Docenas de niños dejaron el gueto esa primavera a través de los juzgados.

Pero ésa no era la única ruta que usaban. Leon Szeszko, cuya esposa Helena era parte del equipo de enfermeras de Irena y una de las colaboradoras más dedicadas, pensó en otra idea audaz. Leon trabajaba en la oficina de transporte civil[152] y sabía de un tranvía en la línea Muranów que entraba y salía del gueto. Durante la noche, los carros vacíos eran estacionados en un sucio depósito en el límite norte. ¿Quién se daría cuenta de un paquete olvidado o una vieja mochila debajo de un asiento en las primeras corridas de la mañana? De manera instantánea Irena vio las posibilidades que esto ofrecía. Bebés dormidos podían ser acomodados en maletas. Alguien tendría que recorrer las calles del gueto en horas antes del crepúsculo para hacer la entrega en los travías vacíos; claro que tendría que ser alguien con un permiso especial para estar fuera después del toque de queda. Ese permiso sólo lo tenía un puñado de personas en el barrio judío, pero por fortuna la enfermera en jefe en el gueto, Ala Gołąb-Grynberg, era una de ellas. Y también tenía la experiencia necesaria para administrar la dosis exacta de sedante para un cuerpo pequeño.

Pronto, cuando el tranvía Muranów permanecía quieto en las vías al final del día, paquetes inadvertidos descansaban en él. En la primera parada del lado ario Irena abordaba con rapidez, como una ciudadana muy ansiosa por comenzar su día. Bajo sus pies descansaba una maleta, esperando con tranquilidad. Permanecía en el tren viendo por la ventana hasta que el último de los pasajeros que la había visto subir sin equipaje bajara. Después Irena se arreglaba el cabello y tomaba su paquete.

Y había otras formas también. Una pequeña célula clandestina se reunía alrededor de la iglesia católica de Todos los Santos ubicada en un extremo del gueto. La frontera seguía las vueltas y curvas de la calle Twarda, y la iglesia tenía puertas en ambas direcciones. El primo de la doctora Radlińska, el doctor Ludwik Hirszfeld, trabajaba ahí en secreto con los contactos de Ala para contrabandear suministros médicos a través de túneles en las criptas y sótanos de la iglesia. Irena todavía se escapaba a reuniones clandestinas en un viejo cobertizo, donde su amigo el abogado Józef Zysman propuso otra ruta que Irena podría usar para salvar niños. Józef explicó en un tono silencioso cómo el cura, el padre Czarnecki, estaba con ellos en la resistencia. El párroco Marceli Godlewski,[153] dijo, estaba dispuesto a proveer nuevos certificados de nacimiento. Cualquier niño con "buena" pinta que se aprendiera bien los rezos y fuera un actor temerario podría simplemente salir por la puerta principal del lado ario.

Durante meses Ala había estado al frente ayudando a Irena y a sus colaboradores a transportar niños al lado ario. Como jefa de enfermeras del hospital del gueto[154] e intermediaria del *Judenrat* con la Sociedad Judía para la Protección de la Salud, Ala todavía tenía un pase para el gueto. Durante meses lo había usado para sacar niños del barrio judío, entregándolos en el departamento de una nueva conspiradora en el equipo de Irena, una trabajadora social llamada Róża Zawadzka.[155] La huérfana bajo el cuidado de Ala, Dahlia, tenía tres años, y Ala decidió, por su seguridad, entregarla a Irena y a su red de trabajo. Pero la pequeña hija de Ala tenía seis y no podía partir con ella, así que se había esperado. Pero ahora tomaba una decisión agonizante. Sabía que ya no podía aguardar más.

Lo que preocupaba a Ala en la primavera de 1942, mientras veía la trampa que era el gueto, era por cuánto tiempo más se permitirían los pases. Circulaban rumores sobre futuras deportaciones. Irena le imploraba a Ala que actuara rápido para salvarse a ella y a Rami. *Encontraré un lugar para las dos.* Ala sacudía la cabeza con tristeza. No se quería ir, pero al final accedió a partir con su hija. Un día de 1942, Rami no recuerda el mes ni qué puerta usaron para salir del gueto, Ala tomó a Rami y fueron a visitar a Róża. No era la primera vez que iban juntas, y al principio nada pareció inusual. Por un largo tiempo Ala y Róża hablaron en voz baja, y después, cuando era momento de partir, su madre le dio un beso cariñoso y cerró la puerta del departamento detrás de ella. "Un día me dejó con Róża —cuenta Rami—, después me visitó una vez y nunca la volví a ver."[156]

Al principio Irena trasladó a la pequeña de Ala de un orfanato a otro, pero Rami era de las niñas difíciles de colocar. No lucía como lo que los alemanes consideraban un "típico" niño polaco. Al final Róża e Irena consiguieron una familia adoptiva para la pequeña, en la casa de dos aristócratas polacos y activistas clandestinos, Jadwiga y Janusz Strzałecka, quienes tenían una hija propia llamada Elżbieta. Pero Rami quería a su madre.

Los niños se contaban por cientos, y sacarlos del gueto no era lo más difícil de la misión. Pronto Irena empezó a tener complicaciones logísticas al tratar de colocarlos de manera segura en el lado ario. Ya no tenía opciones. Necesitaba la ayuda de Jan Dobraczyński.

Ella y Jan no eran aliados políticos naturales, pues no había olvidado la violenta discusión sobre el destino de esos treinta y dos niños de la calle. Pero ahora el número de conspiradores llegaba a veinticinco del lado ario e igual cantidad dentro del gueto. Diez de sus colaboradores polacos, incluidas las cuatro conspiradoras originales, estaban sacando a niños del gueto de forma activa junto con Ala, Helena, Iza y algunas adolescentes judías del círculo de Ala. El número creciente era inmanejable sin alguien en rangos más altos en la división de orfanatos que pudiera ayudar con la colocación y el papeleo de los niños. Jaga estaba segura de que Jan Dobraczyński no las decepcionaría esta vez, así que Irena por fin lo aceptó en su secreto.

Irena llamó a una reunión de mujeres de su división,[157] y un grupo de media docena de ellas, con Irena y Jaga a la cabeza, marcharon juntas a la oficina de Jan. "Un día mi personal, las trabajadoras sociales del Departamento, vino a hablarme de este tema —explicó Jan—. Por algún tiempo, todo el grupo… había realizado misiones para sacar a niños judíos del gueto y colocarlos en uno u otro centros de atención del sector, basándose en registros falsos y en entrevistas, después de arreglar todo de manera directa con las cabezas de los diferentes centros. Pero se les habían acabado las posibilidades."[158]

Y Jan no las rechazó. En la primavera de 1942, rehusarse a ayudar a la resistencia era un tipo de daño personal. Los que colaboraban con los alemanes enfrentaban a la justicia en juzgados polacos secretos que los sentenciaban a muerte. Sin embargo, Jan no aceptó por esa razón. Ya estaba con la resistencia y con la política de derecha, y nadie cuestionaba su patriotismo. Accedió porque su fe y su consciencia se lo exigían. También recordaba a los niños que había devuelto al gueto, y esto lo seguía atormentando.

Jan reconoció en los siguientes años que su involucramiento en la red de trabajo de la oficina no era nada comparado con los riesgos que corrían Irena y sus amigos. Hizo lo que Irena le pidió. "[Pero] no busqué a estos niños. No los transporté. No falsifiqué los documentos",[159] admite. Lo que Jan podía hacer, explicó Irena, era usar a sus contactos para llegar a un entendimiento con las monjas del orfanato del padre Boduen y con institutos en toda Polonia para transferir a "huérfanos" judíos. Y Jan les aseguró que esto pasaría. "Con mucha rapidez", reportó Irena, Jan cumplió su promesa, llamando a sus contactos en la resistencia para encontrar socios confiables. "Jan Dobraczyński llegó a un entendimiento con la clandestinidad —explicó ella—, la cual aceptó guiar a los niños judíos a los centros." Con las monjas que operaban los hogares, Jan logró otro acuerdo permanente. En cualquier momento que Irena necesitara transferir a un niño judío en secreto, él firmaría la petición de forma personal. "Por lo general —explicó Jaga— la dirección no firmaría estos documentos. La firma de Jan era un código, [una señal] de que estábamos lidiando con un niño (como decíamos en ese entonces) que requería cuidados y atención especiales."[160] De ahí en adelante Ala estuvo en constante comunicación con Jan Dobraczyński[161] e Irena era el enlace. Ala coordinaba cada vez más la logística[162] con las caridades católicas cuando un niño del gueto tenía que ser salvado. Nadie sabía con seguridad dónde acabaría Bieta Koppel, pero un éxito como éste significaba todo para Irena. Por el momento la bebé se quedaría escondida en casa de Stanisława Bussold,[163] quien tendría que inventar una historia para explicar a sus entrometidos vecinos *Volksdeutsche* cómo una mujer de cincuenta y tantos de repente tenía a una bebé de seis meses llorando en casa. Pronto, Bieta se mudaría de la "sala de emergencias" a su refugio permanente. Cuando lo hiciera sólo Irena sabría dónde estaba (y eso que Henia y Josel Koppel eran sus padres). Era una cadena de conocimiento tan frágil como la vida de Irena y los delgados pedazos de papel tisú donde estaba escrita la verdad, pero era por la seguridad de Bieta. Irena añadió un nombre más a la lista de niños. "Lo que teníamos en esas listas —reveló— eran el primer nombre y apellido reales… basados en su certificado de nacimiento, así como su dirección actual. Esta información era necesaria para poder proveerlos de dinero, ropa, medicinas y también… para que pudiéramos encontrarlos al terminar la guerra."[164] En esos pedazos de papel, junto al nombre ("Elżbieta Koppel") estaba escrita su nueva identidad ("Stefcia Rumkowski").

Días después de que la pequeña Bieta pasó los muros del gueto para ir a un lugar más seguro, un hombre se sentó en la oscuridad del gueto pensando en el destino de los niños judíos de Varsovia. El doctor Janusz Korczak estaba despierto y escribiendo en un pequeño cuarto en el número 16 de la calle Sienna. Había pasado todo el día con una triste sensación de que algo malo iba a suceder. Tenía sesenta y tantos,[165] y al día siguiente, el 22 de julio de 1942, era su cumpleaños.

Aunque los últimos años habían sido terribles, tuvo una buena y larga vida. Estuvo en prisión durante la ocupación por pequeños actos de resistencia contra los alemanes. Su negativa a usar la banda en el brazo con la estrella de David casi resultó fatal. El doctor Korczak no tenía ilusiones sobre el gueto ni lo que el tiempo en prisión le había costado. Podía decir, por lo que veía en el espejo, que habían acabado con él. Era un viejo delgado, jorobado, calvo y estaba agotado.

De seguro Stefania Wilczyńska, una directora de orfanatos, ya dormía en el otro cuarto. Habían forjado una vida juntos dedicada a cientos de niños en sus escuelas y orfanatos por años, y eran un matrimonio extraño. Stefania estaba enamorada del doctor. Todos podían verlo menos Janusz Korczak. Él sólo veía a los niños. Ahora no podía dormir. Regresando a su diario, vertió sus pensamientos y deseos en el papel. "Es una cosa difícil —escribió— nacer y aprender a vivir. Lo que me queda es una tarea mucho más fácil: morir… no sé qué les voy a decir a los niños para despedirme. Hay tantas cosas que me gustaría decir. [Son] las diez de la noche. Disparos: dos, varios, dos, uno, varios. Tal vez mi ventana es un poco oscura en estos momentos. Pero no voy a interrumpir mi escrito. Por el contrario: mis pensamientos toman vuelo (un solo disparo)."[166]

La sensación de fatalidad del doctor estaba tristemente justificada. Por la mañan comenzó la reubicación que los habitantes del gueto habían estado esperando con ansiedad durante meses. No hubo advertencias. Mientras Janusz Korczak estaba despierto, sentado y pensando a esas tempranas horas, aquéllos fuera del gueto tenían un mal presentimiento y mucho miedo: docenas de hombres armados rodearon el área. El gueto fue sellado en la oscuridad y los soldados treparon a estaciones en los techos cercanos, preparados para disparar a cualquier habitante que tratara de escapar.

Para el desayuno, el líder del *Judenrat*, un hombre llamado Adam Czerniaków, tenía sus órdenes. Había empezado el *Gross-Aktion Warsaw*. Le informaron que el traslado masivo de judíos fuera de la ciudad se había puesto en marcha. Czerniaków escribió en su diario ese día: "Nos dijeron que todos los judíos [...] serán deportados al este. Un contingente de 6000 personas debe ser enviado hoy a las cuatro de la tarde y ésta será la cuota diaria (como mínimo)."[167] Lo responsabilizaron de que la policía judía alcanzara esa cuota de compañeros subiendo a los vagones en la plaza Umschlagplatz, el andén de abordaje para los trenes.

Cualquier habitante del gueto que trabajara para la policía judía, que fuera miembro del *Judenrat* o capaz de realizar labores importantes en Varsovia estaba exento de las órdenes de traslado. El precio de los permisos alemanes para trabajar se duplicó esa semana, y el gueto se dividió de manera instantánea en afortunados y desafortunados. Aquellos que no estaban aptos para trabajar, los destinados a los trenes, incluían a los enfermos, famélicos, ancianos y a todos los niños del gueto.

Irena fue al gueto en cuanto escuchó sobre la deportación. Necesitaba ver a Adam. Necesitaba saber que estaba a salvo; de otra forma el pánico en sus entrañas la paralizaría. Adam sabía que ella estaría agitada, y la esperó en el centro para jóvenes para calmarla cuando llegara. No se lo habían llevado en los primeros días, y era probable que no lo hicieran en los siguientes, le dijo a Irena. La consigna en el gueto era que sólo los viejos, los muy jóvenes y aquellos no aptos para trabajar serían deportados. Adam era el tipo de persona que podía mostrar el bíceps en broma, con una sonrisa cansada y un gesto tranquilizador que dijera: *¿Ves? Soy joven y* *fuerte*. Siempre podía hacer sonreír a Irena. Por ahora, Adam tenía un trabajo y eso implicaba seguridad. Rachela, Ewa, Józef y Ala también estaban a salvo. Todos tenían trabajo. Irena trataba de convencerse de que ninguno corría un peligro inmediato.

Pero tanto Adam como Irena sabían que no era tan simple. El centro de jóvenes era un caos. Había menos chicos que de costumbre. Los padres mantenían a sus hijos cerca mientras los rumores se esparcían en el barrio judío. El miedo y la incertidumbre en las calles eran palpables. Los huérfanos y niños de la calle que no tenían a quién recurrir fueron de los primeros en ser deportados. El trabajo de Adam lo mantenía seguro. Pero había una voz en la cabeza de Irena que seguía repitiendo una espantosa pregunta. Cuando los niños fueran deportados, ya no habría necesidad de centros para jóvenes… *¿Qué pasaría entonces?*

El 23 de julio, el segundo día de acción, el líder del *Judenrat* recibió una nueva orden: entregar diez mil cuerpos. Eso significaba asesinar a niños y bebés. Se suicidó con una gran dosis de cianuro en su oficina. Los alemanes simplemente hicieron responsables a otros prominentes judíos y a la policía judía de entregar las cuotas. Es natural que al principio hubiera pocos voluntarios para estos traslados. Las escenas en las calles eran violentas y por eso la mayoría de los habitantes prefería mantenerse fuera de la vista y quedarse en sus departamentos. Cuando las cuotas comenzaron a aumentar, la policía acordonó calles, vació edificios y llevó a los afligidos habitantes a punta de pistola para ser deportados. Pronto la marcha de la policía judía resonaba en las calles del gueto cada mañana empezando a las ocho para las redadas. Discutir o resistirse significaba ser ejecutado de inmediato en la banqueta.

Al principio, tener permisos de trabajo a veces importaba. Habitantes afortunados en los edificios donde había redadas los agitaban como un talismán mágico. Los astronómicos precios se habían pagado con los últimos ahorros familiares. Pero crecía la presión para alcanzar el número de cuerpos a cualquier costo, y todo lo que importaba eran las cuotas alemanas. En la calle se hicieron "selecciones". De un lado estaban los que calificaban para entrar en una cuadrilla de trabajo o para trabajos forzados en la fábrica alemana de municiones. Del otro lado estaban los destinados a ser deportados a Treblinka ese día. Un miembro de la clandestinidad polaca, quien atestiguó las redadas el primer día y conocía a Irena, escribió: "Miércoles 22 de julio de 1942. Así que éste es el fin del gueto que ha estado peleando de manera desesperada para mantenerse vivo por dos años [...] Está lloviendo y la visión de la agonía es [...] insoportable".[168]

Irena, con su pase de control de epidemias, todavía entraba y salía del gueto varias veces al día, junto con Irka, Jaga, Jadwiga y Helena. La estrategia alemana era mantener la ilusión tanto como fuera posible de que los traslados eran de sectores no productivos. Atención médica y control de epidemias formaban parte de esa ficción. Gracias a sus pases de control de enfermedades, estaban entre los pocos ciudadanos de Varsovia que fueron testigos del horror que se avecinaba. Y todas ellas arriesgarían sus vidas para intentar detenerlo.

CAPÍTULO 8

EL HADA BUENA DE UMSCHLAGPLATZ
Varsovia, julio-agosto de 1942

Ahora sacar a los niños del gueto era una urgencia terrible. En las primeras horas de las deportaciones, Irena estaba desesperada por contactar a su amiga y conspiradora Ala Gołąb-Grynberg. Esa primera tarde no la encontró por ningún lado. No estaba en las oficinas de su centro para jóvenes. Al mirar el cuarto tranquilo y el apretado círculo de sillas, Irena recordó sentarse ahí con Ala mientras escuchaban las clases sobre tifus del doctor Landau. Trató de encontrarla en su casa en la calle Smocza, a sólo unas puertas del centro para jóvenes. Tampoco estaba ahí.

Irena se estaba volviendo loca por la preocupación a la segunda mañana en el gueto. Desesperada, la buscó en las clínicas donde todavía era la jefa de enfermeras. Alguien le dijo que Ala estaba en la plaza Umschlagplatz. El corazón de Irena se detuvo. Iría al andén. Tenía que salvarla.

En la zona de abordaje, los alambres de púas y la miseria de la multitud golpearon los sentidos y la sensibilidad de Irena. Cálidas lágrimas comenzaron a salir de sus ojos y empezó a sentir náuseas. Miles de cuerpos se apretaban sin piedad en el calor del verano. El olor a excremento, sudor y terror era poderoso. No había sanitarios ni salas de espera. Sólo estaba esa fétida plaza, horneándose bajo el sol, y un sinfín de miedo y miseria. Observó la multitud y alargó el cuello. Nunca encontraría a Ala. Sin embargo, tenía que hacerlo.

De pronto hubo una conmoción a su derecha y un destello blanco. Irena buscó de nuevo parada en las puntas de los pies. En algún lugar vio una cabeza con cabello rizado que estaba segura de haber reconocido. Desapareció entre la multitud. Después encontró a Ala. Justo fuera del límite alambrado, en el borde de la plaza Umschlagplatz, una clínica improvisada apareció de la nada en las horas de las deportaciones. Alrededor había enfermeras, doctores y Ala, con su alma de poeta y espíritu guerrero... En un instante Irena vio que esa mañana su amiga emergía como una de las grandes heroínas del gueto. Era la conspiradora líder en una espectacular misión de rescate, un buen engaño justo debajo de las narices de los alemanes.

Ala explicó que no comenzó como tal, pero que al final se tiene que combatir al fuego con fuego. Le contó a Irena que cuando la noticia acerca de las deportaciones se esparció por el gueto el día anterior, corrió al hospital. Doctores y enfermeras judíos, amigos y colegas se arremolinaban con ansiedad. Tal vez sólo eran reubicaciones, se dijo el personal del hospital para tratar de tranquilizarse, pero Ala sabía bien lo que pasaba gracias a sus contactos en la clandestinidad. Escuchó las historias de Chełmno y creía en el hombre que las contó. Pero el destino en realidad no importaba en ese momento. Enviar a los débiles o a los que deliraban en un viaje tan pesado hace el este era una sentencia de muerte, sin importar a dónde fueran. Un amigo tomó su brazo: *Ala, tiene que haber una clínica en la estación de los trenes. Piensa en todas esas personas.* Ala lo observó. Nachum Remba tenía razón. Ella asintió.

Nachum Remba no era doctor. Era un clérigo de treinta y dos años del *Judenrat* que se encargaba de gestionar el financiamiento y papeleo de las clínicas. Y como Ala y Arek, él y su esposa, Henia Remba, eran activistas en la resistencia judía.

Nachum era un hombre alto de cabello negro y un poco bromista, quien siempre hacía chistes que hacían reír a la gente. A Ala le gustaban su sentido del humor y su optimismo necio. Pero no había muchas razones para reír en el gueto esa mañana. Nachum tenía una idea loca. ¿Se uniría a él? ¿Qué pasaría si juntaban a doctores y enfermeras e instalaban un dispensario de "sanidad médica" fuera de la plaza Umschlagplatz? Requeriría, le advirtió, una actuación valiente y brillante. Nachum y Ala venían de familias teatreras famosas donde los chistes eran comunes. Nachum no lo podía evitar. Ala volteó los ojos y enseguida accedió.

Así que lo hicieron. Pretendieron que tenían permiso para instalar una clínica. Tomaron un área cerca del andén, un espacio rodeado de alambre de púas, y la abrieron para asuntos médicos de urgencia. Identificarían a cualquier persona muy débil o muy joven e insistirían en un tratamiento y, a veces, en su transferencia a un hospital. También encontrarían una forma de salvar a miembros importantes de la resistencia judía, que incluía a Arek, quien estaba afuera en el bosque con los partidarios.

Muy pronto un joven delgado de veinte años llamado Marek Edelman, colíder de un grupo paramilitar conocido como Organización Judía de Combate (Żydowska Organizacja Bojowa o ZOB) se unió a su red de trabajo en la plaza como enlace de la resistencia "oficial". Marek tenía el cabello negro y un aire juvenil, pero dentro del gueto ya había emergido como una de las dos o tres personas más importantes del movimiento de resistencia. Un día, lideraría a los judíos del gueto en un levantamiento dramático. Pero en el verano de 1942, en la clínica de la plaza Umschlagplatz de Ala, a Marek se le encomendó la tarea de coordinar las transferencias[169] entre los refugios y los hospitales del gueto. Las conexiones de Marek Edelman con el mundo clandestino hacían que él no tuviera ilusiones sobre a dónde iban los trenes. Lo que omenzó como un proyecto para salvar a los más débiles y vulnerables y liberar a los activistas más dedicados del gueto, muy pronto se convirtió en una carrera para salvar a quien se pudiera.

Lo que sus "brigadas de rescate" consiguieron fue sorprendente. Nachum Remba actuó su papel hasta el final. Lo hacía por su vida y la de otros. Convenció a los alemanes de que él era el jefe de doctores en el gueto y Ala, la jefa de enfermeras. Siguieron la mentira de los alemanes de que eran simples reubicaciones. Para mantener la farsa, los alemanes estuvieron de acuerdo y se burlaban de estos ingenuos y engañados doctores y enfermeras judíos. El objetivo primordial de los ocupantes durante las eliminaciones era mantener el orden, y unos cuantos judíos más o menos no importaban.

En unos días Nachum Remba ya era la persona más famosa de la plaza Umschlagplatz, y su autoridad como jefe de doctores del gueto, con la ayuda de unos sobornos bien colocados y una bata blanca, no fue cuestionada por los alemanes. Él y Ala insistieron en que les tenían que entregar a las personas muy enfermas o muy jóvenes para salvarlas de los trenes. Llevaron una ambulancia y empezaron a juntar adultos y niños. Marek Edelman se movía entre la multitud; sus bolsas estaban llenas de documentos firmados por Ala, que certificaban que el portador de esos papeles estaba muy enfermo para viajar.

La brigada no logró salvar a todos, obviamente. De los trescientos mil deportados en la plaza desde el verano hasta el otoño de ese año, este pequeño grupo rescató, en las tres semanas que operó, entre doscientos y trescientos de sus vecinos. Pero esos cientos de vidas valían. Vidas que todavía hacen eco a través de sus generaciones. Entre los salvados estuvieron todos los niños del orfanato ubicado en el número 27 de la calle Twarda, a quienes los alemanes ya habían marcado para deportarlos a Treblinka. También consiguieron rescatar a un luchador de la resistencia llamado Edwin Weiss. Y a un viejo amigo, Jonas Turkow,[170] el actor judío que conocía bien a la prima de Ala, Wiera Gran, y a Irena Sendler. Ala en persona fue quien lo sacó de la multitud junto con las hermanas menores de Jonas.

Del día que lo salvaron sólo recuerda estar asombrado por la valentía de Nachum Remba. En la plaza Umschlagplatz, Jonas fue atrapado con la multitud de habitantes que eran empujados dentro del corral con alambre de púas. En medio del alboroto, Nachum apareció con una plácida sonrisa en su rostro, rebosando confianza y calma. Jonas sabía que cualquiera que se acercara a un alemán de esta manera habría sido ejecutado en el momento. Él y otros habían visto que eso sucedía. En el andén, una bala era la respuesta a una pregunta judía. Pero Nachum no hacía preguntas tanto como daba órdenes. *Éste se encuentra muy enfermo para hacer el pesado viaje al este*, diría, señalándolo y encogiéndose de hombros de manera natural, como si no fuera de su particular interés. Nachum tenía la sabiduría judía del gueto: sin miedo ni caras tristes. Aquellos que Nachum sacaba de las multitudes eran llevados en camilla a la clínica. Jonas fue uno de ellos. Vida o muerte; así de cruelmente aleatorio era.

Dentro de la clínica, Ala ordenaba que los "enfermos" guardaran reposo en cama. Todas las enfermeras alrededor de Jonas estaban ocupadas poniendo vendas frescas. Parecía un sueño para él. ¿Estaría muerto? Un alemán se acercó al doctor y el ritmo se volvió frenético. En ese momento supo que seguía en el gueto. Se recostó con lentitud y trató de hacerse invisible hasta que el alemán desapareciera. Luego de un rato llegó la señal de que todo estaba bien, por fin. Las puertas de la clínica cerraron. Las ambulancias se pusieron en marcha.

Después los pacientes recibían un terrible acoso. No había ninguna garantía de seguridad, en especial en una clínica dentro del gueto. En la puerta, los alemanes y sus temibles lacayos ucranianos hacían inspecciones caprichosas. Un hombre cerca de Jonas no lucía enfermo. La culata del rifle caía sobre hombres como éste, y él podía escuchar el llanto de agonía mientras lo arrastraban al andén. Ala y Nachum miraban horrorizados. Ala les dio a sus enfermeras la única orden que se le ocurrió. *Tendremos que romper sus piernas si lucen muy sanos. Explíquenles las opciones.* Cualquier cosa para convencer a los alemanes de que alguien no podía viajar.[171] Los gritos de agonía no eran fingidos. Ala no podía desperdiciar los pocos sedantes que le quedaban en cualquiera. Los necesitaba para los niños. Más de una vez hizo algo valiente y temerario. Por eso guardaba las drogas de la clínica. Niños asustados y quisquillosos, incapaces de fingir enfermedad,[172] eran ayudados a dormir para salvarlos, porque los guardias trataban a los pequeños con más dureza. Los bebés eran estrellados contra el suelo y puestos en las vías para que las ruedas estallaran sus cráneos mientras las madres lloraban de angustia. Por eso Ala envolvía a los más pequeños bajo su abrigo, a la altura de su axila, y los sacaba hasta la ambulancia. Ella y Remba habían desviado una y Ala movía a algunos pacientes dentro. Sólo tenía que llevarlos tan lejos como estuviera Irena.

El engaño de Ala y de Nachum continuó durante semanas. Irena iba todos los días, siempre preguntando en qué podían ayudar ella y sus colaboradores. En el andén, las madres ahora confiaban en Ala y le daban a sus bebés; todos la llamaban "el hada buena". Durante dieciséis horas al día, Ala y Nachum trabajaban al lado de la plataforma. Eran una presencia en constante movimiento. La tarde del 6 de agosto estuvieron entre los renuentes testigos de una de las tragedias más crueles del gueto. Esa mañana, como preludio para completar la eliminación del "pequeño gueto", agentes de las ss fueron por los niños del orfanato del doctor Korczak.[173] Entre los casi doscientos niños del doctor estaban los treinta y dos que Jan Dobraczyński había regresado a través del muro hacía poco menos de un año. Eran aquellos que Irena consideraba como suyos.

Antes de las nueve de la mañana corrieron los rumores de que estaban vaciando el orfanato del doctor Korczak. Por lo general Irena hacía sus visitas diarias al gueto en las tardes, cuando el trabajo había acabado y el abordaje en la plaza Umschlagplatz estaba en curso. Sucedió que ese día fue más temprano, antes del mediodía.[174] Irena era una cara conocida en el orfanato del gueto y una de las invitadas favoritas de los chicos en sus obras teatrales. Los niños gritaban de felicidad por sus pequeños regalos y su comportamiento gracioso, y ella pasaba en especial a ver a los suyos, a los sacados de la calle. Cuando escuchó las noticias de que todos ellos estaban destinados a ser deportados,[175] corrió hacia la calle Sienna esperando poder advertirle al doctor o ayudarlo.

Pero las ss habían llegado desde hacía mucho tiempo al orfanato con la orden. Un testigo recuerda que dijeron: "Los niños tienen que ir solos",[176] y le dieron quince minutos al doctor Korczak para prepararlos. Él se rehusó a abandonarlos diciendo: "No dejas sólo a un niño enfermo en la oscuridad —su voz apenas contenía su furia—, y no abandonas a los niños en tiempos como éstos".[177] El oficial de las ss a cargo se rio y le dijo que podía ir si quería. Después le pidió a un niño de doce años que tenía un violín que tocara algo. Los pequeños salieron del orfanato cantando.[178]

La ruta hasta el andén era ardua. Con niños, la marcha a través del gueto, de sur a norte,[179] pudo haber tomado hasta tres o cuatro horas. Primero Irena los vio en la esquina de la calle Żelazna, después dieron vuelta en Leszno. Era un día muy caluroso,[180] terriblemente caliente, relató Irena, y a veces los niños tenían que detenerse y descansar, pero al dar la vuelta en alguna calle volvían a marchar con seguridad. Irena entendió en un instante que el doctor había alejado de ellos cualquier miedo o conocimiento sobre lo que estaba sucediendo. Habitantes judíos ansiosos se mantenían alejados de las calles bloqueadas, e Irena recordaba que sólo había un puñado de peatones. Los que tenían el valor de salir a la calle caminaban deprisa, con la cabeza baja, hacia su destino, deseando ser invisibles. Pero ese día docenas de personas, incluido Jonas Turkow, miraron por las ventanas o desde las esquinas, con un silencio espeluznante, la caminata de cinco kilómetros a través del gueto del doctor con sus huérfanos.[181] Su cara era una máscara congelada de autocontrol, e Irena sabía que estaba enfermo y luchando. Pero esa mañana su espalda iba derecha[182] y cargaba a uno de los niños cansados. *¿Estoy soñando?* Fue el pensamiento que sobrevoló por la cabeza de Irena. *¿Esto es posible? ¿Qué culpa tienen estos niños?*[183] En la calle vacía sus ojos se encontraron con los del doctor por un momento. Él no se detuvo para saludarla. No sonrió. No dijo nada. Sólo siguió caminando. Los niños caminaban en cuatro filas; se habían esmerado con sus mejores ropas y disciplina. Después Irena observó qué llevaban en las manos los más pequeños.

Sostenían las muñecas que el doctor Witwicki, su viejo profesor de psicología en la Universidad de Varsovia,[184] había hecho para ellos. Irena en persona había metido esos juguetes a escondidas en el gueto. Se los había dado a los pequeños en los centros, y cuando a los niños y niñas se les permitió llevar sólo una cosa para su viaje, eso era lo que habían escogido. "Apretaban las muñecas con sus pequeñas manos, cerca del corazón; así hicieron su última caminata",[185] dijo Irena. Ella ya sabía lo que ellos no. Que los llevaban al patio de carga y a su ejecución.

En la plaza Umschlagplatz, los guardias los empujaron y golpearon con la culata de los rifles, cien o ciento cincuenta al mismo tiempo en el suelo. Alemanes, ucranianos y la policía judía pasaban sobre sus cabezas ladrando órdenes. Bajo el caliente sol, después del caos y los golpes, los niños y el doctor esperaron hasta que los trenes fueran cargados en la tarde.[186] ¿Irena los siguió hasta su destino final? Si lo hubiera hecho, habría visto a Nachum y a Ala.

Ellos vieron a los niños en el último momento, cuando el abordaje de los trenes iba a comenzar. Nachum corrió horrorizado al lado del doctor, esperando evitar que se fuera. Testigos dicen que fue una de las últimas personas en hablar con Janusz Korczak y Stefania antes de que cargaran los vagones. Esta vez no estaba en calma como acostumbraba. Tenía los ojos bien abiertos y estaba desesperado. Le imploró al doctor que fuera con él a ver a los alemanes. *Le pediremos al Judenrat que posponga esto, doctor. Por favor, venga conmigo.* Janusz Korczak negó con la cabeza. *No puedo dejar a los niños, ni siquiera por un momento.*[187] Sabía que si se movía los alemanes llevarían a los niños a los vagones y nunca se le permitiría acompañarlos.

Los niños, asustados, volteaban a ver al doctor Korczak para que les dijera qué hacer. El doctor miró con tristeza a Nachum por un largo momento final. Esa mirada se quedaría con él y lo acecharía. Después, dándole la espalda a él y al gueto, Janusz y Stefania llevaron con calma a los niños a los vagones y el doctor entró detrás de ellos. En cada brazo cargaba a un niño cansado de cinco años. "Nunca olvidaré su mirada —dice Nachum sobre la gran dignidad del doctor y de los niños que confiaron en él en su último viaje—. No fue un simple abordaje en el vagón del tren, fue una protesta en silencio organizada contra el barbarismo."[188] Nachum, el jovial y fuerte actor, se desmoronó en el andén cuando vio entrar a los niños al vagón sin ventanas, con el piso lleno de óxido de calcio que quemaría sus pies, y observó las puertas cerrarse guardando en su interior tantos pequeños cuerpos.

Irena también estaba inconsolable. "Al recordar esa trágica procesión de niños inocentes marchando hacia su muerte —comentó Irena—, en realidad me pregunto cómo es que los corazones de los que fueron testigos, yo incluida, no se rompieron... No, nuestros corazones no se rompieron."[189] Pero esa tarde "usé mis últimas fuerzas para caminar a casa, y después tuve un ataque de nervios..." Asustada por la profunda desesperación de Irena, su madre no vio otra opción que llamar a un doctor para que la sedara. "De todas mis experiencias dramáticas en los tiempos de guerra, incluyendo mi 'estancia' y tortura en la prisión Pawiak, los violentos interrogatorios de la Gestapo en la calle Szucha, ver gente joven morir... nada dejó una impresión tan grande en mí como ver al doctor Korczak y a sus niños marchando hacia su muerte", contó Irena.[190]

Sin embargo, Ala y Nachum continuaron luchando con valentía cada día en el andén. Todas las mañanas Ala se armaba de valor y se lanzaba hacia el trabajo que la había unido a Irena: salvar a los niños. Pero de noche, después de que los trenes habían comenzado su espantoso viaje hacia el este, en las horas antes de que la policía judía comenzara a preparar la siguiente ronda de deportaciones, Ala se acostaba en un ático sucio en la calle Smocza a pensar. Una tarde de agosto Irena la visitó ahí. El pequeño cuarto veía sobre los techos del gueto de Varsovia. Las dos viejas amigas se sentaron tomadas de las manos, viendo la puesta del sol. Ala estaba triste y seria. Irena le rogaba...

Rami estaba a salvo del lado ario. Arek se hallaba con los partidarios en el bosque a las afueras de Varsovia, como miembro de un grupo de combate judío que se preparaba para la resistencia armada. Ala mantenía comunicación constante con el mundo clandestino y saldría del gueto en cualquier momento. Irena conocía un lugar seguro con sus amigos donde se podría esconder. Incluso ella misma la escondería si fuera necesario. Le rogaba a su amiga que la dejara ayudarla. *En este sobre hay documentos de identidad. Tómalos.* Ala los dejó en la mesa que estaba entre ellas. *Irena, mírame.* Ella entendió. Ala era una mujer delgada de tez oscura que se acercaba a los cuarenta años en el verano de 1942, con rasgos judíos muy marcados, e Irena no podía pretender que no era peligroso. Los documentos no serían suficientes para salvarla si los alemanes venían a buscarla.

Pero ésa no era la única razón por la que Ala dejó los documentos sin siquiera verlos. "Estaba librando una silenciosa pero intensa lucha consigo misma —dijo Irena, al recordar esas horas en las que hablaron aquella tarde—. La entendí. Su hija estaba afuera y su esposo en el bosque, peleando. Pero éste era el lugar que ella amaba, donde estaban su trabajo, sus responsabilidades, el enfermo, el viejo, el niño."[191] Irena entendió porque en ese momento también libraba una silenciosa e intensa batalla dentro de sí. Se debatía entre querer salvar a los niños y sólo querer salvar a Adam y a sí misma.

Ala necesitaba librar su batalla un poco más de tiempo. Necesitaba pensar. No podía salirse todavía, no cuando implicaba abandonar a su gente. Otras personas a su alrededor estaban tomando una decisión diferente e Irena trató de persuadirla. *No hay vergüenza en irse, Ala.* Sus amigos ya se estaban yendo. El primo de la doctora Radlińska y el colaborador de mucho tiempo de Ala, el doctor Ludwik Hirszfeld, habían huido del gueto, escapando por las criptas que corrían debajo de la iglesia de Todos los Santos y guiados por Jan Żabiński, cuidador del zoológico de Varsovia y oficial del ejército clandestino. Docenas de refugiados se escondían en las jaulas vacías de animales y en los sótanos del zoológico, donde Irena era una visitante frecuente y bienvenida.[192]

Ala no culpó al doctor. No era una mujer preparada para juzgar las acciones de otros dados los hechos. En su mente no había bien ni mal, sólo lo que dictaban las circunstancias y la consciencia. Después de que Irena la dejó, prometiendo regresar para hablar más, Ala se sentó a pensar otro largo rato. El sobre de Irena seguía sobre la mesa. Al final, tomó una decisión. Con un lápiz empezó a escribir en un pedazo de papel la que sabía que podría ser su última carta. Estaba dirigida a Jadwiga Strzałecka, su amiga y directora del orfanato del lado ario que cuidaba a Rami. Eran palabras de despedida de una madre a su pequeña y amada hija. "Te di a mi hija para que la cuidaras; críala como si fuera tuya",[193] escribió. Y después puso una mano en los documentos de identidad. Sabía que nunca los usaría. Con cuidado, los metió en su bolsa. En la mañana se los daría a una mujer judía en la calle, un regalo para sobrevivir. Como Ludwik Hirszfeld dijo de Ala después, "luchó entre su instinto de madre y su instinto de enfermera y de trabajadora social. Ganó el último; se quedó con los huérfanos".[194]

Conforme las redadas se acercaban, al final incluso Adam accedió a que Irena y sus contactos en la clandestinidad se lo llevaran (a él y a lo que quedaba de su familia) fuera del gueto. Adam había resistido. Como otros amigos judíos de Irena, estaba determinado a continuar trabajando y tratar de ayudar a los niños en el centro para jóvenes. Era un trabajo que Irena entendía y apreciaba mejor que nadie. Un compromiso compartido de ayudar a los niños abandonados y huérfanos del gueto los unía. Y ver a Adam del otro lado del cuarto inclinándose hacia ellos y cuidándolos sólo profundizaba el amor y la pasión que sentía hacia él. Pero no sólo eran los pequeños. Los lazos familiares de Adam, complejos y agonizantes, avivaban su indecisión.

Todo julio, era lo que le decía el ceño fruncido de Adam a Irena una y otra vez y ella trataba de apaciguar sus preocupaciones. Y tal vez a veces era una mezcla de preocupaciones, incluso con un poco de celos. En la noche, en su estrecha cama, escuchando la dificultosa respiración de su madre, Irena rezaba. Sus labios pronunciaban palabras en voz baja mientras pedía por la vida y el amor de Adam.

Al final del mes la situación era crítica. Adam se puso nervioso cuando su tía Dora fue ejecutada en Varsovia en los últimos días de julio,[195] quizá no muy lejos de la propiedad que ella y su tío Jakub compartían con miembros de la familia Mikelberg. El miedo invadió a la familia al saber que su prima de dieciocho años, Józefina, había sido ejecutada en Otwock después de ser sorprendida escondiéndose de los alemanes. ¿Cuánto tiempo pasaría antes de que la madre de Adam fuera otra víctima de los alemanes y sus deportaciones? Cuando Irena le rogó que le permitiera buscar refugios seguros para él y Leokadia, Adam aceptó.

Salvar a Leokadia era peligroso, mas no imposible, y ese verano la madre de Adam estaba animada a salir del gueto. Ayudar a cualquier judío a escapar era una acción arriesgada. Claro que cuando una mujer judía estaba del otro lado y tenía nuevos documentos arios, su supervivencia dependía en gran medida de qué tan bien actuara como una mujer polaca. Sin embargo, un hombre judío circuncidado, cuya religión podía ser verificada en un momento, vivía en constante peligro, y Adam era un reto particular por otra razón. A pesar de sus nuevos documentos de identidad polacos que lo transformaron en el gentil Stefan Zgrembski, su rostro decía otra cosa. Tendría que permanecer escondido todo el tiempo y de todos, con la excepción de sus cuidadoras y de Irena (si podía arreglar el encuentro). Ella quería de manera desesperada, incluso imprudente, encontrar un escondite para él donde pudieran estar juntos, y tal vez ésa era la parte más difícil de la ecuación.

Irena acudió a otra vieja amiga de la universidad que había metido a su red de trabajo. Maria Kukulska dirigía una "sala de emergencias" de suma importancia para los niños que Irena sacaba del gueto. Era un espacioso departamento en el distrito Praga que compartía con su hija adolescente. Mientras subía las escaleras, Irena debatía consigo misma: ¿Podría pedirle esto a su amiga, incluso a una amiga tan querida y valiente como Maria? No le iba a mentir. Le estaba pidiendo arriesgar su vida y la de su hija para esconder a Adam. El miedo era escalofriante. Irena sostenía la taza de té que Maria le había servido. Maria vio a su amiga y después se rio. *¿Lo amas, verdad, Irena?* Irena se rio también, y asintió. En ese caso no había duda. Claro que Adam podía llegar al departamento de Maria.

Sin embargo, Regina Mikelberg fue obligada a abordar un tren en la plaza Umschlagplatz hacia uno de los campos de exterminio ese verano. Se puso frenética cuando las puertas se sellaron, encerrando a docenas de personas en los fétidos vagones. Cuando el tren comenzó con lentitud a alejarse de Varsovia, los llantos y el miedo, así como el hedor que aumentaba a cada momento, fueron demasiado para la delgada mujer de treinta años. Todavía tenía una hermana en el gueto. Tenía a su familia. Y tal vez, si ella era en realidad la primera esposa judía de Adam, tenía un esposo con quien regresar, sin importar qué tan débil fuera el vínculo que ahora los unía. Cualquier otra cosa era verdad. Regina conocía a Adam y a Irena, y eso era parte de lo que la salvaría. Si de alguna forma lograba liberarse, Janka Grabowska e Irena encontrarían un lugar donde esconderla. En el calor sofocante del vagón, donde los cuerpos estaban uno al lado del otro, chocando, un tenue rayo de luz entraba a través de una sucia y pequeña ventila. Era una abertura estrecha. Sin embargo, ella era delgada y determinada. Se acercó a la abertura y un hombre la dejó apoyar un pie en su hombro. Sus sabios y tristes ojos la instaron a arriesgarse. Con un milagroso empujón logró salir hacia las duras vías debajo de ellos. Sin mirar atrás, corrió en la oscuridad mientras el tren seguía su camino hacia Treblinka.

Cuando Irena trató de buscar a Rachela Rosenthal, otra chica de la doctora Radlińska y también líder de un centro para jóvenes del gueto como Ewa y Adam, sintió una pena en el corazón. Irena buscó a su amiga en todos lados dentro del gueto. Rachela no estaba en ningún lugar. Y en ningún lugar, ahora todos lo sabían, significaba en los trenes destinados al este. El corazón de Irena susurraba el terrible pensamiento de que Rachela, la brillante y efervescente Rachela, se habría ido por voluntad propia tratando de encontrar a su hija perdida de cinco años. Rachela vivió la pesadilla de todos en el gueto. Había volteado por un momento y toda su familia desapareció en la plaza Umschlagplatz.

Su pérdida la desquició. Era una pena intensificada por otro hecho cruel en el gueto. La desaparición de su hija era lo único que daba a Rachela una oportunidad decente de sobrevivir ese verano. Durante las redadas, "casi nadie se preocupaba por los niños",[196] recuerda una joven judía. Los pequeños "deambulaban ignorados por las masas de humanidad", durante las selecciones de calles. Cualquiera arriba de los treinta y cinco años y madres con hijos pequeños eran elegidos de manera automática para ser llevados al andén. Los niños que entendían con claridad el riesgo escapaban de sus padres para salvarlos. "Qué sabios y comprensivos eran esos pequeños —recuerda esa joven testigo—, tratando de persuadir a sus madres de continuar sin ellos."

Irena buscó y al final perdió las esperanzas. Pero Rachela, por una casualidad extraordinaria, sobrevivió ese verano. La pusieron en una cuadrilla y cada mañana marchaba fuera del gueto a los trabajos forzados. Estaba bloqueada por la pena. Irena tenía razón en preocuparse de que a Rachela no le importara buscar una forma de sobrevivir. No habría levantado ni un dedo para salvarse, no después de haberle fallado a su hija. Sin embargo, otros en su cuadrilla estaban determinados a huir de los alemanes, y al final de un turno, mientras los guardias les daban la espalda, un joven se inclinó hacia Rachela y le susurró: *Vamos a huir del gueto. Prepárate.* Y entonces los otros se esparcieron en todas direcciones a su alrededor. La mujer se quedó de pie sola en medio de una calle desconocida del lado ario de la ciudad. Pero sólo quería a su hija. No tenía planes, así que comenzó a caminar. Esa tarde deambuló sin esperanzas, lista para morir, deseando que alguien le disparara. Y cuando el toque de queda comenzara, eso sería inevitable. Ya no tendría que esperar mucho. Una chica que pasaba a su lado se detuvo de repente. *¡Rachela!* Entonces alzó la vista y reconoció a una mujer polaca que había conocido antes de la guerra en reuniones del Partido Comunista. La joven, que estaba en la resistencia y era activista como Irena, vio en un momento el peligro que corría Rachela. *Ven conmigo. Te llevaré a un lugar seguro.* Ella sólo se dejó llevar al escondite.

Irena buscó a su amiga por semanas en el gueto después de su desaparición, pero nunca la encontró. Sin embargo, Rachela estaba destinada a convertirse en una heroína como Ala. En su escondite del lado ario, pronto se unió a su amiga polaca en la resistencia y se convertiría, antes de que finalizara la guerra, en una furiosa luchadora en la clandestinidad.

Y después estaba Ewa Rechtman. Como Ala, tampoco pudo dejar a sus niños del centro para jóvenes, no mientras todos los días reunían a los más pequeños para deportarlos. Ewa, dijo Irena, era "su madre, padre, hermana, amiga… Y ellos, a cambio, se convirtieron en su mayor consuelo".[197] De las cuatro amigas que antes de la guerra se sentaban a la mesa de un café para reír y platicar en yidis, Ala, Rachela e Irena habían sido hasta ese momento, dejando las tragedias personales de lado, muy afortunadas. Pero Ewa no tuvo suerte ese terrible verano.

"Era un hermoso y cálido día —Irena recordó después—, cuando las hordas de tropas alemanas, armadas hasta los dientes, acordonaron el 'pequeño gueto',"[198] donde Ewa estaba trabajando. Quedó atrapada dentro de las calles bloqueadas con sus niños huérfanos. Irena juntó a algunos amigos para una misión de rescate en el momento que se enteró, determinada a arriesgar cualquier cosa y de alguna forma a improvisar un plan para salvar a Ewa y a los niños de la deportación. Ala puso a su servicio una ambulancia de la plaza Umschlagplatz. Irena salió corriendo hacia el sur a través del gueto. De alguna forma convencería a los guardias de que Ewa estaba muy débil para viajar. O la esconderían en algún lugar. Lo habían hecho suficientes veces con niños. No tenía un plan, sólo una misión. Con su placa de control de epidemias en la mano, habló con los guardias, tratando de convencerlos de que ella y su equipo estaban ahí por cuestiones urgentes y autorizadas para llevar a cabo una misión médica de distrito. Si sólo pudieran llegar hasta Ewa. Cuando una ruta se cerraba, trataban con otra de manera frenética, cualquier cosa para conseguir acceder a las calles acordonadas.

Del otro lado de la barrera se escuchaban perros ladrando y disparos. Alguien gritaba órdenes. Hubo un grito de angustia. Todo lo demás era un silencio terrible. Un joven guardia parecía dudar mientras los ojos de Irena le imploraban, y después lo pensó mejor. En cada oportunidad les prohibieron el paso al barrio acordonado durante la *Aktion*. Más tarde, en el calor de un día de agosto en Varsovia, perdida entre las grandes masas de cuerpos, Ewa Rechtman fue llevada a un vagón en la plaza Umschlagplatz, donde las puertas fueron cerradas de manera rápida con alambres. A diferencia de Regina, Ewa no logró escapar de la muerte en el último momento. Falleció en agosto en una de las "regaderas" de blancos azulejos en Treblinka.

Las pesadillas acechaban a Irena. Sus sueños estaban empeorando y se sentía cansada cuando despertaba. Soñaba con Ewa, siempre con el mismo horror, siempre con las mismas terribles imágenes. Además, a veces escuchaba algo extraño en sus sueños, el único consuelo en esos tormentos nocturnos: la voz de su amiga hablándole otra vez, como siempre, "tranquila, relajada y llena de bondad".[199]

Todo lo que había pasado antes, toda su red de trabajo, todo el contrabando y todos los secretos, no eran nada en comparación con la magnitud de estos crímenes y pérdidas. Peor aún, a mediados de agosto las deportaciones todavía no iban ni a la mitad. Continuarían durante otro mes con una intensidad vertiginosa. Irena alcanzaría a los alemanes paso a paso en su ira e indignación por esa barbarie. "Nos dimos cuenta muy rápido de que la única forma de salvar a los niños era sacándolos",[200] dijo. Y estaba muy determinada a conseguirlo.

CAPÍTULO 9

LA RECTA FINAL
Varsovia, agosto-septiembre de 1942

El gueto fue despejado ese verano en secciones ordenadas, y en tres semanas serían las deportaciones. Se pegaron carteles con tachuelas que ordenaban a todos los habitantes en el área que incluía las calles de Elektoralna y Leszno a desalojar sus casas y reportarse para las selecciones la mañana del 14 de agosto de 1942.

Para ese día, 190 000 personas habían sido transportadas a sus muertes en Treblinka. En el gueto ya no había mercados al aire libre y al barrio judío sólo llegaba una cantidad mínima de comida a través de vías clandestinas. En esas tres semanas mucha gente no comió, y como los alemanes cambiaron el rumbo y prometieron grandes raciones de pan y mermelada dulce a los que "voluntariamente accedieran" a ser reubicados, muchas personas iban al andén de carga de buena gana. Ahora las familias pensaban: ¿Y qué si nos espera la muerte en el este? Una muerte de hambre segura nos aguarda en el gueto. Además, muchas veces decidían permanecer juntos a cualquier precio. Las hermanas gemelas del actor judío al que Ala y Nachum habían salvado de Umschlagplatz, Rachel y Sarah, fueron de las que decidieron irse de forma voluntaria. Jonas y su esposa Diana les suplicaron a las mujeres. Ala ya había salvado a una de las hermanas de la muerte en el andén del tren. Pero eso sólo las asustó y las decidió más. "No imaginaban vivir una sin la otra",[201] dijo después Jonas. Si iban a morir, morirían como hermanas. En Umschlagplatz, horrorizados testigos en la resistencia reportaron a cientos haciendo fila pacientemente en la estación. Esperaron días bajo la guardia armada para tener la oportunidad de subirse al andén. Eran tantos que los testigos refirieron: "Los trenes, que ya salían dos veces al día con 12 000 personas cada uno, eran incapaces de contener a tanta gente".[202] Casi todos fueron asesinados en Treblinka, incluyendo a Rachel y Sara.

Los que no se formaron para la deportación fueron a esconderse en los áticos y sótanos durante las redadas en las calles. Incluso aquellos con documentos de trabajo o protección del *Judenrat* sabían que, cuando un barrio era desalojado, más valía ocultarse que arriesgarse a ser visto. Un policía judío tenía la penosa tarea de entregar a siete de sus compañeros habitantes del gueto a los vagones de ganado cada día (o sería agregado a las deportaciones). Después los sobrevivientes recordarían: "Nunca antes alguien había sido tan inflexible en cumplir una acción como un policía judío".[203]

Esa semana, una niña de diez años quedó atrapada en las redadas de la calle Elektoralna. Katarzyna Meloch ya era huérfana. Su padre, Maksymillian, murió en 1941 cuando los alemanes ocuparon Białystok. Por entonces los alemanes y los soviéticos estaban en guerra otra vez. La familia debía huir porque la mamá, Wanda, tenía documentos de identidad soviéticos. Pero Katarzyna estaba en el campamento de verano y no podían irse sin su hija. Maksymillian fue enviado al frente como conscripto y murió allí. Katarzina y su madre quedaron encerradas en el gueto de la ciudad. En medio de la noche, una y otra vez Wanda despertaba a su hija para preguntarle: *Hija, hija, ¿recuerdas?* Katarzyna sabía que la respuesta siempre era: *Calle Elektoralna número doce.* Era la dirección de la familia de su madre en Varsovia. *Si algo me pasa, debes encontrar la forma de llegar ahí. Si estás sola, recuerda a tu tío.*

Un día algo le pasó a su madre. Wanda vio cómo la ciudad de Białystok cambiaba y percibió el peligro. Los soviéticos eran el enemigo y la Gestapo registraba a las multitudes para encontrarlos. Al final vinieron por Wanda. "Una comunista", dijo el hombre de la Gestapo agitando su pasaporte.[204] Y entonces, leyendo más, exclamó: "Y claro, ¡una judía!" Wanda le suplicó que no la arrestaran. No tenía intereses políticos, sólo quería salvar a su hija. "Sólo soy una madre", le imploró. Pero de todos modos el alemán le ordenó que se subiera al *sidecar* de la motocicleta, y así fue la última vez que alguien vio a Wanda. Katarzyna fue llevada al orfanato del gueto y siguió las instrucciones de su madre. Le escribió a su tío, Jacek Goldman, y la familia de su madre pasó de contrabando a la niña dentro del gueto de Varsovia. Katarzyna hizo el viaje sola, de Białystok a Varsovia, en algún momento del invierno de 1941-1942.

En mayo de 1942, cuando cumplió diez años, vivía en el gueto de Varsovia, en un departamento compartido abarrotado de gente por la familia de su amable tío y su abuela, Michelina. Katarzyna no tenía padres, así que el tío Jacek le hizo una fiesta de niños para su cumpleaños en el techo del calcinado Hospital del Espíritu Santo, donde treinta y dos años antes había nacido Irena Sendler y donde Stanisław Krzyżanowski había sido doctor.

En agosto la familia ya no vivía en el departamento. El tío Jacek encontró un escondite para todos dentro de una chimenea en ruinas del hospital, donde los alemanes no podrían encontrarlos durante las deportaciones. Y esa mañana del 14 de agosto, ahí era donde Katarzyna debió estar escondida. Pero tenía diez años, y en vez de eso jugaba en el patio lleno de escombros con otros niños. De repente, policías judíos espiaron a Katarzyna y vieron un blanco fácil. Uno de ellos la agarró del cuello con brusquedad. La niña le gritó con desesperación a su familia. Sin embargo, el hombre la sostuvo con fuerza y la arrastró llorando hacia el grupo de mujeres y niños destinados a la selección de Umschlagplatz.

Entre los ladrillos caídos y los restos esparcidos por el suelo de las últimas posesiones de la familia, Michelina escuchó los aterradores gritos de su nieta. ¿Qué podría hacer? Con mucho cuidado y silencio salió de las sombras. Era empleada del hospital judío y eso significaba que la familia tenía la protección del *Judenrat*. *No te puedes llevar a la niña. Tiene documentos.* El policía miró a la anciana y se encogió de hombros, indiferente y desinteresado. Michelina ya había perdido a su hija; estaba decidida a no perder a su nieta. Rapidamente llamó la atención de Katarzyna. En algún lado a la distancia hubo una breve conmoción. Cuando el hombre volteó por un instante, Michelina de inmediato le hizo un gesto con la mano: *Corre, corre rápido.* Y Katarzyna corrió. Se escondió entre ladrillos caídos y metales retorcidos, y desde ahí observó. El oficial sujetó con fuerza a Michelina y la aventó, haciendo que tropezara, hacia el grupo destinado a la plataforma de las vías del tren.

En Umschlagplatz, Michelina fue empujada hacia la multitud, acalorada y asustada, y esperó muchas horas bajo el sol. Entonces, de forma inesperada, vio un abrigo blanco y un rostro familiar caminando a lo largo del alambre de púas. Tal vez era Nachum Remba, aunque se parecía más a su colega, Ala. Sintió que la arrastraban a una clínica improvisada y, sin saber con seguridad cómo pasó todo, esa noche cuando los transportes se movieron con lentitud hacia Treblinka no iba en ninguno de ellos. En la mañana regresó a su escondite en la chimenea.

La desaparición de Michelina esa noche hizo que la familia se reuniera para planear algo urgente. El tío Jacek dijo que debían huir del gueto y unirse a los partidarios que luchaban en el bosque para terminar con toda esa locura. Una de las tías de Katarzyna dijo que se encargaría de esconder a los niños. El tío Jacek nunca regresó del bosque y otros integrantes de la familia lograron sobrevivir evadiendo la captura durante varios meses antes de ser asesinados juntos. Pero Katarzyna no estaba con ellos. Su salvación llegó de una dirección inesperada, gracias a una antigua amiga de su madre.

Antes de la guerra, Wanda Goldman había sido maestra de latín y una de sus estudiantes era una chica de clase trabajadora de un pueblo de Lódż llamada Jadwiga Salek. Después, Wanda y Jadwiga, maestra y alumna, se volvieron muy amigas y luego la vida las puso en diferentes direcciones. Jadwiga se mudó a Varsovia, y en 1930 se hizo maestra de la escuela para huérfanos del doctor Janusz

Korczak en el barrio Żoliborz, en el extremo norte de la ciudad. Se unió al movimiento socialista polaco y con el tiempo se convirtió en trabajadora social en una división que buscaba familias adoptivas para huérfanos. En 1942 tenía treinta y un años y su nombre de casada era Jadwiga Deneka; ella fue una de las primeras compañeras de Irena Sendler. Jadwiga, Ala e Irena salvaron a Katarzyna.

Durante todo agosto, Irena y Ala estuvieron sacando niños de contrabando del gueto a un ritmo feroz. Fue en ese periodo, de agosto de 1942 a enero de 1943 (los siguientes seis meses), que rescataron a la gran mayoría de los niños que salvaron. "Presenciábamos escenas terribles —dijo Irena de aquellos días—. El padre estaba de acuerdo, pero la madre no. A veces teníamos que dejar a estas desafortunadas familias sin quitarles a sus hijos. Regresábamos al día siguiente y descubríamos que se habían llevado a todos a la estación de tren Umschlagplatz para transportarlos a los campos de concentración".[205] Estas escenas también se presentaban en las pesadillas recurrentes de Irena. Nunca se liberaría de los sueños que le llegaron sin invitación. Los sobrevivientes de Varsovia de aquellos años (en especial los del gueto) hablan de estos recuerdos y obsesiones persistentes. Lo único bueno de todo aquello era que, con la atención de los alemanes concentrada en deportar a miles de judíos cada día a Treblinka, había una oportunidad en otra dirección. Las amigas aprovecharon esta atención obsesiva para sacar del gueto a tantos niños de contrabando como fuera posible.

Uno de esos niños fue Katarzyna. En la actualidad es una periodista retirada que vive en Varsovia. No sabe si Jadwiga Deneka por casualidad reconoció a la hija de su amiga o si Jadwiga llegó al gueto buscándola a ella en particular. Igual que Irena, Jadwiga tenía un pase y todos los días iba y venía al barrio judío, sacando niños de contrabando. Tal vez Ala y Nachum supieron de la niña en Umschlagplatz por Michelina y contactaron a Jadwiga e Irena. Lo único que Katarzyna recuerda[206] es que un día, entre el 20 y el 25 de agosto, cuando los judíos de Otwock estaban siendo eliminados y en consecuencia había un breve momento de calma en las deportaciones dentro del gueto, Ala la guió a través de las puertas al lado ario en una ambulancia de la brigada de rescate. Más allá de las puertas Jadwiga esperaba. Katarzyna subió las escaleras con la amiga de su madre hasta un pequeño departamento en el número 76 de la calle Obozową, en el distrito Koło, donde Jadwiga y su hermano Tadeusz operaban una "sala de emergencias" para los niños de Irena. "Salí caminando del gueto en un verano muy caluroso [1942]. Del departamento en el distrito Koło puedo recordar grandes tomates en la ventana madurando bajo el sol. Llamaron mi atención cuando salí de un área donde no se podía saber si era verano u otoño."[207]

Estas "salas de emergencias" (centros protectores de preparación)[208] fueron muy importantes en la red de Irena para salvar a niños judíos. Al menos había diez de estas casas, tal vez más, esparcidas por toda la ciudad. En el departamento de Jadwiga,[209] dos familias judías y sus hijos pequeños vivieron escondidos durante la guerra, y otros niños iban y venían en forma constante. Irena también ocultó a uno. Jaga Piotrowska y su esposo escondieron a más de cincuenta personas judías en su casa durante la ocupación. Los niños eran escondidos con los antiguos amigos de Irena: Zofia Wędrychowska y Stanisław Papuziński, Maria Palester y Maria Kukulska. Se quedaban con la activista Izabela Kuczkowska, la encargada del orfanato Władysława Marynowska o la partera Stanisława Bussold. Y de seguro había otra media docena de personas. Todos guardaron a niños contrabandeados fuera del gueto en sus casas durante las primeras horas y días para que estuvieran seguros mientras los preparaban para sus nuevas vidas y próximos destinos. Algunos escondieron a niños judíos durante años y actuaron como padres adoptivos durante décadas.

Ese mismo año, gracias a Jan Dobraczyński y su firma codificada en los documentos de traslado, los niños eran enviados a refugios en conventos en cuanto se conseguían los nuevos documentos de identidad "polaca". Docenas de niños se escondieron en el orfanato del padre Boduen; docenas más sólo pasaron por allí y siguieron sus destinos con la ayuda de Władysława Marynows-ka y Jaga Piotrowska. Algunos se ubicaron en el orfanato religioso de Otwock, y más de treinta se ocultaron en el convento de las Hermanas del Servicio en el pueblo oriental de Turkowice. El inspector de ahí sabía que había niños judíos,[210] pero estuvo de acuerdo en hacerse de la vista gorda con la condición de que todos tuvieran documentos convincentes (aunque falsos).

Cuando llegaron las identificaciones de Katarzyna,[211] su nuevo nombre era Irena Dąbrowska, la hija de una polaca desconocida llamada Anna Gąska, y su certificado de nacimiento la hacía un año más grande. Éstos eran hechos que el destino demandaba memorizar por completo. La más pequeña falla (cualquier cosa que pudiera delatarla como judía) sería fatal en su nueva vida. Por suerte Katarzyna había crecido hablando polaco; de lo contrario, salvarla habría sido mucho más difícil. Casi todos los niños que Irena y su red lograron salvar ese verano y otoño venían de familias judías integradas, con estudios o carreras profesionales, y si no eran bebés, ya hablaban polaco.

Del refugio de emergencia, Katarzyna siguió la ruta establecida de los niños en la red de Irena. Fue al orfanato del padre Boduen, codificada para "cuidado especial", entonces las monjas la transfirieron con las hermanas al convento en el aislado Turkowice. Primero en la "sala de emergencias" en el departamento de Jadwiga y luego en el orfanato operado por la iglesia, mujeres de cabello rubio le enseñaron con dulzura las oraciones y la hicieron practicar todos los ritos de una niña católica. En el convento, para iluminar su oscuro color, cada mañana las monjas trenzaban su cabello con listones blancos mientras le pedían que repitiera el catecismo. Pero para la pequeña lo difícil no era recordar, sino olvidar. Olvidar lo que había visto en el gueto, olvidar a su familia, palabras, experiencias y lenguaje. Era imperativo para un niño judío no revelar su verdadera identidad porque había extorsionadores esperando. Y la mayor amenaza muchas veces provenía de otros inocentes y peligrosos niños informantes.

Muchas veces los chicos rescatados del gueto eran bautizados y "convertidos" al catolicismo. Con este rito, la iglesia generaba registros y documentos auténticos, y así no tenían que ser manufacturados ni falsos. Pero a veces los padres judíos sacudían la cabeza cuando Irena les decía que el bautismo era parte de la forma en que sus hijos serían escondidos. Para estas familias, el bautismo en otra fe era un obstáculo insuperable. La ley de la religión judía es clara; los padres ortodoxos se lo dijeron: *No podemos exiliar a nuestros niños de la nación judía simplemente para salvarlos.* En todo el gueto las familias judías debatían los puntos y pedían consejo a los rabinos. *No debemos acceder a la destrucción espiritual de nuestros niños,*[212] se decían unos a otros. *Si más de 300 000 judíos van a ser exterminados en Varsovia, ¿qué caso tiene salvar a unos cuantos cientos de niños? Déjenlos morir o sobrevivir juntos, con la comunidad.* Otros padres se olvidaban de los asuntos religiosos y le decían: *Salva a mi hijo por favor. Haz lo que tengas que hacer, pero sálvalo.* Una fractura iba creciendo dentro de la comunidad judía. Irena y su red estaban en el centro de la controversia. Mucho dependía de la confianza personal en la gente que "salvaba". Por esto, muchos de los niños a quienes Irena y su red contrabandearon y ayudaron a esconder fueron (de manera desproporcionada) huérfanos, hijos de algunos viejos amigos o de familias culturalmente integradas.

Una fisura también crecía dentro de la red de Irena. No era una joven devota. Aceptaba los valores seculares y sobre todo la política y la acción. Además creció rodeada de la cultura judía de Adam y no desestimaba su belleza o su poder. Pero Jan Dobraczyński y Jaga Piotrowska eran fervientes católicos. La fe de Jan le dio una gran influencia sobre las monjas del convento y los directores de las casas religiosas. Su influencia salvaba vidas, e Irena estaba agradecida por su firma en todos estos documentos. Sin embargo, a Jan y a Jaga les importaba demasiado bautizar a los niños para su salvación católica. Y la comunidad judía empezó a colocar a Jan Dobraczyński y a Irena Sendler en categorías diferentes.

Un día en 1942, un judío escondido en el lado ario de Varsovia se tomó el riesgo de hacer una visita sin anunciar a la oficina de Jan Dobraczyński. El hombre era un líder comunitario. Le explicó al asombrado jefe de la oficina de asistencia social que era doctor. Aunque el nombre de este visitante misterioso nunca fue recordado, es casi seguro que se trataba del doctor Adolf Berman,[213] el director en tiempos de guerra de Centos, la organización para el cuidado de los huérfanos a cargo de los círculos de jóvenes del gueto. El doctor Berman conocía bien a Irena y admiraba su trabajo. Pero tenía una perspectiva diferente de Jan Dobraczyński.

He venido a hablar con usted sobre el asunto de bautizar a niños judíos, dijo el doctor Berman sin rodeos. Había ignorado las preocupaciones sobre denuncias y extorsionadores. Se arriesgó a ser arrestado para ir a hablar con Jan. El doctor pidió, en nombre de la comunidad judía, una conversación sincera y algún tipo de explicación. Todo el mundo en los círculos clandestinos sabía que había trabajadores sociales anónimos luchando para esconder a niños judíos en orfanatos religiosos. Pero ahora se había corrido el rumor de que los estaban bautizando como católicos. El doctor quería saber por qué aquellos niños estaban siendo iniciados en otra fe. ¿Cuál era el plan de Jan? Lo único que necesitaban los niños eran los documentos y un lugar seguro para quedarse hasta que sus familias pudieran reclamarlos después del terror.

Por su seguridad, fue la respuesta indiferente de Jan. *Sin duda es obvio.* Se encogió de hombros y le ofreció al doctor una leve sonrisa. Jan no tenía interés en debatir sobre filosofía. El bautismo era el precio por su ayuda, y la comunidad judía podía tomarla o dejarla. El doctor estaba indignado. El papeleo era una cosa importante, claro. Sí, los niños necesitaban documentos. Dar a los pequeños certificados de bautismo, por supuesto. Pero ¿era necesario el ritual que los separaba de forma espiritual de sus familias? ¿Tenían que decir las palabras de la conversión? Jan fue firme, incluso rígido, en este punto: *Si los niños y sus padres quieren que regresen a la fe judía cuando la guerra termine* —dijo con sangre fría—, *será la decisión de los niños*. Hasta entonces, insistió, los pequeños en los conventos y orfanatos crecerían como católicos. Serían educados como lo que según él debía ser un polaco. "Son términos difíciles", replicó el doctor.[214] Jan se encogió de hombros. Los padres judíos no estaban en posición de argumentar.

Irena quedó atrapada en medio. Aceptaba que había ciertas realidades prácticas durante la guerra. Pero también era la única que iba al gueto y se paraba en los departamentos destruidos y en ruinas para rogarles a las familias judías que le confiaran las vidas de sus hijos. Tuvo que decirle a la familia de Bieta Koppel que sería bautizada, y Henia Koppel nunca dejó de extrañar a su bebé perdida. La joven madre todavía vivía en el gueto al final del verano, gracias a los documentos de trabajo de la fábrica Toebbens, y a veces encontraba la manera de telefonear a Stanisława Bussold, en cuya casa seguía escondida Bieta. Henia no le pedía nada a Stanisława, sólo que pusiera el teléfono cerca de la bebé para que pudiera escuchar por unos momentos sus balbuceos. En el extremo distante de la línea telefónica la madre lloraba en silencio. Una o dos veces sacaron a Henia del gueto con grandes riesgos y la llevaron a ver a su bebé por unas horas.[215] No había parte de ella que no sufriera por su hija. El padre de Bieta, Józef, ya había muerto. Le dispararon en la plataforma de Umschlagplatz cuando, con su característica y clara consciencia, se rehusó a subir a los vagones de ganado hacia Treblinka.

Aron Rochman, abuelo de Bieta y padre de Henia, de alguna forma sobrevivió al verano. Irena sabía que a veces dejaba el gueto en las mañanas para ir a los trabajos forzados de los alemanes. En el otoño, cuando Irena se enteró de que Bieta sería bautizada, supo que ella tendría que decírselo. ¿Cómo podría vivir consigo misma si evadía esa responsabilidad? Irena sabía que Aron y Henia sentirían esa pérdida profundamente. Una fresca mañana de ese otoño Irena se paró afuera del puesto de control del gueto y esperó hasta que el grupo de Aron pasara por la esquina de la calle, con los ojos bajos, marchando. Ahí, a pesar de las órdenes de que polacos y judíos no debían comunicarse, le habló por un momento y las palabras salieron demasiado rápido. *Tengo que decirte algo.* Aron miró para otro lado. Ahí, entre los pasos de desconocidos y las ruinas de la guerra, Irena sintió que su propio corazón se rompería cuando el anciano se echó a llorar por la pérdida espiritual de su familia, por su pequeña nieta. Ella no podía hacer nada. Quiso alcanzar y tomar su mano, pero entonces sería Aron el que estaría en peligro. Se dio la vuelta y se alejó caminando lentamente.

Unos días después, Irena era la que lloraba. Había llegado un paquete para la pequeña Bieta. Adentro, envueltos con mucho cuidado en papel de china, estaban un exquisito ropón de encaje y un hermoso crucifijo dorado para la bebé. No había nota. No se necesitaba, porque el mensaje era claro: era el adiós de una familia a su niña amada con pasión, e Irena sabía que les había costado todo lo que habían ahorrado dentro del gueto.

Y básicamente ésta era la diferencia entre Jan e Irena. Ella veía la agonía de estos padres judíos que eran forzados a consentir que les borraran la identidad a sus hijos. Jan no sacaba niños del gueto. Irena era testigo de esto, a veces más de una vez al día. Calificó a las escenas que vio ese verano como "infernales". Ahí, en departamentos apretados, las familias se separarían y fracturarían en su desesperanza. Los padres decían que sí; los abuelos, que no. Las madres lloraban sin consuelo. Las dos opciones eran horribles. Irena sólo sabía una forma de reconciliar esto. Hizo una solemne promesa a estos padres que le confiarían a sus hijos. A pesar del peligro creado, su lista de los nombres verdaderos y las familias de los niños seguía creciendo.

Pero la "lista" de Irena nunca fue una cosa como en las películas de Hollywood. Al principio ni siquiera la enterraba. La llamaba "el fichero". Sólo era una colección de nombres y direcciones encriptados, garabateados en código con letra pequeña y redonda en pedazos de suave y delgado papel tisú o para liar cigarros. Luego los enrollaba de forma muy apretada para protegerlos y guardarlos. Todas las mujeres en su red tenían estas listas, en especial Jaga y Władysława; en cada revisión docenas de niños iban y venían. Irena juntó todas las listas para reducir los riesgos para los niños y sus cuidadores, y preparó un plan por si la Gestapo hacía una visita nocturna. Cada noche ponía las listas en la mesa de la cocina, bajo la ventana, y practicaba arrojar con rapidez los diminutos rollos hacía el jardín de abajo. El verdadero fichero (el completo) estaba guardado firmemente en su cabeza. Aunque docenas de amigos podían completar piezas, Irena era la única que conocía la lista entera y los detalles pequeños. A lo largo del verano de 1942, mantener el registro de los niños en esta forma caótica era bastante posible. En este punto, a pesar de los heroicos esfuerzos y riesgos casi inimaginables, Irena y las mujeres en la red de la oficina de asistencia social sólo habían escondido a un par de cientos de niños judíos.

En parte, mantener las listas sólo requería buena contabilidad. El dinero (o la falta de él) siempre era un elemento en la ecuación, y ahora le preocupaba cada vez más. Todo empezó al encontrar maneras de confiscar suministros y fondos de asistencia social en las oficinas de la ciudad. A veces, si podía arreglar el papeleo, los recursos municipales pagaban el costo de cuidar a los niños. Pero esto se hacía cada vez más difícil conforme los fondos de la ciudad se reducían y las necesidades crecían. Ahora, con frecuencia creciente algunos padres ricos del gueto judío pagaban por adelantado un año de sustento para sus niños y le daban el dinero a Irena. Se sentía con la obligación moral de mantener un registro para demostrarle a la familia que era honesta.

Ese verano, justo cuando la necesidad era más grande, cuando Irena estaba en una carrera contra el tiempo y contra el horario de aquellos vagones saliendo con estruendo de Umschlagplatz, la crisis golpeó en aquel barrio. Los alemanes sospecharon que había irregularidades en los archivos de la oficina de asistencia social. Irena e Irka sobrevivieron sin ser detectadas, pero un amigo, el director de servicios de asistencia social de su división, fue enviado

a Auschwitz como una medida enérgica y ejemplar. Todos los días
Irena estaba bajo investigación minuciosa y mucho más peligro.
Con miles (a veces decenas de miles) siendo enviados a Umschlagplatz cada mañana y con otros miles escondidos, de repente la
red estaba colapsando bajo ella y se quedó sin dinero. El tiempo se
acababa y ella no tenía una solución. Sabía que pronto, sin importar qué tan valiente fuera cualquiera de ellos, salvar a más niños
resultaría imposible.

CAPÍTULO 10
AGENTES DE LA RESISTENCIA
Varsovia, agosto-septiembre de 1942

El niño de cuatro años y su tía estaban parados en las sombras, esperando una señal. La mujer sostenía su pequeña mano con firmeza, pero toda su atención estaba enfocada en la calle vacía frente a ellos y en los soldados alemanes a lo lejos. Sus pistolas se balanceaban al caminar y eran los únicos en el gueto que no estaban asustados. La tía cargaba a un bebé con el otro brazo. Los soldados giraron al final de la calle y Piotr sintió una mano sobre su hombro. ¿Su papá? El niño no podría recordarlo después. Ninguno de sus padres estaba ahí. Nunca antes había estado lejos de ellos, e incluso ahora no entendía qué pasaba. Alguien susurró: *¡Corre!* Piotr corrió tan rápido como pudieron sus pequeñas piernas hacia los árboles donde estaba el hoyo que lo esperaba.

Un hombre que nunca antes había visto ayudó a Piotr, a su tía y a la prima Elżbieta a bajar a la cueva. La tía tosió con el olor del lugar. Era oscuro y terrible. "Silencio —les dijo el extraño hombre—. Y no debes gritar", le advirtió a Piotr.[216] En el túnel, los sonidos venían de muy lejos, y había una pequeña corriente de agua grasosa y repulsiva que les llenaba los zapatos. El agua corría por kilómetros bajo la ciudad, pero Piotr era demasiado pequeño para tener una idea de las distancias. Ése no era un lugar para quedarse atrás. Siempre observaba la espalda del hombre con cuidado mientras caminaba con fatiga durante mucho tiempo a lo largo de ese río subterráneo.

A veces el hombre se detenía para escuchar. Desde arriba venían los sonidos de las voces distantes y agitadas, pero ellos seguían caminando. Al final se detuvo y esperó con mucho cuidado antes de quitar la rejilla e indicarle a Piotr que subiera rápido por una escalera. Cuando voltearon el hombre ya se había ido y delante de ellos había otra extraña, una mujer pequeña con una sonrisa amigable. *Vengan,* dijo. Y la siguieron.

¿Esa mujer era Irena Sendler?

Piotr era Piotrus Zysman, un niño de cuatro años y el único hijo de Józef (el amigo de Irena) y su esposa Theodora. Los padres estaban desconsolados. Él entendió bien los riesgos en el verano de 1942 y fue uno de los cientos de padres judíos que confiaron en Irena para salvar a sus hijos. "Hasta hoy, todavía puedo ver esa mirada bondadosa y sabia cuando me dio a su hijo",[217] dijo Irena. Józef no pensó que viviría para ver a su pequeño de nuevo. Fue difícil tranquilizarlo. En el punto más alto de las deportaciones, ya no tenían ninguna esperanza de sobrevivir. Se necesitaba un milagro para salvar a sus padres.

En la actualidad, cuando Piotr habla de este escape en las entrevistas para el periódico y en las conferencias para los niños que estudian el Holocausto, lo que recuerda es la salida del gueto. Tal vez encontró a Irena en sus primeros y peligrosos instantes en el lado ario. De todos los momentos de un escape, los primeros minutos del otro lado de los puestos de control eran los más peligrosos. Y si no fue Irena ese día, era uno de sus colaboradores. Porque la red de Irena salvó a Piotr.

Un plan estaba listo para la seguridad del niño, un alivio para Irena y Józef. Una pareja de polacos amigos suyos (Wacław e Irena Szyszkowski) aceptaron cuidar al niño en su departamento. Wacław había sido estudiante de derecho en la Universidad de Varsovia junto con Adam y Józef en la década de los treinta, y en 1942 él y su esposa tenían tres niños pequeños.

¿Wacław se haría cargo de su hijo? Era una inmensa pregunta. Él era un hombre corpulento y alegre, con un mechón de cabello rubio, y ya era miembro experimentado de la resistencia polaca. Era muy importante que el pequeño Piotr tuviera "buena" apariencia (es decir, que no pareciera un niño judío, sino el hijo de una familia de cabello rubio). Wacław se preocupaba por el peligro para sus propios hijos, pero no podía rehusarse a hacerle este favor de vida o muerte a su amigo.

El protocolo era poner al niño de inmediato en un refugio de emergencia. No se sabe quién fue a buscar al pequeño en sus primeros minutos fuera del gueto, pero Piotr pasó esa noche en casa de Irena.[218] Mientras preparaban al bebé, él se quedaría con ella y su madre. Piotr aprendió sus oraciones católicas y su nuevo nombre polaco. *Nunca hables de tu mamá o tu papá*, le decía Irena al niño con seriedad. *Piotr, siempre debes decir que tu casa fue bombardeada. Recuerda: nunca menciones que eres judío*. Era una cosa despreciable enseñar a los niños a mentir, pero ella sabía que no había otra opción. Entonces, cuando llegó la hora, hubo una cita con un enlace, y Piotr pasó al amable cuidado de Wacław e Irena Szyszkowski. "Me trataron como a su propio hijo",[219] con amor y cariño, relataba.

Éste pudo haber sido el final de la historia de amistad y supervivencia de Piotr, pero en la Varsovia de 1942 nada era tan fácil. Rápidamente Wacław se dio cuenta de que guardar el secreto de añadir otro niño a la familia no era tan fácil como él había imaginado. De repente los vecinos se entrometían y sospechaban. Con miradas extrañas y susurros, una tarde que tomaban café y galletas las señoras le dieron a entender a la esposa de Wactaw que el niño que estaban escondiendo era judío. Fue a hablar con Irena. En cualquier momento la Gestapo vendría a registrar el departamento. Tenía que mover a Piotr de inmediato, aunque ella aún no tenía una casa temporal lista para él. Durante varias semanas se mudó de un refugio a otro. Movimientos como éstos fueron comunes y tuvieron un impacto negativo en los pequeños. Ese año un niño desesperado le rogó a Irena que le dijera: *Por favor, ¿cuántas madres puedes tener? Ya llevo tres*. Pero Irena no podía quedarse con el niño. Sospechaba que su departamento ya estaba bajo vigilancia. No había otra opción, Piotr tendría que desaparecer en uno de los orfanatos católicos de su red,[220] junto con el resto de "sus" niños.

Todos los días crecían los riesgos para ellos. Tarde o temprano terminaría en desastre. Irena lo sabía. También las mujeres en su red. Pero Jaga Piotrowska no tenía miedo. Ella y su esposo vivían en la calle Lekarska, y su casa era una de las "salas de emergencia" más socorridas, donde la gente iba y venía a todas horas. Esto resultaba muy peligroso. Pero Jaga, tal vez por su devota fe católica, era uno de los enlaces más intrépidos de la red, responsable de guiar a los niños fuera del gueto y por toda la Varsovia "aria". Cuidar a chicos que tenían tres o cuatro años de edad (demasiado jóvenes para censurarse) era como manejar explosivos. Un día, durante una misión de llevar un pequeño judío en el tranvía de la ciudad hasta un refugio, ocurrió la temida y esperada "explosión".

El niño era pequeño, delgado y miraba a su alrededor con nerviosismo. Cuando el tranvía rechinaba en cada parada se ponía más inquieto, y Jaga empezó a preocuparse de verdad. El transporte iba lleno, y la gente se tambaleaba toda junta conforme atravesaba las calles de la ciudad, rechinando y zumbando. Estaban sentados casi hasta adelante y Jaga esperaba que la vista lo distrajera. Pero de repente el pequeño soltó un grito ahogado. Algo lo había espantado. Tal vez fue una mirada a la pared del gueto con alambre de púas. Tal vez fue una madre caminando de la mano de su hijo. Jaga nunca lo supo. El pequeño empezó a llorar y, catastróficamente, a llamar a su mamá en un desconsolado yidis. El corazón de Jaga también se congeló. Los otros pasajeros en el tranvía de inmediato guardaron silencio. Jaga notó las sorprendidas miradas en su dirección y entonces se dio cuenta del horror en aquellos que iban apretados en el tranvía con ella. *Yidis. Ese niño es judío.* Podía leer el pensamiento registrándose en los rostros a su alrededor. Esto significaba que todo el mundo en el tranvía estaba en peligro. Jaga vio que el conductor le lanzó una mirada sobre su hombro indicando que entendía lo que pasaba, y sintió la furia creciente de la mujer sentada junto a ella.

La mente de Jaga viajaba a toda velocidad. Con la avalancha del miedo, el mundo se reducía a una pregunta: ¿alguien sería capaz de acusarla con la policía en la siguiente parada? Era muy probable. Los sentimientos antisemitas todavía eran fuertes en Varsovia. Las calles estaban llenas de gente buscando sólo este tipo de oportunidad por una extorsión de vida o muerte. Jaga sintió cómo su pánico se elevaba. Tenía que ser valiente y actuar rápido. "Oculté mi miedo en el bolsillo", dijo.[221] Giró hacia el conductor. Necesitaba bajarse del tranvía en ese mismo instante. *Por favor, ayúdeme*, le imploró con un susurro. Cuando volvió la mirada, sin una palabra, de regreso a la vía frente a él, el corazón de Jaga se encogió. Era inútil. Cargó al niño llorando y sintió sus propias lágrimas. Tenía una hija. De repente el tranvía rechinó varias veces y se detuvo con un traqueteo; Jaga alcanzó a detenerse para no caer. Las bolsas de compras retumbaron por el piso y una fruta magullada rodó bajo los asientos. Alguien maldijo en voz baja y ayudó a una anciana.

En medio del caos, el chofer gritó: "¡Muy bien, señores, todo el mundo afuera! ¡El tranvía se descompuso, así que regresaré a la base!" Abrió las puertas y les dijo adiós a los pasajeros con brusquedad. La gente se dispersó. Jaga recogió sus cosas y al niño, preparándose para bajar a la calle y aprovechar la oportunidad. Sabía que las probabilidades estaban en su contra. El chofer movió la cabeza. "Usted no, usted se queda." Con un gesto le indicó que se agachara y ella obedeció sin decir una palabra. Entonces, con mucha calma, puso en marcha el tren vacío. "¿A dónde quiere que la lleve?"[222] Avanzaron hasta un área tranquila rodeada de casas con grandes jardines, donde las calles eran silenciosas, y el chofer anónimo detuvo el tranvía. *Tendrá que bajarse aquí. Buena suerte.* Jaga volteó hacia el hombre y le dijo: *Gracias*. Él sólo movió la cabeza y sonrió con tristeza mientras ella y el pequeño bajaban.

Años después, sobre el verano de 1942 en el gueto, Irena diría: "Lo que pasaba era lo más horrible posible. Ese trágico verano fue simplemente un infierno. Había redadas constantes en las calles por parte de peatones ordinarios, la hambruna y el tifus producían montones de cadáveres al día, y todo el tiempo le disparaban al azar a la gente inocente."[223] Pero para el mundo más allá de los muros todo esto era invisible en forma conveniente. Los judíos de Varsovia y la gente de Polonia que los ayudaba sabían que ahora su única esperanza vendría del exterior, y estaban desesperados por convencer a los británicos y a los estadounidenses de que los apoyaran.

Esa semana, un agente con el nombre en código "Witold" llegó a Varsovia en una misión que simpatizaba con la organización clandestina. Venía a reunirse con Ala y el amigo de Nachum de Umschlagplatz, el activista de la resistencia del gueto Marek Edelman, y con uno de los conspiradores de éste en la clandestinidad, un prominente abogado judío llamado Leon Feiner. Junto con Marek, el doctor Feiner era uno de los líderes de ZOB (Organización Judía de Combate), la cual había crecido en el verano de 1942 más allá de los círculos de jóvenes en el gueto. Otro de los líderes de ZOB era alguien a quien Irena y Jan Dobraczyński ya conocían muy bien: el doctor Adolf Berman.

La misión de Witold era recorrer el gueto. Desde ahí, el agente clandestino se metería de contrabando al campo de la muerte en Bełżec y luego viajaría encubierto a través de la Europa ocupada para entregar al primer ministro polaco en el exilio y a los aliados en Londres un informe de primera mano acerca de las atrocidades en contra del pueblo judío. Si esto no fuera suficiente, viajaría a Estados Unidos para decirle al presidente en persona los horrores que atestiguó. El nombre del agente era Jan Karski, y estaba a punto de conocer a una joven polaca cuyo verdadero nombre nunca sabría: Irena Sendler.

Las últimas semanas de agosto en 1942 fueron calientes de manera agonizante. Durante un mes Irena trabajó de forma frenética contra la ola de deportaciones del gueto. Esa noche en casa, hasta los vestidos más ligeros se sentían pegajosos por el calor, y su madre le dijo que parecía cansada. Irena sabía que el esfuerzo y el estrés se notaban en su cara. Desde la cocina escuchó que tocaban la puerta. Era un golpe ligero, lo cual significaba tranquilidad. Irena vivía con el terror de una llegada repentina de la Gestapo, y ésta nunca tocaba con suavidad.

Los golpes en su puerta eran comunes. Su departamento era un punto de refugio, y seguido había enlaces y amigos yendo y viniendo. Pero el caballero rubio parado en la puerta no era uno de sus mensajeros adolescentes. Se presentó con gravedad como "Mikołaj", pero en realidad era Leon Feiner. El nombre en código "Jolanta" era una palabra conocida a través del gueto e Irena todavía no entendía que había estado bajo intensa vigilancia desde hacía meses (no por los alemanes, sino por la resistencia). Sabían que trabajaba con la doctora Radlińska de manera específica.

Irena dio un paso hacia atrás y con un gesto invitó a pasar al extraño. Cuando Mikołaj entró, ella cerró la puerta con cuidado y levantó una ceja ansiosa. Después de todo, él estaba en su umbral. No dependía de ella iniciar la plática. La conversación fue delicada y con rodeos. La charla era un riesgo para los dos. Por fin Mikołaj llegó al punto de su curiosa visita. ¿Irena aceptaría ser la guía de Jan Karski en su viaje por el gueto?[224] ¿Ayudaría a mostrar al mundo exterior lo que estaba pasando en Varsovia? Necesitaban a alguien que conociera todos los recovecos, cada rincón y grieta de aquellas calles. Irena no preguntó los detalles de la misión. En realidad no conocía el nombre del agente secreto. Pero ¿negarse a una petición de la resistencia? Nunca. Para los estándares de Irena, la operación no implicaba ningún riesgo en especial. Todos los días se enfrentaba a la muerte dentro y fuera del gueto. Bajo los cimientos del edificio del número 6 de la calle Muranowska,[225] en el extremo norte del gueto, los niños judíos habían excavado un túnel de aproximadamente 35 m de largo y 1.20 m de alto para contrabandear lo que necesitaban para sobrevivir. Jan Karski y Leon Feiner entraron por ese túnel. En el otro lado su guía era Irena. En semanas, este pequeño acto de ayudar a la resistencia judía tendría consecuencias inimaginables para Irena y para los niños que escondía. Pronto la resistencia le devolvería el favor.

Y vaya que necesitaba ayuda. A principios de septiembre, la "Gran Acción" en el gueto estaba en su fase final. Los niños que seguían en el andén de Umschlagplatz estaban enfermos y débiles, eran diezmados por el estrés, difíciles de esconder, y no había nadie que los salvara. Para la tercera semana de agosto, los alemanes habían ordenado que cerrara la clínica de Ala y Nachum, y ésta fue expulsada de Umschlagplatz por orden especial. Siguió en su posición de jefa de enfermeras en el hospital de la calle Leszno, donde las enfermedades y el hambre se multiplicaban. Su esposo, Arek, formaba parte del círculo interno de la resistencia judía y, a su manera, ella era otra de sus luchadoras en el frente de batalla. Cuando las ambulancias llenas de suministros y ropa blanca sucia atravesaban los puestos de control, Ala se aseguraba de que hubiera pequeños polizones a bordo. Muchas veces estos niños eran enviados a Irena. Pero Ala tenía contactos con otras personas en la clandestinidad que, por el momento, también estaban realizando operaciones de rescate.

Muy temprano en la mañana del 6 de septiembre de 1942, el escaso personal del hospital convocó a una reunión urgente. Ala estaba cansada. Se apoyó en la pared y escuchó. Había pánico en las voces de los doctores. El día anterior aumentaron los carteles por toda Varsovia que ofrecían amnistía a cualquier polaco que entregara a los judíos que escondía. Ese día todos en el hospital, hasta los enfermos y los pacientes postrados en cama que inundaban las salas, estaban bajo estrictas órdenes alemanas de reportarse para un registro final. Ya nadie se hacía ilusiones y Ala sabía que muchos de sus compañeros tenían razones personales profundas para preocuparse. Los doctores y enfermeras habían tratado de salvar a sus propios familiares ancianos[226] y niños pequeños al registrarlos falsamente como pacientes. Se les informó que sus familias serían deportadas. Ala vio cómo una de las enfermeras se puso a llorar cuando entendió esto.

Una idea germinó esa mañana. *¿Qué pasaría si…?* Pero el pensamiento fue interrumpido por el martilleo de pesadas botas y los ladridos de las órdenes en alemán. De repente, el vestíbulo era un caos. Un doctor pasó corriendo junto a ella. Se quedó congelada. Volteó hacia una joven enfermera con grandes ojos temerosos, pero no podía tranquilizarla ni asegurarle que todo estaría bien. *¡Oh Dios! Ya sé que está pasando*, pensó Ala. No pudo decir la siguiente palabra en voz alta. Se estaba repitiendo la caminata del doctor Korczak hacia Umschlagplatz...

El pensamiento le dio energía y se puso en acción. Había atestiguado los horrores de Umschlagplatz y creía que ya nada podría sorprenderla. Pero se impresionó al ver a los hombres de las ss caminando con tranquilidad entre las filas de camas, disparando en la cabeza de cualquiera que estuviera delirando o inmóvil. Los asustados pacientes, en sus ligeras batas de hospital, eran empujados a punta de pistola hacia la entrada, y al frente del edificio los condenados eran arreados para subirlos en camionetas abiertas. Enfermeras y doctores corrían con una sala de ventaja de los hombres de las ss, desesperados por salvar a sus niños, al menos de este terrorífico final. Con las manos temblorosas vertían preciosas dosis de cianuro en las bocas de los miembros de sus familias. Ala miró con horror cómo un doctor, llorando, no pudo continuar y le pidió a una enfermera que le administrara la dosis letal a su padre. Ala sabía mejor que nadie que ésa era la mayor misericordia. Como explicó sin rodeos su amigo Marek Edelman: "Dar el cianuro de alguien a otra persona es un sacrificio en verdad heroico... porque ahora el cianuro es la cosa más valiosa, la más irremplazable".[227] Era el regalo de morir con tranquilidad.

Ala no soportaba observar todo eso. Pero la semilla de su idea creció. Corrió a la sección pediátrica, cuya brillante sala era un caos, giró hacia una enfermera y le dio instrucciones rápidas: *Corre, dile al personal de la cocina que vamos para allá*. Ala necesitaba que los trabajadores de la cocina llenaran un camión de suministros alimenticios y cajas de verduras vacías. Aplaudió para llamar la atención de los chicos. *¡Niños! Ahora debemos hacer una fila muy rápido.* Los muy pequeños formaron un tren, los medianos se tomaron de las manos y las enfermeras adolescentes en entrenamiento cargaron dos o tres bebés al mismo tiempo. Treinta niños la siguieron con rapidez, bajaron las escaleras traseras y llegaron a la cocina, donde se metieron dentro las cajas de madera para papas. Ala ordenó al cocinero que manejara y momentos después vio al camión desaparecer en la esquina de la calle.

Esa mañana Ala salvó a treinta niños, pero en el hospital cientos murieron. Después del 6 de septiembre quedó vacío y a mediados de ese mes la condición del hospital casi no importaba. El gueto había sido diezmado. La población total original era de 450 979, pero ahora ochenta y cinco por ciento de ella había sido deportada,[228] y los que se quedaron vivían con hambre y miedo constantes. Alrededor de 30 000 judíos no fueron escogidos en la selección final y se quedaron para los trabajos forzados de las fábricas del gueto. Otros 30 000[229] (muchas familias con niños pequeños) escaparon de las redadas y vivían de forma "salvaje" en ruinas calcinadas, sótanos y áticos en el gueto. Eran cazados despiadadamente. En la fábrica del gueto perteneciente a Walter Toebbens, los trabajadores en el otoño de 1942 incluían a Henia y Nachum Remba, así como a la madre de la bebé Bieta, Henia Koppel, y Ala.

Pronto la tuberculosis y la hambruna llenarían las salas vacías de Ala otra vez, pero ahora el hospital estaba en ruinas. Sólo había una cosa buena que surgía de la enfermedad. Mientras ese problema continuara en el gueto (¿y cómo no, bajo estas condiciones?), el pase de control epidémico de Irena seguiría siendo válido. Y eso significaba que ella y Ala podían seguir sacando niños de contrabando.

Irena no era la única persona en Varsovia operando misiones encubiertas para salvar a niños judíos y sus familias. Tampoco era la única red clantestina con la que Ala trabajaba de forma directa. Cuando Ala contrabandeaba niños fuera del gueto, a veces los mandaba a la célula de Aleksandra Dargielowa. Este grupo surgió de la resistencia y, a finales del otoño de 1942, había salvado más niños que Irena (más de quinientos) con un sistema bastante similar. No es de sorprender que Aleksandra también estuviera en contacto con la indomable Helena Radlińska.

La organización de Aleksandra se llamaba RGO (Rada Glówna Opiekuńcza, o Consejo de Asistencia Social Central), y como Irena, Aleksandra era trabajadora social. Desde 1940, el RGO funcionaba como la organización de asistencia para los castigados, encargada de gestionar refugiados, prisioneros de guerra y habitantes en extrema pobreza. Sin embargo, para 1941 la clandestinidad había infiltrado el RGO y bajo las narices de los alemanes su personal trabajaba en secreto con la caridad judía y el gobierno polaco en el exilio para canalizar ayuda a las familias en el gueto. A principios de 1942 Aleksandra operó una división dentro del RGO que dio un paso más allá. Estaba escondiendo niños judíos en orfanatos de la ciudad con documentos falsos.[231] Algunos de ellos eran los chicos que Ala y Nachum se llevaron de Umschlagplatz; otros eran los que Ala sacó de contrabando en ambulancias y bajo las cajas de papas.[232]

Ala notó que Aleksandra estaba al borde del agotamiento ese otoño, aunque ella no sabía todas las razones. Ella misma estaba exhausta. Pero Aleksandra no sólo estaba operando una misión rescate para niños judíos a través de RGO. También se había convertido en la cabeza de la división de asistencia social infantil en una nueva organización secreta de la resistencia llamada en código "Żegota". Al principio los fundadores de este grupo de acción clandestino llamaron a su red "Comité de Ayuda para Judíos". Cuando el RGO se incorporó al grupo, se convirtieron en el "Consejo de Ayuda a los Judíos".

Pronto, los organizadores decidieron que era demasiado riesgoso usar la palabra "judío" en cualquier comunicación, incluso codificada. Así que, en vez de eso, los miembros pretendieron que hablaban sobre una persona imaginaria llamada Konrad Żegota, un "hombre" que muy pronto estuvo entre los primeros lugares de los más buscados por la Gestapo en Polonia.

Żegota llegó tarde a la clandestinidad polaca. Establecido como un grupo de trabajo el 27 de septiembre de 1942, sus fundadoras fueron dos mujeres surgidas de diferentes extremos del espectro político. Zofia Kossak-Szczucka era, como Jan Dobraczyński, una autora conservadora y nacionalista católica de ultraderecha. Su indignación por los crímenes en contra de los judíos no surgía de su empatía con ellos, sino de su convicción de que el genocidio no tenía moral cristiana. "Nuestros sentimientos hacia los judíos no han cambiado —escribió en un panfleto político publicado en Varsovia en el verano de 1942—. Seguimos pensando que son los enemigos políticos, económicos e ideológicos de Polonia, [pero] Dios nos necesita para protestar… Nuestra consciencia cristiana nos demanda hacer algo."[233] Por el otro lado, la compañera de Zofia y cofundadora de Żegota era Wanda Krahelska-Filipowiczowa. Wanda también era católica, y esposa del antiguo embajador de Polonia en Estados Unidos, pero era una socialista de tendencia liberal como Ala e Irena. Las dos mujeres imaginaron una colaboración caritativa que uniera la izquierda y derecha católicas para ayudar al pueblo judío.

En cuestión de semanas Żegota sobrepasó la misión de sus fundadoras. El 4 de diciembre de 1942 el "comité" se reorganizó y grupos de activistas discutieron apasionadamente por la inclusión de representantes de un rango más amplio de perspectivas políticas. En particular, algunos de los miembros querían incluir representantes de la comunidad política judía. Esto no le parecía bien a todo el mundo. Y aunque Irena no lo sabía todavía, conocía a muchos de los primeros miembros de Żegota. Un hombre llamado Julian Grobelny (a quien Irena ubicaba por las reuniones del Partido Socialista Judío) fue nominado para ser el nuevo presidente general. El doctor Adolf Berman (el director en tiempos de guerra de Centos, la organización de caridad judía, y uno de los activistas del círculo joven que había trabajado con Ala y Adam) representó al partido sionista en el consejo de directivo. El doctor Leon Feiner (el hombre que durante la visita secreta de Jan Karski le pidió a Irena que fuera su guía) era el representante del partido bundista judío.

Pero el jefe de Żegota ligado a la clandestinidad era un hombre llamado Aleksander Kamiński, un conocido teórico educativo y editor del periódico clandestino del Ejército Nacional, el *Biuletyn Informacyjny* (*Boletín de la Información*). Kamiński era un actor principal del Ejército Nacional, la rama más grande de la resistencia que había surgido de ese Estado clandestino que existió en Varsovia desde los primeros días de la ocupación y que la doctora Radlińska había ayudado a fabricar. Con el tiempo, esta armada absorbería la mayoría de las unidades militares más pequeñas que formaban la resistencia. A finales de 1942, el Ejército Nacional tenía una fuerza de cien mil personas, y para 1944 serían al menos trescientos mil miembros.[234] Por último, la jefa de Żegota vinculada a Irena Sendler era su antigua compañera de la escuela y otra de las "chicas" de la doctora Radlińska: Izabela Kuczkowska.

Iza era hermética y hasta Irena desconocía los secretos de su amiga. De hecho, compartir secretos era muy peligroso. En el Ejército Nacional nadie conocía el nombre de su superior o superiora. En la red de Irena muchos sólo se conocían por su nombre en código. Según los archivos secretos de inteligencia del Ejército Nacional, Aleksander Kamiński e Izabela fueron colaboradores cercanos en tiempos de guerra.[235] Y al igual que Irena, Iza trabajó en forma directa con la doctora Radlińska.

Pero Irena estaba ligada a los fundadores de Żegota en al menos media docena de direcciones diferentes y en los niveles más cercanos. Muchos de estos individuos ya la conocían en persona. A pesar de su discreción y de sus cuidadosos criptogramas, en la clandestinidad se corría el rumor de que Irena coordinaba una asombrosa red para salvar niños. Lo sabían porque durante meses la estuvieron vigilando de forma constante.

Pronto la contactarían. Se ganó su confianza cuando ayudó a guiar al agente secreto Jan Karski a través del gueto para que pudiera decirle al mundo las atrocidades que cometían los alemanes. Ahora le tocaba a Żegota ayudar a Irena. Lo que nadie sabía era que esto la colocaría bajo la mirada de otra organización dedicada al espionaje: la Gestapo.

CAPÍTULO 11
ŻEGOTA
Varsovia, septiembre de 1942-enero de 1943

El escritorio de metal de Irena estaba lleno de notas y pedazos de papel, y apenas había espacio para mover su silla alrededor de la pequeña oficina donde pasaba sus días apretada en medio de archiveros. En el corredor de la oficina de asistencia socia sonaba un fuerte *tap-tap-tap* de tacones de alguien que iba y venía, e Irena pensó que fuera quien fuera estaba dudando cerca de su puerta. Se dio cuenta de que golpeaba su lápiz otra vez. Se sentía estresada. Habían pasado tres o cuatro días desde su última visita a Adam (que seguía escondido en el departamento de Maria Kukulska) y lo extrañaba. El viento de afuera hacía que la ventana se sacudiera, así que se envolvió en su suéter y cerró los ojos por un momento. Donde quería estar esa tarde no era ahí en su estrecha oficina, trabajando duro con el papeleo. Deseaba permanecer acurrucada en algún lugar tranquilo y cálido junto a Adam.

Pero cuando abrió los ojos seguía en la oficina. Y sentía el mismo nudo en el estómago. Lo que veía en los papeles frente a ella, era un desastre.

Irena mantenía sus listas (delgados pedazos de papel para liar cigarros con los nombres y direcciones de cientos de niños escondidos) ocultas en su bolsa. Todavía no había botellas escondidas, por la simple y sencilla razón de que ella aún no comprendía la proporción del peligro. Nunca trabajaba en las listas en la oficina.

No de forma abierta. Pero no podía evitar resolver algunas sumas inquietantes en un pedazo de papel.

Cuando bajó la vista hacia las cifras que tenía tachadas, no había forma de que todo fuera congruente. Veía lo que había aclarado con tanto esfuerzo. Los alemanes cortaron los fondos para la oficina de asistencia social.[236] Era el inicio de diciembre de 1942 y simple y sencillamente no tenía dinero.

Otra vez escuchó el *tap-tap-tap* por el corredor, pero esta vez los zapatos pararon afuera de su puerta. Deslizó el pedazo de papel en un archivo de presupuesto y esperó. Un segundo después, cuando vio aparecer la cabeza de su amiga y colega Stefania Wichlińska, se sintió aliviada. Ella miró con simpatía el papeleo regado en su escritorio y le preguntó: *¿Tienes un minuto?* Irena levantó las manos fingiendo desesperación por los archivos frente a ella y sonrió. Stefania se sentó en la pequeña silla y dijo con lentitud: *Ireeeeennnna.* Levantó una ceja: escuchar a un amigo que habla con rodeos nunca es buen inicio de conversación. Se preparó para lo que seguiría; pensó que no necesitaba más malas noticias esa mañana. Las cifras ya eran bastante deprimentes. Stefania se inclinó hacia delante e Irena se sorprendió un poco cuando le empezó a hablar sobre asistencia social y dinero. Stefania, por supuesto, estaba en la oficina secreta. Todo el mundo sabía sobre el esquema de enviar dinero a las familias judías, pero las severas medidas alemanas habían finalizado el programa. Se sorprendió aún más cuando le empezó a hablar sobre esconder niños judíos y alguien que quizá podría ayudarla. Stefania era una amiga, pero algunos secretos eran demasiado peligrosos. Empezó a protestar, pero la detuvo con rapidez: *Irena, ve al número 24 de la calle Żurawia, tercer piso, departamento 4… Pregunta por "Trojan".*

Le estuvo dando vueltas toda la tarde, la noche y hasta la mañana siguiente. Lo pensaba mucho. Los riesgos eran obvios. No era que no confiara en Stefania, sino que ¿y si la Gestapo les había puesto una trampa a las dos? Por otra parte, razonaba, ¿cuáles eran sus opciones? Stefania dijo que "Trojan" podía ayudarla, y ella necesitaba ayuda con desesperación. Al final se decidió. Se aseguró de esconder muy bien sus listas y al día siguiente tomó su abrigo del perchero y se fue temprano de la oficina. El camino la llevó hacia el este del gueto, a un insignificante edificio de departamentos. El nombre en el timbre decía Eugenia Wasowska,[237] y cuando tocó a la puerta una voz de mujer preguntó quién era. Respondió con la contraseña: "Trojan".

Una mujer de cabello gris y rostro enrojecido abrió la puerta. El departamento era espacioso pero oscuro y las sombras se dibujaban muy bien. Con un gesto le indicó a Irena que pasara.[238] Notó que la mujer estaba nerviosa; era extraño, pero eso la hacía sentir mejor. Después aprendería que su nombre era Halina Grobelny. La llevó por una serie de puertas hasta que llegaron a un pequeño cuarto al final del departamento. Ahí presentó a "Jolanta" con "Trojan", el nombre en código de Julian Grobelny, líder de Żegota.

Irena mantuvo una expresión pétrea, determinada a no revelar nada, pero su mente viajaba a toda velocidad. Julian Grobelny era un hombre bajo y fornido, de cuello grueso y barba oscura; su mirada lanzaba una inteligencia peculiar bajo un par de cejas negras, pobladas y desordenadas. Adivinó que tendría como cincuenta años, aunque se movía con el paso cuidadoso y calculado de un hombre mayor. ¿Era una trampa de la Gestapo? ¿Serían informantes? Siempre era una apuesta. Irena no sabía que su amiga de la oficina, Stefania, era mensajera del Ejército Nacional y tenía una segunda vida clandestina en la resistencia. Julian entendió la indecisión de Irena y tomó la palabra. Se arriesgó y le explicó todo el secreto de Żegota: ya se habían unido con RGO; Aleksandra Dargielowa era la directora de la nueva división de asistencia social infantil; trabajaban bajo los auspicios del Ejército Nacional, y habían contactado a una amiga de Irena dentro del gueto, Ala. En resumen, quería saber si Irena y su célula se unirían a su red. *Nosotros no interferiremos con tus operaciones actuales.* Estas palabras fueron mágicas para ella. Żegota recibió fondos que cayeron en paracaídas (arrojados en Varsovia por los agentes de Londres) y sabían que la célula de Irena estaba quebrada. Querían patrocinar sus operaciones.

Al diablo con los riesgos. Ésa era una señal de Dios. "En el curso de esta reunión inusual, cuando tuve el honor de representar a los empleados del Departamento de Servicios Sociales de Varsovia, se formó nuestra relación con los líderes de Żegota",[239] explicó después Irena. Esa tarde, parada ahí, en ese departamento, Irena miró a Julian Grobelny de frente y estrechó su mano. "Bueno, Jolanta —le dijo—, juntos estamos cerrando un buen trato. Tú tienes un equipo de confianza y nosotros los fondos necesarios para ayudar a muchos." El dinero significaba que Irena y su equipo podrían expandir sus operaciones. Pero sobre todo significaba que podría seguir apoyando a niños escondidos con recursos para su alimentación mensual, y muchas familias dependían de ello. Medio kilo extra de mantequilla en el mercado negro[240] o doble cantidad de azúcar costaban ahora casi 500 eslotis (dos veces el salario promedio mensual de un obrero polaco en 1942). Julian explicó que había "buzones" secretos esparcidos por todo Varsovia donde ella podía recoger paquetes de dinero en efectivo y mensajes, y claro, "Jolanta" siempre sería bienvenida en el refugio de Żegota.

Cuando Aleksandra Dargielowa descubrió que Irena estaba a bordo, en cuestión de semanas pidió ser relevada de su deber como directora de la división de asistencia social infantil. No fue porque no soportara a Irena, sino porque sus nervios estaban destrozados. Ella e Irena luchaban una guerra diaria contra la crueldad, la inhumanidad, la depravación… y Aleksandra había llegado al punto de agotamiento. Irena entendía muy bien las presiones que destruyen el alma y los efectos de vivir con el miedo como compañero. Ella estaba caminando cada vez más cerca de ese punto de quiebre. Adam lo notaba, pero ella no podía o no quería escucharlo. Y para Aleksandra había otra preocupación constante: tenía un hijo pequeño. Con cada paso que expandía la red, el riesgo de ser arrestada e interrogada crecía de forma exponencial. Para cualquiera de ellos las oportunidades de sobrevivir a eso eran escasas y debían estar preparados para lo peor. Si era honesta, Aleksandra sabía que al enfrentar la tortura de su hijo se derrumbaría. Irena debía hacerse la misma pregunta: ¿sería capaz de arriesgar tanto si tuviera que considerar a un bebé de Adam?

Pero todavía no era madre. De hecho, vivían épocas en las que incluso la simple idea de estar con Adam (en verdad estar con Adam) parecía una fantasía. Aleksandra le pidió a Irena que la relevara y en semanas lo hizo. "En el otoño de 1942 tomé el control de la división de asistencia social infantil del Consejo de Ayuda a los Judíos (Żegota) del gobierno polaco en el exilio —dijo Irena— y esto fortaleció más mis lazos con el distrito amurallado. Me dio más oportunidades para ayudar."[241] Cualquier cosa que la acercara al gueto y a las dificultades de las familias atrapadas ahí se sentía como una forma de ser leal a Adam. Al final esto también la hizo una de las grandes heroínas de la Segunda Guerra Mundial. Más o menos sesenta mil judíos se escondían en el lado ario de la ciudad,[242] bajo el constante riesgo de la Gestapo y los extorsionadores. Otras sesenta mil familias judías todavía estaban atrapadas dentro del gueto y la cuerda alrededor de su cuello se iba apretando poco a poco. Muchas de las familias que vivían de forma "salvaje" allí dentro se habían negado a ir al Umschlagplatz justo porque tenían hijos. En los siguientes diez meses (de diciembre de 1942 a octubre de 1943)[243] la célula Żegota de Irena, en la cual su propia red se integró rápido, sacaría del gueto y salvaría de las calles a miles de estos niños. Irena se aseguraba de que cada mes, de manera encubierta por sus valientes cuidadores, llegara algo de dinero para apoyar a esos pequeños. Registraba las sumas y toda la información para identificarlos en su fichero de papel, un asombroso archivo de la época de guerra y testigo del valor de docenas y docenas de hombres y mujeres por toda Polonia.

Żegota resolvió el problema de recursos que había contenido a Irena y sus amigos en sus operaciones de rescate. Ahora era posible pensar a gran escala. Era posible soñar. A finales del otoño de 1942 Irena pasó de ser la líder de una red relativamente cerrada de antiguas amigas de la universidad, camaradas políticos de la

preguerra y colegas, a una figura mucho más importante en la clandestinidad polaca. Era como ser promovida de capitán a general.
Nadie que la conoció dudó que ése era su destino. Era brillante.

Irena confió por completo en sus amigas, que ahora tomaron
grandes puestos en su red (aunque muchas veces sin saber que
existía algo llamado Żegota). Irena era el único punto de contacto
en el lado ario con Julian Grobelny. Y en el lado del gueto, la compañera de armas era Ala. La enfermera Helena Szeszko se hizo
cargo de establecer un sistema de escondites médicos con varios
doctores, incluyendo a Majkowski, el hombre que al principio le dio
el pase a Irena. En esos lugares la gente judía conseguía ayuda y
los niños enfermos podían ser hospitalizados. Más de mil pequeños
fueron colocados en orfanatos e instituciones de cuidados en Polonia,
muchos de ellos gracias a la firma de Jan Dobraczyński. Uno de
los miembros del equipo de Irena arreglaba estos transportes en
persona, muchas veces hacia áreas rurales a cientos de kilómetros.
Más de doscientos niños irían al orfanato del padre Boduen, donde
otros miembros del equipo ahora eran los encargados principales. La colaboradora Jadwiga Deneka era el angel guardián de
los niños escondidos. Cruzaba Varsovia y buena parte de Polonia
central para revisarlos y entregar el apoyo financiero que Irena
ahora era capaz de proveer gracias a Żegota. Los viejos amigos
de Irena, Zofia Wedrychowska y Stanisław Papuziński abrieron
su casa como un refugio de emergencia, con un inmenso riesgo para su
gran familia. El departamento de Irena siempre era un último
recurso para la red.[244]

Y, como siempre, estaba Adam. Él se encontraba preocupado,
inquieto, cabizbajo, resentido, amargado. Había huido del gueto en
1942 por los ruegos de Irena, sólo para encontrarse, meses después,
todavía encerrado en el departamento de Maria Kukulska y un
poco desquiciado. La hija adolescente de Maria, Anna, tenía más
libertad que él. Por naturaleza, era una persona de humor melancólico y oscuro. Justo ahora necesitaba un trabajo que tuviera
algún significado. Era difícil para un hombre saber que su novia

estaba arriesgando su vida en una célula clandestina mientras él merodeaba por ahí sin hacer nada en un departamento lleno de mujeres. Años después, Irena confesó que siempre buscaba formas de mantener a Adam ocupado.

Ahora había trabajo que hacer. Adam se encargó del papeleo y las finanzas (su contabilidad) y esto fue otra razón para estar agradecida con Julian Grobelny y Żegota. Irena operó una gran misión, peligrosa y notablemente bien fundada. Esto significaba mantener un registro. Sería fatal si descubrían los archivos, pero no había otra opción. "Por mis manos pasaban enormes cantidades —recordo—, y fue un gran alivio para mí cuando pude probar que el dinero llegaba al lugar correcto… Me interesaba mantener estos recibos… Por mis manos pasaban sumas muy importantes y quería ser capaz de probar que aquellos a quienes eran destinadas las recibían."[245] Cada mes, su presupuesto era una fortuna; a veces veía ir y venir 250 000 eslotis (en la actualidad serían como tres cuartos de millón de dólares). El dinero provenía de fuentes del gobierno en el exilio polaco y de la comunidad judía estadounidense. Consciente de la confianza sagrada depositada en ellos, ella y Adam mantuvieron registros cuidadosos de cada esloti.

Pero el dinero no era lo más estimulante. Fue el hecho de que, en enero de 1943, había más de mil nombres en las listas. Cada niño que Irena había puesto en los conventos de Varsovia seguía vivo. No habían perdido ni a uno solo. Era simple y sencillamente un milagro. Al final de la guerra, noventa por ciento de los judíos de Polonia morirían (alrededor de tres millones de personas), pero no los niños de Irena.

Ahora no sólo salvaba chicos, también escondía a cualquiera que necesitara escapar de los alemanes. Para los judíos adolescentes, ocultarse en casas u orfanatos muchas veces era simplemente imposible y algunos de ellos se unieron a la red de Irena como mensajeros de confianza. Cuando el control alemán sobre el gueto se intensificó, las antiguas rutas secretas ya no funcionaron, y escapar del distrito amurallado por lo general significaba un viaje peligroso y espantoso a través de kilómetros de alcantarillas. Los mensajeros adolescentes de Irena actuaban como guías a través de estos canales subterráneos, llevando a las familias fuera del gueto y entregando mensajes y dinero. De hecho, la resistencia se estaba enardeciendo en el lado ario de Varsovia y mucha de la gente joven se estaba uniendo a los partidarios. Maria y el doctor Henryk Palester, cuya conversión al judaísmo los puso en peligro, todavía estaban escondidos en el lado ario. Maria era parte de la oficina de la red de Irena. También el hijo adolescente de la pareja, Kryštof, se unió a la resistencia en una brigada de exploración de élite conocida como el batallón "Parasol",[246] en el que la gente joven llevaba a cabo, entre otras cosas, misiones de asesinato. Las "cortes especiales" de la clandestinidad polaca estaban apuntando hacia los funcionarios nazis y colaboradores de la Gestapo, y todos los días traían noticias de tres o cuatro ataques letales en las calles. Algunos de los asesinos más aterradores eran mujeres jóvenes que usaban sus encantos femeninos para distraer a los alemanes. Un rostro inocente les permitía acercarse lo suficiente para lograr una ejecución a quemarropa.

Otros adolescentes eran ayudados para huir a los bosques fuera de Varsovia, y se unían a los partidarios como el esposo de Ala, Arek. Además de ayudar a niños pequeños, la célula de Irena pronto estaba apoyando a cerca de cien adolescentes y un grupo de luchadores de la resistencia que eran cazados en los bosques por la Gestapo. Lo que Irena no sabía todavía era que su amiga perdida Rachela Rosenthal estaba viva ahí y peleaba por sobrevivir entre ellos. Ahora formaba parte de la resistencia y tenía nuevos documentos de identidad arios. Rachela acogió su nueva vida por completo. Todo lo demás era insoportable. Había borrado su pasado y vivía en los bosques como una chica polaca bajo el nombre de "Karolina". Tenía un nuevo amor polaco, un guapo ingeniero y antiguo miembro de la resistencia llamado Stanisław. Él no sabía nada de su pasado, y Rachela, quien seguía siendo hermosa, se juró que nunca lo haría. Cuando peleaba, era con un valor temerario y puro. No tenía nada que perder en el bosque. Había volteado por un momento y toda su familia había desaparecido en el gueto.

Con el acceso a nuevos recursos, Irena rentó dos edificios viejos y llenos de rincones y recovecos, uno en su querida ciudad de Otwock y otro en un pequeño caserío a unos kilómetros de distancia llamado Świder. Los hombres judíos y los organizadores de la resistencia estaban muy vulnerables. Pronto Irena tuvo un plan para ayudar a los partidarios como Arek y Rachela. Junto con Otwock, Świder había sido mucho tiempo un lugar de retiro para las vacaciones de verano, y el bosque estaba salpicado de casas de campo que seguían los contornos del río. Algunos de estos bosques eran el hogar de los luchadores de la resistencia y judíos adultos refugiados a quienes apoyaba. En una de esas casas de campo Irena registró una "clínica de descanso" para una variada selección de nuevos "pacientes" con tuberculosis.

Una anciana judía con un aspecto particularmente "ario" y buenos documentos de identidad conocida como "Tita" Zusman realizaba las operaciones día tras día en el refugio en Świder. Una línea de tranvía conectaba el centro de Varsovia con el caserío, y usando el pretexto de ser trabajadora social Irena visitaba la clínica muchas veces, llevándole a la señora Zusman dinero, doctores clandestinos o documentos de identidad falsos.

La estación en Świder sólo era un andén en el bosque. Un día Irena bajó del tren, se envolvió muy bien en su abrigo y partió a pie hacia la casa de campo sobre la tierra congelada del invierno. Cuando llegó, "Tita" Zusman la mandó deprisa a la cocina de atrás para sentarla junto al fuego, y con una taza de té le expuso los negocios con rapidez. Irena nunca se quedaba mucho tiempo y pronto caería la noche. Necesitaba regresar a Varsovia de inmediato, pero primero insistió en que la señora Zusman le dijera cuánto estaba gastando en alimento por cada uno de los hombres. Había cinco judíos con ella, le explicó ésta. Algunos estaban débiles por un invierno en el bosque y todos cansados de estar huyendo. De una de las habitaciones cercanas llegó el sonido de alguien tosiendo. Irena levantó una ceja.

Uno de los habitantes es un doctor, estamos controlados, le aseguró la señora Zusman. Irena sonrió de alivio: *¿El doctor Bazechesa?*

Roman Bazechesa era una triste historia e Irena se preocupó por el doctor judío. Había venido a Varsovia desde el este, del pueblo de Lviv, y durante meses luchó para esconderse solo en el lado ario de los perseguidores alemanes. Pero tenía un aspecto semítico tan fuerte que era imposible. Vivía en constante terror y sólo su vigilancia lo salvaba. Más de una vez escapó en la madrugada, adelantándose a los extorsionadores polacos y a la Gestapo. Al final lo destruyeron el estrés y la angustia. Mejor morir tranquilo que vivir esa existencia animal. Justo cuando Roman Bazechesa se subió a la balaustrada para tirarse al río helado y morir, Maria Palester lo detuvo. Entendió muy bien la desesperación del médico. Más de veinte judíos pasaron por la "sala de emergencias" de su departamento[247] durante la guerra, y más de la mitad fueron asesinados como resultado de las amenazas y traiciones de los *szmalcownik*. Maria llevó a Roman a casa, y en cuestión de horas la red se puso en acción para ayudarlo. La propia Irena lo había llevado al escondite en Świder.[248]

La señora Zusman era tranquilizadora y reconfortante. Irena sentía que el té caliente relajaba sus nervios por unos momentos. Pero segundos después todo fue terrible.

Puños golpearon con furia la puerta frontal de la casa de campo. La silla de Irena cayó al piso cuando se lanzó por los documentos de identidad. *¡Jesús! ¿La Gestapo?* Las identificaciones eran una sentencia de muerte. Las mujeres intercambiaron una mirada aterrorizada. Detrás de ella, Irena podía escuchar los sonidos amortiguados de los pies moviéndose en silencio. Levantó un dedo y le señaló la puerta del frente. Ese gesto silencioso dijo mucho: *Un minuto. Dame un minuto.* La señora Zusman asintió con la cabeza y caminó de forma lenta y ruidosa hacia la puerta del frente. *¡Ya voy cariño! Ya voy.* Ahora los minutos eran todo. Los hombres se agacharon con lentitud, esperando, e Irena le sonrió al doctor, tratando de permanecer tranquila. Mientras la señora Zusman hacía tiempo con el seguro de la puerta del frente, ante los gritos de los impacientes hombres de afuera, Irena y los cinco refugiados escaparon por la de atrás. El aire helado golpeó sus pulmones cuando corrió con todas sus fuerzas hacia el bosque.

Se dispersaron en todas direcciones, e Irena se detuvo al final en una arboleda tranquila; el corazón le latía con fuerza. Los hombres se adentraron en el bosque. Nadie regresaría a la casa hasta que el destino de la señora Zusman estuviera decidido e Irena sabía que sus probabilidades de sobrevivir eran escasas. Pero no podía dejar a la anciana sin saber qué pasaría con ella. Escondió los documentos con cuidado entre las hojas de los árboles y luego se arrastró en silencio de regreso a la casa de campo.

La escena que se desarrollaba en la puerta del frente la dejó muy sorprendida. Con las manos en las caderas y los ojos centelleando de furia, la señora Zusman les estaba gritando a las visitas desagradables. En un instante Irena entendió que eran extorsionadores polacos, no alemanes. *Sabemos que es una guarida de judíos. Danos dinero.* La señora Zusman tenía el pleno conocimiento de que darles cualquier cosa a los extorsionadores era ponerse para siempre bajo su poder. Cuando ya no hubiera dinero llamarían a la Gestapo, así que estaba luchando por su vida en ese momento. Se acercó a ellos y lanzó un maravilloso y dramático contraataque. *¿Cómo se atreven a interrumpir la paz de una cristiana polaca?* —los regañó—: *¡Bandidos tontos! ¡Haré que los alemanes vengan a arrestarlos por abusar de una anciana!*[249]

Sorprendidos, los extorsionadores se quedaron parados un momento en la puerta de la entrada, dudando. La señora Zusman siguió gritando su rabia e indignación. Confundidos y nerviosos, los *szmalcowniks* se miraron. Luego giraron sobre sus talones y salieron corriendo. Detrás de ellos resonaba el eco chillante de la señora ordenándoles que regresaran en ese mismo instante. Después, cuando Irena salió de las sombras, las dos mujeres se rieron con lágrimas en los ojos por el valor descarado y la buena actuación de la anciana. Pero no había nada de gracioso con la situación. El escondite estaba "quemado", como decía la gente en aquellos días. Ahora, mientras el crepúsculo caía sobre Świder, Irena tenía que encontrar, sin previo aviso, dónde reubicar a seis judíos.

Para una respuesta inmediata, Irena acudió a los más cercanos a ella en ese diciembre: Maria Kukulska y Adam. Sabía que, si fuera necesario, Maria también encontraría un cuarto para Roman Bazechesa.

Maria Kukulska fue otra de las chicas de la doctora Radlińska, al menos en cierto modo. Antes de la guerra fue una de las estudiantes favoritas del doctor Władysław Spasowski, famoso teórico educativo y profesor de asistencia social, quien también era colega y amigo de Helena Radlińska, aunque ella e Irena en realidad se conocieron en las reuniones locales del Partido Socialista Polaco. Capacitada para maestra, Maria dio cursos en la universidad clandestina durante la guerra. Tenía una hija adolescente llamada Anna, una chica "atractiva" con suave cabello castaño y un carácter confiado e irreflexivo. Su impulsividad adolescente pudo haber matado a Adam e Irena ese invierno.

Fue muy simple. Antes de la guerra, Varsovia era conocida como el "París del Este", y las pequeñas e iluminadas plazas que todavía quedaban en la ciudad a finales de 1942 eran bonitas y románticas. Anna y una amiga caminaban del brazo presumiendo sus figuras. Mientras paseaban, atraparon la mirada de dos guapos chicos polacos llamados Jurek y Jerzy que pasaban el rato en la plaza. De inmediato, Jurek decidió cortejar a Anna. Con toda la sutileza encantadora de la juventud, empezó a verla fijamente[250] hasta que lo notó. Entonces sus ojos se encontraron. Pronto los cuatro jóvenes estaban platicando y coqueteando. Anna estaba enamorada. Esperando que continuara este plácido interludio, y con la confianza irracional de una adolescente, invitó a los dos chicos a su casa para que conocieran a su madre y a sus huéspedes: un abogado llamado

Adam y un doctor llamado Roman. Cuando Anna llegó rebotando de alegría al departamento en el número 15 de la calle Markowska con dos jóvenes extraños, Jerzy vio en un instante que la mirada de su madre fue de puro horror. Maria se precipitó a la recámara del fondo y ahora había una discusión acalorada entre murmullos.

Cuando el doctor abrió por fin, una mujer pequeña y rubia con ojos azules y centelleantes salió a conocerlos. Los preocupados ojos de Maria regañaron a Anna, quien muy obediente siguió a su enojada madre hasta el vestíbulo. Jurek pudo ver que Anna estaba en problemas. Pero toda la atención de Jerzy estaba en esa pequeña mujer parada frente a ellos en la alfombra. Pudo verla hacer una evaluación inmediata. Tal vez (él reflexiona más de setenta años después) Irena Sendler podría haber dicho, al verlos por un largo momento, que ellos eran dos chicos judíos huyendo del gueto. Estaban merodeando en la plaza porque no tenían a dónde ir. Jurek y Jerzy acababan de escapar de una redada en el refugio de la calle Idzikowskiego; sobrevivieron al ataque porque se escurrieron por una ventana de la azotea y corrieron. Tal vez Irena ahora creería la historia, cuando a propósito dieron a entender que eran jóvenes valientes, luchadores de la resistencia polaca. Los chicos, de cualquier forma, eran unos actores desvergonzados. Jurek se había tomado muy en serio el consejo de una sabia anciana que le había dicho que la clave para sobrevivir afuera del gueto era olvidar: "Olvida que tienes algo en común con la tribu judía. Actúa como si no te importara."[251] Pero si le preguntas a Jerzy (cuyo nombre en la actualidad es Yoram Gross y vive en Australia) te dirá que casi nada se le escapaba a Irena Sendler. Escuchaba y luego asentía. Y eso fue todo. Los chicos no sólo se pudieron quedar, sino que pronto se volvieron parte de la extensa familia de Irena y Adam en tiempos de guerra.

Y cuando Adam y Roman salieron de la recámara del fondo para conocerlos también, Jerzy entendió en un instante por qué su llegada había causado tal pánico a Maria Kukulska. Jerzy pudo ver con claridad que Adam Celnikier era judío, igual que Roman Bazechesa.[252]

Jerzy y Jurek iban y venían con regularidad al escondite de Adam conforme el romance de Jurek con Anna se intensificaba. Siempre había riesgo en cualquier nueva ruta. Pero la persona que plantea-ba el mayor peligro para Adam era Irena. Se había convertido en un gran personaje en la clandestinidad, a cargo de ocho o nueve refugios diferentes a lo largo de la ciudad; todavía sacaba a familias judías por las paredes del gueto y escondía a cientos y cientos de niños. La Gestapo ya estaba cazando a "Jolanta". Simplemente no sabían que Jolanta era Irena.

Observaba con cuidado a todas partes a donde iba para asegu-rarse de que no la habían seguido, pero era imposible conseguir que nadie estuviera observando. Si juzgaba mal, sabía que cual-quier día guiaría a los alemanes directo a Adam. Sería más sabio mantenerse lejos de cualquier lugar donde estuviera oculto (más seguro mantener su amor y su "negocio" clandestino separados). Pero Irena estaba enamorada. No soportaba la idea de vivir con este tipo de agotadora incertidumbre y no estar con Adam. Y Adam no soportaba estar desocupado.

Así que el departamento de Maria Kukulska también se con-virtió en un lugar común de reunión para la célula de Żegota.[253] Maria estaba involucrada en muchos aspectos de la red secreta de Irena y hacía más que sólo esconder a Adam y Roman. Eso signi-ficó que estaban ansiosos de tomar cualquier precaución. Para asegurarse, la mujer estableció un sistema complejo de códigos y señales. Al acercarse al distrito Praga, Irena escaneaba los rostros de los extraños que merodeaban y observaba con cuidado en los reflejos de las ventanas de las tiendas para ver si alguien la seguía. El área era peligrosa. En la vieja casa de moneda del Estado, en el número 18 de la calle Markowska,[254] la clandestinidad estaba ocupada falsificando sellos y papeles de identidad. No muy lejos de ahí había barracas alemanas. A veces, paranoica y preocupada, cambiaba su destino en el último minuto y se metía en una tienda o una lavandería. Muchas veces, cuando sentía que alguien la se-guía,[255] regresaba sobre sus pasos por unas cuadras al norte y se detenía para ver a sus amigos en el zoológico de Varsovia: el doctor Jan Żabiński y su esposa, Antonia, colegas de Irena en la resistencia. Las puertas del bungaló de estuco blanco siempre estaban abiertas[256] para ella, una de sus visitas favoritas, e Irena muchas veces veía a sus antiguos amigos judíos, o a otros miembros de Żegota, cruzar escondidos. Pero en esos días Irena no era capaz de ver a Adam.

En los días en que se sentía segura de que estaba sola en la calle, observaba con mucho cuidado una señal de Maria en la ventana de enfrente. Una señal significaba que todo estaba despejado desde ese lado, que los corredores no estaban llenos de vecinos indiscretos o entrometidos y que no había agentes de la Gestapo ni extorsionadores.

Irena trataba de ir al departamento de Kukulska a diario, o al menos así lo recuerda Jerzy. En cualquier caso, él y Jurek visitaban casi todos los días a Anna (ella y Jurek pasaban un buen rato besándose en el sillón) y siempre veía a Irena con Adam. Los recuerdos de Jerzy son una ventana al romance privado que floreció ese invierno entre Adam e Irena. A pesar de todos los peligros del trabajo de Irena, de la arriesgada posición de Adam escondido en el lado ario de Varsovia y de la sensación de que les arrebataban su tiempo juntos en medio del terror y del caos y de la incertidumbre… a pesar de todo eso era la primera vez que, como una pareja, tenían la libertad completa para disfrutar la compañía del otro, mientras se protegían de los ojos de la familia. Su amor tuvo el espacio para hacerse más profundo ese invierno, en parte porque sus vidas estaban ocultas.

Recordando aquellas tardes en el departamento de Maria Kukulska, Jerzy rememora cómo Adam adoraba a Irena, cómo sus ojos la seguían a todas partes. Él tenía su propio cuarto pequeño donde podían descansar en privado. No todo era trabajo y Żegota. Los dos se movían juntos en silencio detrás de las puertas cerradas. Todo lo que se podía escuchar eran murmullos y a veces risas discretas. Pero Jerzy también vio que Irena se volvía más nerviosa y tensa. Parte de lo que la hizo más ansiosa fue Adam. Era un hombre enérgico que ya no podía quedarse sentado,[257] y a diferencia de Roman Bazechesa él nunca dudó que sobreviviría a los alemanes. Estaba aburrido y a veces insolente. Incluso se mostraba enojado y era imprudente. Pero por sus fuertes características judías, sólo pararse cerca de una ventana ya era peligroso para él. Una mirada a la calle podía ser suficiente para delatarlos ante los extorsionadores y la Gestapo. La libertad que implicaba vivir en esa jaula a veces sólo era caminar cerca de una cortina abierta, y Adam no podía resistir la tentación de liberarse sólo por un momento. Cuando lo hacía, Irena se aterrorizaba. Ella pasaba un poco de tiempo detrás de las puertas cerradas tratando de controlar a Adam, y en especial tratando de prevenir que dejara el departamento. La idea de una pequeña caminata en el aire fresco era su imagen del cielo. El parque vacío y abierto en el zoológico de Varsovia parecía que le hacía señas para que se acercara. Adam prometía, pero Irena no podía confiar en él por completo. Cuando se iba, se preocupaba sin cesar. Empezó a mostrar signos de estrés y presión.

Ahora Maria, Anna y los dos adolescentes trataban a Irena con mucho tacto, mostrándole un respeto cuidadoso y gran deferencia. Hasta los jóvenes, que no sabían nada de Żegota, adivinaban que Irena estaba a cargo de algo importante y peligroso. En privado, Anna y los chicos a veces se preguntaban qué sería, y Anna dio a entender que tenía algo que ver con niños judíos. A veces los pequeños venían por sus "maquillajes" al departamento de Maria. Entonces Maria, Irena y el niño en cuestión se reunían en silencio en el pequeño baño mientras el aroma químico del cabello teñido llenaba el aire.

Jerzy también observaba todo y reflexionó durante semanas. Entendió lo que veía y no quería mentirle a Adam ni a Irena. Tal vez ellos no sabían que él también era judío. Jerzy y Adam eran amigos. Adam escuchaba con simpatía mientras los chicos hablaban de sus angustias adolescentes y problemas de chicas. Al final, Jerzy decidió confiar en el hombre: *Adam, soy judío,* le dijo. Asintió con la cabeza para indicar que entendía lo que el chico le estaba diciendo. Entonces agregó: *Sé que tú también lo eres*. Adam frunció el ceño, hizo un gesto hacia su oscuro cabello y rasgos fuertes y movió la cabeza con firmeza. *No*, le contestó. *No soy judío. Pero mi madre es húngara*. Jerzy sabía que no era cierto, pero no dijo nada.

Los chicos necesitaban un refugio, e Irena y Adam lo arreglaron. Irena envió a Jurek y Jerzy a la casa de campo de Otwock. Pero Adam también los puso a trabajar. Necesitaba ayudantes. Adam e Irena estaban trabajando juntos en Żegota, y el papel de Adam tenía que estar tras bambalinas. No podía dejar el departamento. Pero su trabajo ahora era distribuir el dinero que cada mes Irena recibía de Julian Grobelny, el líder de Żegota, y desde su oficina en la recámara Adam llevaba un orden y registro cuidadoso de todos los documentos. En mensajes codificados enviados con mensajeros ordenaba becas para los niños mayores, a quienes Irena ahora estaba colocando en escuelas secretas operadas por la resistencia, donde podían continuar su educación polaca. Combinaba documentos de identidad falsos y certificados de nacimiento robados según la apariencia de los menores. Adam necesitaba mensajeros con "buena" apariencia y tez blanca, así como aspecto rubio. Jurek y Jerzy estaban a la mano, así que los chicos llevaban sus mensajes por toda la ciudad y a veces entregaban comprometedores paquetes con documentos.

El peligro los rodeaba en forma constante. Sabían que vivían al borde del desastre, sobre todo Irena, pero había amor en el departamento de Maria Kukulska y a veces momentos buenos, alegres y divertidos con los jóvenes. "Durante la guerra uno se aferraba a los pequeños placeres." El 31 de diciembre de 1942, las calles del lado ario estuvieron llenas de gente celebrando el Año Nuevo (en Polonia, la víspera de san Silvestre) con música y risas estridentes. Los adolescentes, disfrazados, se turnaban para hacer bromas y travesuras, y una guerra amigable de bolas de nieve dejaba a los grupos de jóvenes gritando de placer. Dentro del gueto todo era oscuridad y silencio. El 31 de diciembre fue el último día en que cualquier judío tuvo permitido permanecer libre en territorio alemán. Por orden de Berlín se terminaban las deportaciones en masa de ese verano, y las festividades en el barrio cerrado fueron prohibidas.

Adam e Irena, escondidos, nunca se unirían a las multitudes de las calles, pero en el departamento de Kukulska media docena de amigos se reunieron para su propia fiesta. En la mesa había pan caliente en formas tradicionales de animales fantásticos y *paczki* (panes dulces de Polonia) que Maria trajo de una panadería cercana, donde las ventanas estaban llenas de bollos y velas brillantes. Alguien intentaba leer el futuro de las manos, una tradición de la víspera de Año Nuevo; Irena y Adam estallaron de risa y se inclinaban uno hacia el otro como los amantes a la antigua. Jurek besó a Anna cuando pensó que nadie lo veía y Jerzy se sentó con satisfacción en el sofá.

Antes de medianoche, este grupo, más como familia que como amigos, posó para una desordenada fotografía, amontonado en el pequeño sofá de la sala de Maria. No hubo champaña en el invierno de 1942, pero nadie la necesitaba para brindar por Año Nuevo. Era suficiente con estar juntos y felices. Conforme las campanas de la iglesia sonaron por todo Varsovia en repiqueteos fuertes y musicales, Adam besó a Irena y le dijo las palabras tradicionales polacas del brindis para la ocasión: *Do siego roku! ¡Mis mejores deseos para el Año Nuevo!* Irena se inclinó y por un momento descansó su cabeza sobre el hombro de Adam antes de contestar. Tal vez se permitió reflexionar sobre lo que vendría en un futuro. Era una debilidad demasiado humana y extendía una sombra sobre su alegría. Ya nadie creía que la guerra fuera a terminar al día siguiente. Por sus contactos en la resistencia, Irena sabía que venían cosas oscuras. Se necesitaba fortaleza para vivir sólo el presente. Era la única forma en que Irena (una de las más fuertes de todos) seguía adelante. Volteó hacia Adam y susurró: *Do siego roku.* Debía creer en un futuro diferente. Juntos.

CAPÍTULO 12
HACIA EL PRECIPICIO
Varsovia, 1943

Golpes en la puerta a las tres de la mañana sólo significan un desastre; por eso el ligero golpeteo que despertó a Irena una noche en la primavera de 1943 hizo que su corazón se acelerara.[258]

En cualquier momento podrían ser delatados ante la Gestapo. Conforme crecían los temores sobre la fuerza del movimiento de la resistencia polaca en Varsovia, los esfuerzos para encontrar a los disidentes se volvieron furiosos. Cuando la Gestapo llegaba no tocaba de manera discreta. Uno tenía que recordar eso. Estos visitantes venían con el martilleo de las botas, gritos y el sonido de la madera al romperse para lograr el mayor efecto de terror. Los descomunales golpes en la puerta eran una etiqueta de la época de guerra; en cambio, ésto era la débil señal de un conspirador antes del amanecer.

Sólo podía significar una cosa: algo terrible había pasado esa noche durante la operación rescate. Amarrándose muy bien la bata a su alrededor, Irena dudó. No prendió la luz. Una silueta podría delatarla. Incluso en la oscuridad sabía dónde estaban los libros de contabilidad y las más recientes adiciones a las listas: en la mesa de la cocina, bajo la ventana, como siempre. Era su protocolo privado. Con un movimiento rápido, los arrojó por la ventana en silencio y observó los papeles para forjar cigarros, en los cuales estaba escrita toda la información, revolotear hacia el suelo y quedarse entre los botes de basura y montones de desperdicios. Ahí nadie notaría un pedazo de papel con marcas de lápiz.

"Por seguridad, yo era la única persona que mantenía y manejaba los archivos —dijo Irena después, y agregó—: Practiqué muchas veces [lanzarlos] lo más rápido posible por si tenía visitas inesperadas."[259]

Mirando alrededor de la silenciosa habitación, se aseguró de que todo estuviera en orden. Podía escuchar la tranquila respiración de su madre en la recámara de atrás y estaba feliz de que el ruido no la hubiera despertado. Trabajaba con mucho cuidado para mantenerla alejada de sus peligrosas actividades. Era la mejor forma de protegerla (para cuando viniera lo peor).

Deslizó la cerradura y abrió la puerta tan silenciosamente como lo permitieron la madera maltratada y la vieja bisagra. Su corazón se congeló de terror. Creyó ver un destello por la puerta cerrada de la vecina. ¿Habría tocado la vieja mujer? No, en la puerta de Irena estaba parada una adolescente con cuatro niños pequeños. Todos empapados de aguas negras.

Era una chica dura, como de dieciséis años, con ojos oscuros y una maraña de rizos amarrados bajo una gorra. Irena no conocía su nombre real; todos los mensajeros en su red tenían nombres en código. Claro, ella también. Aunque la verdadera identidad de "Jolanta" fue mucho tiempo un secreto abierto en la resistencia. Pero bajo tortura uno sólo puede decir lo que sabe; por eso era mejor no preguntar. Irena nunca cuestionaba a las chicas de dónde venían.

Jolanta, susurró la chica. Irena abrió la puerta y rápido pasó al empapado grupo a la oscura cocina. *No sabía a dónde más ir.* Irena asintió con la cabeza, tranquilizándola. Entendía sin ninguna explicación: habían realizado una misión esa noche, moviendo a un grupo de niños judíos a través de un pasadizo secreto por las alcantarillas subterráneas de la ciudad. La guía los entregaría a una de las cuidadoras, y de ahí la red los ayudaría a desaparecer en familias privadas o en uno de los conventos donde las hermanas escondían a cientos de niños judíos. Irena agregaría cada uno de sus nombres a las listas guardadas con mucho cuidado. Se aseguraría de que cada mes algo de dinero para apoyar a los niños llegara a las manos de sus valientes cuidadoras. Y escribiría las sumas y las direcciones en sus registros de papel tisú.

Esta noche, con el *Aktion,* habían perdido el rastro de algunos de los niños. Los alemanes realizaron una redada y arrestaron al guía de las alcantarillas y a los otros mensajeros (quienes enfrentarían un interrogatorio brutal). Éstos eran los momentos que le causaban pesadillas a Irena. Los refugios estaban comprometidos. Era casi seguro que habría ejecuciones. No era necesario adivinar lo que la gente podía decir bajo tortura, y no tenía sentido culpar a cualquiera por confesar. Todas las personas en Varsovia sabían que las cosas que pasaban en los centros de la Gestapo eran indescriptibles.

Irena vio a los niños de pie en su entrada, empapados de inmundicia, y se le oprimió el pecho. Alguien los había vestido con mucho cuidado, con su mejor ropa, la más caliente: el último gesto de amor de unos padres. Detalles como éstos perseguían y obsesionaban a Irena. Uno tenía seis o siete años. Lucía "bien", como un pequeño que tal vez no era judío. Pero los cuatro tenían algo en común: los ojos tristes y asustados de los niños del gueto.

La mente de Irena se puso en acción velozmente. Resolver problemas era su especialidad, y hacer algo era la única forma de no volverse loca. Tenía otros refugios. Si lo necesitaba, podía llevarlos a Jaga por el momento. De alguna forma tendrían que bañarlos muy bien, lavar y secar su ropa, alimentarlos y sacarlos a hurtadillas del edificio de departamentos sin que los vieran, antes de que los corredores se llenaran de vecinos curiosos. Había otra presión de tiempo. En la mañana, a las siete, una de las amigas de su madre vendría como siempre. Irena confiaba en ella (los nazis mataron a su esposo y odiaba a los alemanes), mas no lo suficiente como para confiarle un secreto como aquél. Era un riesgo inmenso y ella no pondría en juego la vida de los niños.

Cuando mucho tenía unas horas hasta el amanecer. Menos si sus vecinos los delataban. Irena no conocía su posición respecto a los judíos, y no deseaba descubrirlo en esa forma. Ya la Gestapo podía estar en camino por ellos, y si los atrapaban ayudando a niños judíos, la muerte sería segura para todos. Pero no había otra opción, los niños no podían viajar hasta que estuvieran limpios. Tampoco su mensajera. La suciedad que los cubría era un signo que los delataba. Y de todos modos nadie podría viajar hasta que se levantara el toque de queda nocturno.

Empezó a calentar agua. Tenía que estar caliente. Su padre había muerto de tifoidea ayudando a niños judíos como doctor casi tres décadas antes, e Irena había observado a la enfermedad devastar el gueto incluso antes de las ejecuciones. Las aguas negras por las cuales habían viajado los pequeños podían ser una sentencia de muerte para todos, a menos que fuera muy cuidadosa. Agua caliente y mucho jabón eran fundamentales. Conforme la chica y los niños empezaban a desvestirse, Irena buscó en el guardaropa unas toallas viejas para envolverlos, enjuagó las prendas en el lavadero con una tajada muy delgada de precioso jabón, y con mucho cuidado talló sus manos y debajo de sus uñas.

Los niños se acurrucaron todos juntos. Pronto los pequeños pantalones y las demás prendas se exprimían y ponían a secar cerca del calor. Todavía estarían mojadas en la mañana, pero no había otra solución. En silencio apuraron a los niños al baño, mientras Irena les susurraba que caminaran muy despacio. Los vecinos de abajo eran amigos, pero otros en el edificio sospecharían si escuchaban pisadas a esa hora. Y las sospechas podrían ser letales.

A Irena se le encogió el corazón cuando vio a su madre parada con debilidad en la puerta, mirándola. Janina, temblorosa sobre sus piernas por la enfermedad, descubrió la escena en forma silenciosa. Los cuatro niños pequeños y desnudos y la chica del cabello oscuro no necesitaron ninguna explicación; Irena estaba agradecida porque en los ojos de su madre sólo vio aprobación y preocupación. Los niños subieron con cuidado a la bañera y los primeros tres fueron tallados con rapidez. Mientras calentaba el agua para el último, se alargó para tomar otro jabón. Pero entonces se dio cuenta de que había usado el último que quedaba.

El jabón era un producto muy valioso en la época de la guerra, todo un lujo. En tiempos de abundancia se conseguía fácil porque lo hacían de grasas y cenizas animales. Pero en el invierno de 1942-1943 los ciudadanos húngaros de Varsovia recurrieron a cocinar hasta la piel de los zapatos para tener sopa y proteína. Manteca y tocino eran tesoros culinarios. Mejor mugroso que hambriento, si éstas eran las dos únicas opciones. Irena y su madre tenían suerte de obtener pequeños suministros de jabón de lejía para lavar.

¿Jabón? Su madre movió la cabeza. Ya no quedaba nada, salvo el pequeño pedazo de la cocina, ahora una delgada y aguada oblea, insuficiente para bañar al último de los niños. La falta de jabón era un detalle muy pequeño, pero podía costarles todo.

Irena lo pensó mucho. ¿Planes alternativos? No se le ocurría ninguno. ¿Qué más podía hacer? No había otra opción. Así que fue a la puerta y se escurrió hacia el corredor. Tendría que pedírselo a su vecina. Irena respiró profundamente y tocó la puerta con suavidad.

Sabía que era un acto de pura fe. Debía apostar a que su vecina no la traicionaría. La puerta se abrió con cuidado y apareció una mujer con los ojos abiertos como platos por el terror. En un instante Irena se dio cuenta de que también le preocupaba que los golpes en la puerta fueran de la Gestapo. Rápido, trató de tranquilizarla: *Disculpe, ¿tendrá jabón? Estoy lavando. No puedo dormir.* Eran las cuatro de la mañana y la anciana tampoco conciliaba el sueño.

La mujer giró sin decir una palabra, mas no cerró la puerta. Irena se quedó de pie esperando. ¿Qué significaba? ¿Era una señal de ayuda o de traición? ¿Estaría llamando a la Gestapo en ese mismo momento? ¿Era una invitación? La fuerte luz en el corredor mostraba los arañazos y rasguños en las molduras y en los lugares de las escaleras donde años de pisadas habían gastado los escalones. Justo cuando estaba a punto de irse, escuchó los suaves pasos de nuevo y una mano arrugada le dio un paquete húmedo rápidamente envuelto en un pedazo de papel. Al tomarlo, Irena tocó su mano, tibia y suave. *Gracias*, murmuró. *De nada, señora Sendler,* le respondió después de un silencio.

Esa fría mañana, justo cuando el sol empezó a iluminar las calles de Varsovia, un vecino de los pisos superiores tal vez habría notado a una joven mujer salir caminando por la puerta principal del edificio de departamentos, llevando de la mano a cuatro niños pequeños y elegantes. Si el señor Przeżdziecki los vio en su jardín, quizá los saludó con la mano y se preguntó si serían vecinos que iban al jardín de niños de Basia Dietrich. La brisa matutina soplaba en sus abrigos y los pequeños se movían rápido. La chica con la gorra los mantenía cerca. En unos momentos, todos giraron en la esquina y desaparecieron.

Ese día en el edificio, los vecinos quizá escucharon por casualidad una conversación extraña en la mañana. Tal vez oyeron pasos arriba de ellos al amanecer, una puerta abrirse y cerrarse, el rechinido de la escalera, sonidos de agua corriendo por los conductos. Alguien estuvo despierto en las primeras horas de la mañana. Ahora una mujer hablaba con Janina en una voz que se escuchaba claramente bajo el cubo de la escalera. Era la anciana del piso de arriba, quien le dijo con un poco de lástima: "Siento pena por ti, porque tu hija está muy mal". Un escucha tal vez habría oído este suave murmullo: "Es claro que no duerme por las noches",[260] luego la anciana dijo en voz alta: "Seguro [tu hija] tiene a su esposo en un campamento militar y ha de ser muy duro llorar por las noches pensando en él. ¡Pero eso de levantarse a las tres o cuatro de la mañana y ponerse a lavar! ¡Y despertar a los vecinos para pedirles prestado jabón! ¡Es una locura!"

Lo que nadie pudo haber visto fue la pequeña, silenciosa inclinación de cabeza, y la delgada sonrisa antes de que la puerta se cerrara otra vez con discreción. La vecina entendió exactamente lo que en verdad había pasado.

Los nombres de estos cuatro niños nunca quedaron registrados, pero pudieron ser cualquiera del río de chicos que iba y venía de su departamento y de los hogares de todas sus conspiradoras. Tal vez fueron, por ejemplo, un hermano y una hermana salvados del gueto y con identidades polacas nuevas como Bodgen e Irena Wojdowska. Una de ellos quizá fue la pequeña niña cuyos documentos arios falsos le dieron el nombre de Halina Złotnicka, quien fue salvada por la red de Irena y colocada en el refugio de Jaga, donde vivió junto a su hija Hanna. "Jaga me cuidó como a su propia hija",[261] recordó Halina décadas después. Jaga era un ratón de biblioteca y le transmitió su apasionado amor por la lectura; tal vez entendió que escapar a un mundo más seguro de fantasía era justo lo que necesitaba un niño aterrorizado.

Los cuatro chicos de esa noche en el departamento de Irena tal vez fueron cualquiera de los otros cientos de pequeños. Ahora venían mensajes extraños a todas horas, de todas partes, y tenía que actuar de inmediato. Un día era la nota de Jaga o de Ala. Otro, la ubicación del niño que su madre desesperada envolvió en cojines y arrojó sobre la pared del gueto, gritando por la piedad de los desconocidos. Además, los mensajes de Julian Grobelny, desde lo más alto de Żegota, llegaban cada vez más seguido. Un día, necesitaban a Irena en el bosque fuera de Otwock.[262] Otro, le pedían que rescatara a una mujer escondida en un bote de basura con su hija. En ocasiones los bebés estaban muriendo y les decían a los padres: *Si Irena trajera un doctor, ¿confiaría?* También una niña había sobrevivido a la eliminación, pero su familia había sido asesinada frente a ella: *¿Irena viajaría al pueblo para buscarla?*

Con miles pasando a través de su red, Irena y su equipo recordaban a los niños por los detalles pequeños y conmovedores: el bebé en un bote de basura, la chica con el listón rojo o el niño de la chamarra verde. A veces eran los hijos de amigos. Muchos de los niños que salvó tenían alguna conexión con alguien en el grupo: eran amigos de amigos, vecinos o familiares. Era una asombrosa red de confianza conectando extraños.

El invierno de 1942-1943 fue una estación desesperada, emocionante y desgarradora. A finales del otoño, en el gueto, mucha gente se unió a la resistencia armada.[263] Las chicas adolescentes contrabandeaban dinamita y pistolas, y en cuartos escondidos los jóvenes preparaban bombas molotov. Los luchadores fortificaron los techos de los edificios con posiciones defensivas. El invierno era glacial y riguroso, como siempre en Varsovia, y todo el otoño hubo rumores de que algo terrible pasaría. Ya nadie dudaba de que los alemanes matarían a todos, y la gente joven estaba decidida a luchar.

El 18 de enero de 1943 todos estos miedos se materializaron. Ese día los alemanes iniciaron una nueva y prevista deportación en masa en el ahora llamado "gueto salvaje" para suplir a los trabajadores débiles de la fábrica. Pero todo el mundo temía que ése fuera el final, la eliminación total (un "holocausto" del gueto). Pocos de los que sobrevivieron al verano de 1942 fueron lo suficientemente tontos para ser voluntarios en esta nueva "deportación". Ahora todo el mundo en la clandestinidad sabía a dónde guiaban las vías de Umschlagplatz y lo que les esperaba en Treblinka. El rumor se esparcía deprisa a todo aquel que quisiera escuchar. Los alemanes, determinados a juntar las cuotas y sin importar a quién deportaban, llevaron a punta de pistola hacia el andén de carga a cualquiera que pudieran ponerle una mano encima, sin importar su salud o situación laboral. Entre los atrapados ese día estuvo un grupo de gente joven de la resistencia, miembros de la Organización Judía de Combate y Hashomer Hatzair, el movimiento de exploración paramilitar judío. Los jóvenes estaban armados, organizados. Entre susurros, se pusieron de acuerdo: no se irían. Por primera vez en el gueto, sonaron los explosivos y disparos judíos.

Algunos de los primeros que dispararon eran amigos de Arek y Ala. Tomados por sorpresa y asombrados por la idea de una resistencia judía, los alemanes se desconcertaron. Durante cuatro días la batalla continuó, enfrentando a un grupo pequeño y determidado de jóvenes contra las fuerzas de los invasores nazis. Obvio, los rebeldes no podían ganar. Los alemanes tenían una potencia mucho mayor de fuego y de armas, y la resistencia era un pequeño grupo de gente. Casi todos los que se rebelaron fueron masacrados, y más de cinco mil judíos fueron deportados. Pero la atmósfera en el gueto era electrizante.

Ahora, de forma increíble y astuta, todos en el gueto buscaban lugares para esconderse[264] o trataban de salir al lado ario de la ciudad. Allí, la amiga y colaboradora de Irena, Janka Grabowska, recibió un mensaje frenético de Regina Mikelberg, escondida desde su valiente escape de los vagones de ganado destinados a Treblinka. Después de la primera vez que se cerró el gueto, Janka había abastecido a Regina y a su familia con la comida y medicina que necesitaban para sobrevivir, usando su pase de control epidémico para transportar los suministros a través de los puestos de control. Los padres de Regina estaban muertos (no pudieron saltar por las pequeñas ventanas del tren), pero su hermana pequeña era fuerte y en diciembre la habían asignado a trabajar en la calle Bema. Regina pensaba que ahora realizaba trabajos forzados en la fábrica Strayer-Daimler. En enero movieron en masa a todos los obreros a Umschlagplatz, y la hermana de Regina se escapó escondiéndose varios días bajo un montón de cadáveres. ¿Irena y Janka la ayudarían a salir del gueto? No había duda. Así que hicieron los preparativos y estuvieron de acuerdo: sería la operación de Janka.

Todo estaba listo. Janka se disponía a salir por la puerta de la calle Karolkowa cuando se enfrentó con un desastre. Escuchó los sonidos de un ligero golpeteo en la puerta trasera. Giró y abrió la entrada por el jardín. Su esposo, Józef, un soldado del Ejército Nacional, regresaba de una misión y ahora estaba delante de ella, herido y sangrando. Cuando Janka lo ayudó a atravesar el umbral y alejarlo de la vista de los vecinos, enfrentó una decisión agonizante: ¿Debería llevar a su esposo al hospital o asistir a la cita en el gueto? Józef soltó una risa dolorosa cuando entendió el dilema. *Sólo véndame, Janka*, le dijo antes de sumirse en las tinieblas. ¿Qué otra opción tenía? Janka revisó a Józef lo mejor que pudo[265] y decidió que tenía que controlarse. Al día siguiente lo llevaría al hospital.

Esa noche Janka trajo a la asustada chica judía a casa, pero la situación con Józef arriesgaba el esconder a alguien. Janka hizo lo que cualquiera habría hecho: llamó a Irena. Con la ayuda de Żegota, las hermanas Mikelberg se mudaron a un refugio judío operado por la madre de Janka. En primavera, el libro de contabilidad de Adolf Berman mostraba que el mismo mensajero secreto[266] estaba apoyando a las chicas Mikelberg, a la familia de Jonas Turkow y a Leokadia (la madre de Adam). Era otro vínculo curioso entre las familias Mikelberg y Celnikier.

Operaciones como ésas fueron posibles porque las mujeres todavía tenían los pases para el gueto. Cuando los alemanes apretaron el nudo de la soga alrededor del barrio, en los días siguientes al levantamiento de enero, cancelaron esos pases. Jaga e Irena ya no podrían cruzar los puestos de control. De ahí en adelante, los judíos tendrían que escapar solos. Pero Irena los ayudaría a esconderse. Se había corrido el rumor en los cafés clandestinos donde se reunían los judíos en fuga. Irena tenía buzones (lugares para dejar notas) por toda la ciudad, donde se dejaban los mensajes por si alguien necesitaba un refugio o un doctor clandestino. Ella iba a la lavandería y ponía notas para los mensajeros. Pero nadie imaginaba que fuera algo diferente a un eslabón más de la cadena. Actuaba como un soldado raso, nadie sospechaba que ella fuera la generala. Su apariencia de niña resultaba un gran disfraz.

En la primavera de 1943 el desastre amenazó mucho más y hubo una serie de pérdidas cercanas a los niños. Un día de esa primavera, el líder de Żegota, Julian Grobelny, le envió un mensaje urgente a Irena donde le pedía que se reuniera con él en la estación de tren. En el sucio andén ella escaneaba la multitud. ¿Dónde estaba? El tren de la línea Otwock estaba a punto de irse. Por el altavoz se escucharon los números de plataforma y los horarios, leídos con una voz ahogada. Había mucho ruido de trenes yendo y viniendo.

Cuando Irena por fin alcanzó a ver a Julian, se impresionó. Su tos seca y el pañuelo manchado de color brillante eran signos reveladores de que la tuberculosis (que ya sabía que lo mataría) estaba ganando terreno con rapidez. Irena se sujetó de su brazo mientras revisaban el tren para encontrar un vagón vacío. Cuando se alejaron con lentitud de la estación de Varsovia hacia el distrito Wawer, Julian le explicó la misión. *Tengo un nombre*, dijo, entregándole un pedazo de papel. *En un pueblo están escondiendo a una niña judía que fue testigo del asesinato de su madre. Dicen que está histérica.* Irena entendió. Mover a una niña traumatizada era una operacion especialmente riesgosa.

Pero esa tarde el desastre los golpeó casi al mismo tiempo que se bajaron del andén en su primera conexión. Irena volteó para tomar su bolsa de suministros. Nunca supo cuál era la condición ni el estado de la niña. En ese instante la multitud aumentó repentinamente. Alguien ladraba órdenes en alemán y en algún lado un hombre gritaba de dolor mientras lo golpeaban con una porra. Irena vio su bolsa. La voz de Julian fue apremiante. *¡Redada! Déjala.* Sus ojos lo siguieron cuando se deslizó de la plataforma y se metió entre dos vagones. Irena lo siguió.

Cuando Julian se detuvo, se recargó contra el vagón y trató de reprimir los sonidos de su tos. Eso era demasiado para un anciano con tuberculosis. Ella no podía dejarlo continuar. En el andén, los gritos de la redada se acercaban cada vez más. Se agacharon bajo un vagón. ¿Cuánto tiempo podría Julian seguir huyendo? *Por favor, déjame ir sola. Podré controlar a la pequeña. Debes regresar a la ciudad.* Él bajó la vista hacia su cara de niña y vio sus ojos llenos de preocupación. De ninguna forma abandonaría la misión. "¿Qué es esto? —replicó indignado—, ¿Me tomas por un perdedor que no puede escapar de los alemanes?"[267] Julián le hizo una mueca e Irena se dio cuenta de que el vagón empezaba a moverse. Conforme el tren se alejaba en dirección a Wawer, Julian se balanceó y levantó su mano para sujetar a Irena.

Aquello fue sólo el principio. Irena sabía que la parte más difícil todavía estaba por venir. Buscaban a una chica en la noche y sin una dirección. Cuando por fin la encontraron, Julian sorprendió a Irena. Con mucha ternura puso una silla al lado de la niña llorosa y acarició su cabello en silencio como si lo hiciera para siempre. Al final, la niña volteó hacia Julian, se acomodó en su regazo y se aferró a él. "No quiero estar aquí —susurró en su hombro—. Llévame contigo."[268] Julian miró a Irena rápidamente y abrazó fuerte a la pequeña. Irena sonrió. Estaba feliz de ver que no era la única a la que se le llenaban los ojos de lágrimas.

En la primavera de 1943 Irena todavía estaba preocupada por la seguridad de Katarzyna Meloch, la niña de diez años a quien Ala y Jadwiga habían rescatado el verano pasado. En el gueto, su abuela Michalina y algunos de su familia subsistían a duras penas. En marzo eso terminó. Hoy, Katarzyna no recuerda qué estaba haciendo el día en que su familia fue asesinada. "No puedo recordar con exactitud qué estaba haciendo el 21 de marzo de 1943 —reflexiona—. [Tal vez] estaba sentada en la banca de la escuela o corriendo con amigos por el bosque… [Quizá] cuando dispararon […] estaba cantando con otros niños en la iglesia."[269]

Katarzyna seguía escondida en un refugio dentro del convento, en el lejano pueblo de Turkowice, donde Irena puso a docenas de sus niños. Pero Katarzyna era una judía y para ella no existía la palabra "seguridad". Vivía en el terror constante de que los otros niños descubrieran su secreto. Una chica llamada Stasia la asustaba. Siempre la estaba espiando y la miraba de forma extraña. Si Katarzyna se equivocaba en el catecismo, si mezclaba laudes con vísperas, Stasia la corregía a propósito y entre burlas. Cuando Katarzyna mencionó haber visto un cartel que advertía a los habitantes de cuidarse de los ladrones de carteras, Stasia le dijo con placer: "Querida, ese cartel estaba en el gueto. Eres judía."[270]

Entonces Stasia se inclinó y le susurró algo más: "Lo sé porque una vez pasé por ahí con mis padres. Yo también soy judía. Debes ser más cuidadosa. Los alemanes están cazándonos a las dos."[271] En los orfanatos, los niños jugaban a alemanes y judíos. Algunos pretendían ser alemanes cazando judíos, otros simulaban ser judíos escondidos. Pero para los niños judíos todos los juegos se sentían demasiado reales.

Los alemanes continuaron cazando a miembros de la red de Irena y Żegota. Stefania Wichlińska, la mujer en la oficina de Irena que la presentó a Żegota, fue arrestada el 4 de abril de 1943. A pesar de ser torturada, Stefania no traicionó a su amiga Irena. La mataron a tiros en las calles del gueto en una ejecución en masa.[272] La sobrevivieron su esposo, Stefan, y dos niños. Llegaría un momento en que él también arriesgaría su vida para salvar a Irena.

Pero la pérdida más cercana de todas ocurrió en el departamento de Jaga Piotrowska esa primavera. Jaga y su esposo operaban uno de los refugios de emergencia más importantes de Irena, y más de cincuenta judíos pasaron por sus puertas durante los años de la ocupación. En 1943 tenía cuarenta años (era una de las mujeres más grandes en la red de Irena) y la casa de su familia era ideal porque tenía dos entradas, una por el frente y otra por el jardín de atrás. Dos formas de entrar y salir eran cruciales en una operación clandestina. Pero la calle Lekarska, donde se ubicaba, estaba dividida por la mitad con alambre de púas. De un lado sacaron a los habitantes polacos e hicieron habitaciones para los doctores y enfermeras alemanes que trabajaban en el hospital *Volksdeutsche* cercano. En el otro lado vivían familias polacas como la de Jaga.

Esto significaba que las patrullas alemanas iban y venían por la calle a todas horas. Pero los alemanes, les decía riendo Jaga a sus amigos, eran gente tan ordenada y obediente que no podían imaginar que alguien hiciera algo tan terriblemente descarado como tener a cincuenta judíos entrando y saliendo frente a ellos.

Ese día el alambre de púas fue testigo de la catástrofe. Un alemán había sido asesinado en el barrio. La resistencia había incrementado su objetivo de asesinar a los invasores y el castigo era atroz. Los soldados empezaron una búsqueda puerta tras puerta en las casas polacas para encontrar al sospechoso. Era temprano, una hermosa mañana de mayo,[273] dijo Jaga. Mucho tiempo después seguiría recordando los detalles con claridad. Las patrullas bloquearon ambas entradas de la calle y los militares de la infantería alemana empezaron a avanzar con paso de ganso y a ladrar órdenes hacia la parte de en medio (donde estaba la casa de Jaga). Ella y su familia estaban rodeados. No podían escabullirse por la puerta trasera. Jaga sabía que ése era el fin. "Esa mañana, en nuestro hogar, había varios niños y adultos judíos",[274] explicó. Tal vez fueran Pola, Mieczysław Monar y sus dos hijos. Uno de los niños podría haber sido Halina Ztotnicka. Uno de los presentes era, casi seguro, un adolescente llamado Josek Buschbaum, quien vivió con Jaga de 1943 a 1946. Tal vez estaba la familia Rapaczyński, o tal vez las dos hermanas Maria y Joanna Majerczy. Quienes se escondían ahí tuvieron la mala suerte de estar en la casa de la calle Lekarska esa hermosa mañana.

Jaga se paró descalza en la cocina, congelada de terror. Su hija, sus padres, ¿cómo los salvaría? Los disparos en las calles se hacían más cercanos y Jaga susurró las palabras del avemaría. Uno de los niños observaba, con los ojos muy abiertos, e hizo un dictamen solemne que inquietó a Jaga. *Todo es porque somos judíos.*

La fe de Jaga era apasionada. ¿Qué les pasaría a esos pequeños judíos si morían sin ser bautizados? Su mente viajó a toda velocidad. Sus almas estarían perdidas ante los ojos del dios al que le pedía que las salvara. Jaga volteó hacia los judíos que la observaban. Cuando alguien estaba *in extremis* (cuando la muerte es inminente), cualquier católico puede llevar a cabo el ritual del bautismo. En momentos como ése no se necesita un sacerdote. Sólo se requiere un corazón lleno de fe y un poco de agua. Volteó hacia la jarra de agua. Les mostró cómo debían poner las manos juntas. "Yo también lo hice", recuerda: ahí, en la cocina, mientras su madre y su hija observaban, mientras el sonido de los pasos se hacía cada vez más cercano, "los bauticé y les dije que estaba hecho".[275] Los niños judíos la miraron y suspiraron: "Entonces ¿ya somos como los demás?" Pero Jaga sabía que su bautismo no significaba nada para los alemanes que venían.

Ella cayó de rodillas para rezar enfrente de la estufa de la cocina, y los refugiados judíos hicieron lo mismo junto a ella mientras los guiaba en una oración y esperaban juntos a los alemanes. En la mano apretaba un pedazo de papel con los nombres de algunos niños de Irena; lo tenía listo frente al fuego para arrojarlo a las flamas cuando los alemanes tocaran la puerta y entonces trataría de morir con valor. Hasta ese momento Jaga no dejaría de rezar.

El único sonido en el cuarto era el murmullo de las voces de las mujeres polacas; de repente, esto la hizo reaccionar. ¿Dónde estaban los ruidos de los alemanes? Escuchaba con atención. Ahora era un sonido débil, apenas audible. ¡Se estaban yendo! Jaga supo que en verdad fue un milagro. Los escuadrones de búsqueda se habían encontrado justo en medio, frente a su casa. Cada equipo creyó que el otro ya había registrado el inmueble. Los alemanes dejaron la calle Leskarska sin siquiera tocar la puerta. Otros no tuvieron tanta suerte. Cinco judíos fueron descubiertos escondidos en la casa de un vecino. Asesinaron a tiros a los vecinos y a sus huéspedes.[276]

Aunque la vida en el lado ario se iba haciendo más peligrosa, había niños nuevos, en especial de familias de antiguos amigos. Los padres de un pequeño judío, Michał Głowiński,[277] eran Felicia y Henryk. En el verano de 1942, al empezar el gran *Aktion*, Michał tenía siete años. Cuando vinieron por la familia durante las redadas, su abuelo, Laizer, se negó a ir y prefirió suicidarse (saltó por la ventana). Pero Michał y sus padres fueron llevados a Umschlagplatz, destinados a Treblinka. En los andenes de carga, un policía judío les enseñó un hoyo en la cerca y la familia huyó a la seguridad relativa de un sótano en ruinas. Durante meses la familia Głowiński luchó por esconderse dentro del gueto y al final, en los primeros días de 1943, a cambio de un gran soborno, un oficial alemán los dejó ocultarse bajo una lona en un camión militar para cruzar los puestos de control. Michał y sus padres se reunieron con su tía en un pequeño ático en la ciudad.

¿Esa tía era Theodora? Entre sus tías y tíos estaban Józef y Theodora Zysman, viejos amigos de Irena Sendler que habían salido del gueto sólo unas semanas antes que los Głowiński. El primo de Michał, el pequeño Piotr, ya estaba en un escondite seguro en un orfanato gracias a Irena. Michał pasó largos días ese invierno en el ático lleno de polvo, jugando ajedrez y aprendiendo sus oraciones católicas en silencio, hasta que al final su escondite fue descubierto por los extorsionadores *szmalcowniks*. ¿Qué opción quedaba sino huir? El padre de Michał (el más difícil de ellos para esconder y un peligro para su familia) huyó a un pueblo cercano. De alguna forma sobreviviría, dijo. Al final, recurrió a Irena para ayudar a Michał y a su mujer. Ella le consiguió a Felicia un puesto como sirvienta en la casa de una pareja polaca rica y activa en la resistencia, gente que operaba una de las escuelas secretas en Otwock y que escondía a otros judíos. Michał desapareció, primero en un orfanato religioso en Otwock y luego en el lejano convento de Turkowice, donde estaba escondida Katarzyna Meloch.

Décadas después, Michał Głowiński escribiría acerca de sus años de niñez en Varsovia: "Constantemente pienso que me encontré con un verdadero milagro: se me concedió el regalo de la vida",[278] dice. La joven que se los dio a él y a su primo Piotr (y a más de 2500 niños) fue "la grandiosa e increíble Irena […] el ángel guardián de todos los escondidos […] Irena, quien en la temporada de gran mortandad consagró su vida entera a salvar judíos".

Irena no hacía mucho caso de ese tipo de declaraciones. Más bien siempre vivió con los fantasmas de aquellos que no pudo salvar, con el sufrimiento de perder a Ewa y al doctor Korczak. Con la muerte de sus treinta y dos huérfanos y las decenas de miles de otros niños que caminaron de forma inocente con una pieza de jabón en la mano rumbo a las "regaderas" que los esperaban en Treblinka. Incluso reconoció que sobrevivir "era una experiencia horrorosa para los pequeños héroes".[279] Pocos de los niños se reunieron con sus familias. Irena siempre dijo que el verdadero coraje les pertenecía a ellos y a las chicas adolescentes, valientes e intrépidas que le llevaban los niños cuando los pases para el gueto fueron cancelados. A los choferes de tranvías, conserjes y porteros. A los hombres que arrojaron dinero en paracaídas en Varsovia y a las enfermeras como Helena y Ala. A las monjas y las familias adoptivas a lo largo de la ciudad que cuidaron y escondieron a los niños. Sobre todo, pertenecía a las madres y padres que los dejaron ir. Irena siempre insistió en que ella sólo fue la parte menos importante de una red frágil pero asombrosa que se extendió por Varsovia en la primavera de 1943; que fue sólo una pieza de esta gran fraternidad de extraños.

CAPÍTULO 13

LA REBELIÓN DE ALA

Varsovia, abril-julio de 1943

Ese año en Varsovia, las celebraciones de Semana Santa que precedieron al Domingo de Resurrección ocurrieron en un caluroso y agradable clima de primavera. El Domingo de Ramos se instaló una feria, como una flor chillante y de mal gusto previa a las festividades, a lo largo del lado ario del muro del gueto. Una de las atracciones principales era un carrusel de sillas voladoras que levantaban a las jóvenes parejas de polacos enamorados[280] muy alto en el aire, y desde arriba podían echar un vistazo en cámara lenta sobre el olvidado barrio judío. Los comerciantes vendían hojaldres calientes, y durante mucho tiempo la música de carnaval se mezcló con las risas de los niños.

La apertura del festival de Semana Santa, el 18 de abril de 1943, también coincidió con la celebración de la vigilia de la Pascua judía, y secretamente a través del barrio las familias preparaban sus celebraciones.

Pero mucho antes de la medianoche un terrible rumor[281] de un *Aktion* próximo barrió con el gueto. Ya nadie dudó al respecto y todos abandonaron las mesas con el escaso banquete. Las familias pasaron las siguientes horas empacando. No para irse al lado oriental, no para volar desesperadas a través de los muros del gueto, sino para esconderse en los refugios de los áticos y en los búnkeres clandestinos que cientos de personas habían construido durante la primavera.

Mientras los niños y los débiles estaban bajo tierra, la gente joven del gueto subía a los techos y tomaba posiciones en los callejones. Los vigilantes atendieron sus puestos de observación y revisaron los códigos para pasar mensajes. Entonces el gueto esperó. Justo después de las dos de la mañana, las tropas de las ss avanzaron con calma y rodearon los muros del gueto. El barrio ario descansaba muy tranquilo.

Nadie dormía en el lado judío. Los vigilantes pasaron la voz a través de todo el distrito. Había comenzado. Los habitantes sabían que cuando llegara la siguiente ronda de deportaciones sólo podría haber una guerra a muerte. A las dos de la mañana la resistencia se había movilizado. En puntos a lo largo de la línea de batalla casi 750 hombres y mujeres jóvenes y armados esperaban. Un amigo de Ala, el judío activista clandestino Marek Edelman, fue uno de sus líderes. Los contactos de Irena en Żegota (Julian Grobelny, Adolf Berman y Leon Feiner) también estaban despiertos y movilizando planes de apoyo para los luchadores del gueto. Adolf y Leon llevaban granadas de mano y armas[282] para sus camaradas judíos a través de túneles peligrosos e inestables cavados bajo los muros. Julian, más débil que nunca por la tuberculosis, manejaba desde su cama el control de operaciones del cuartel general y enviaba mensajeros aquí y allá a través de la ciudad, reuniendo información y distribuyéndola. Uno de estos primeros mensajeros fue con Irena, quien iba en camino a las líneas del frente, lista para hacer lo que fuera necesario. Y esa madrugada Ala Gołąb-Grynberg también hacía sus preparativos. Ella había sobrevivido esos meses largos y desesperados trabajando como costurera en la fábrica Toebbens, pero ésa no era su profesión.

Desde las dos de la mañana hasta el amanecer todo estuvo en silencio. El gueto vigilaba. Los alemanes permanecieron de pie en sus puestos hasta las horas más oscuras de la noche y entonces, como a las cuatro, hicieron pequeños grupos y empezaron a arrastrarse con sigilo a través de las puertas, confiando en sorprender a los habitantes dormidos. A las seis de la mañana, cuando el sol se elevó brillante sobre el horizonte, dos mil soldados de las ss se reunieron y se prepararon en las esquinas y en los techos. Una hora después los motores se prendieron y los tanques y las unidades de artillería motorizadas entraron en el distrito. Se dio la señal y las ss avanzaron. Pero los luchadores judíos ocultos estaban un paso adelante de los alemanes. Lista en sus posiciones, la resistencia cortó el camino de retirada de las ss y abrió fuego de manera furiosa y sorpresiva.

Los alemanes no tenían idea de que esto pasaría. La resistencia judía en semejante escala no encajaba con su preconcepción de lo que los *Untermenschen* eran capaces de planear. Los luchadores de la resistencia, armados sólo con revólveres, bombas caseras y unos cuantos rifles, dieron en el blanco duro y rápido, y todo ese primer día un júbilo salvaje irradió en el barrio. Los luchadores judíos no sólo estaban combatiendo: iban ganando. El viejo amigo de Ala, Marek Edelman (aquel chico delgado de veinte años que la ayudó a ella y a Nachum a salvar a cientos en Umschlagplatz en el verano de 1942) ahora dirigía un batallón de la resistencia y recordó cómo usaban botellas incendiarias para atacar las columnas alemanas:[283] "Volamos los tanques y las tropas alemanas, [y como] a las cinco de la tarde los alemanes, sorprendidos y estupefactos por la resistencia judía, se retiraron del gueto",[284] presumía en la entrada de su diario de ese día. Entonces, otra vez, las calles quedaron en silencio.

La muerte contaminó las calles del gueto. Cerca de doscientos luchadores de la resistencia cayeron en la primera batalla. Pero muchos más alemanes lo hicieron también. Los judíos ancianos salieron de sus escondites a besar las mejillas de los jóvenes héroes que descansaban sin movimiento en las banquetas y los extraños se abrazaban en las calles. Todo el mundo sabía que sería una celebración corta, pero aquel momento había tardado años en llegar. El 20 de abril los alemanes retrasaron su regreso hasta la tarde y trataron de reorganizarse. La lucha fue más feroz que nunca. Gritos de alegría surgieron en el gueto cuando los combatientes mataron a alrededor de cien alemanes de una sola vez, al explotar una mina colocada estratégicamente debajo de ellos. Para el asombro de los invasores, las chicas adolescentes, valientes y sin temor a morir, llevaban granadas de mano escondidas "en sus *bloomers* hasta el último momento"[285] para acercarse lo suficiente y matar a más enemigos. Los espíritus volaban en la segunda noche. "Estábamos felices y reíamos —recuerdan los luchadores—. Una gran alegría nos invadía [cuando] arrojábamos las granadas y veíamos a los alemanes sangrar en las calles de Varsovia, las cuales habían sido inundadas por tanta sangre y lágrimas judías."[286] Entre las ruinas del hospital donde vivía Ala (en un sótano destruido en el número 4 de la calle Gęsia), ella y Nachum Remba unieron sus fuerzas otra vez con las enfermeras y doctores, y rápidamente establecieron una estación médica de emergencia para ayudar a los combatientes.

Conforme se esparció el rumor del levantamiento del gueto a través del lado ario, también los polacos apoyaron, pero con un trasfondo siniestro. Los habitantes del lado ario acudieron al desfile y se formaron en largas filas para comprar boletos y observar el desarrollo de la fantástica batalla desde lo alto. Con picnics y en escandalosa fiesta, se alineaban en los puentes que miraban al gueto desde arriba. Y a quienes luchaban por sus vidas dentro del gueto les parecía que aquellos que se reunían para observar no apoyaban a los judíos, pero sí disfrutaban el espectáculo de ver perder a los alemanes. En las fiestas de los techos, la gente decía que ése era "el primer enfrentamiento verdadero que los alemanes habían tenido en toda esta triste época".[287] La brisa llevaba sus insensibles comentarios hasta el gueto. Pronto los aviones alemanes volaron muy bajo sobre la ciudad, soltaron bombas en el barrio amurallado y destruyeron casas. Cuando los edificios de departamentos explotaban, se hacían entusiastas apuestas sobre cuánto tiempo tardarían en incendiarse o si habría judíos adentro.[288]

Irena no podía tolerarlo. Su pase para el gueto no tenía validez y a ningún ario se le permitía entrar o salir. Cada día iba y se paraba en el muro, presionando a su cerebro para que pensara en alguna acción, alguna forma de mostrarle a Ala que todavía estaba con ella. Entre sus amigas de preguerra, sólo Ala seguía adentro, luchando. Pero no había nada que pudiera hacer para ayudarlos, ni a ella ni a los demás luchadores.

Para el domingo, el sexto día de la insurrección, la tendencia dentro del gueto estaba cambiando. Los alemanes, furiosos y decididos, prendieron fuego edificio por edificio. El humo salía en grandes cantidades detrás de los muros, y enormes copos de ceniza blanca grisácea flotaban en el aire primaveral por toda Varsovia central. Esa mañana Julian Grobelny le envió un mensaje a Irena y le pidió acudir con rapidez al departamento secreto de la calle Żurawia. Más tarde recordaría que al llegar al umbral de la entrada principal las campanas de la iglesia resonaban por toda la ciudad. Las mujeres flotaban con sombreros de fiesta y vestidos con telas floreadas. Desde las ventanas abiertas llegaban los sonidos de las familias sentadas frente a su feliz desayuno de Pascua. En su pequeña habitación, al final del departamento, Julian estaba deprimido. Sus contactos le reportaban que era una guerra urbana no convencional dentro del gueto y que los ataques alemanes venían de todas direcciones. No había duda acerca de ganar o perder. Siempre fue imposible ganar. Ahora sólo se trataba de ayudar a cualquier sobreviviente que pudiera hacer el peligroso camino fuera del infierno.

"Tienes que ayudarlos", le dijo Julian. La respuesta de Irena fue instantánea: *¿Qué necesitas? Dime.* Julián contestó: "Dame algunas direcciones donde podamos ubicar a los que logren llegar al lado ario".[289] Desde ahí, Żegota puede ayudarlos. Irena reflexionó. ¿Qué direcciones podría usar? Estaba su departamento. Sabía que podía contar con Zofia y Stanisław; con Janka y su hermana Jaga. *Tenemos nuestras "salas de emergencias",* dijo Irena. *Están abiertas a cualquiera que escape del gueto. ¿Żegota puede transmitir las direcciones a la Organización Judía de Combate?*[290]

Irena también pensó más allá. Sabía que era un riesgo atrevido (incluso más arriesgado que algunas de sus antiguas operaciones), pero si los alemanes estaban empecinados en destruir calle por calle, vislumbró una posibilidad. Se preguntó si los ocupantes estarían tan distraídos como para meterse en el gueto sin que la vieran. Y si lo lograba, de seguro podría salir con algunas personas. Ese día Irena entró y salió del gueto trayendo consigo a un chico. ¡Sí se podía!

Mobilizó a su equipo. Durante los siguientes días, las mujeres volvieron a entrar y salir. Con mucho valor, Irka Schultz se metía en los edificios ardientes y sacaba a niños muy pequeños llorando. Irena esperaba en las salidas de las alcantarillas[291] y los túneles, y les daba las direcciones de los refugios. En el departamento de Janka, miembros de la resistencia iban y venían, depositando documentos secretos que eran transportados fuera del gueto. Separada de su amiga, Irena estaba desesperadamente preocupada por Ala. Conforme el fuego se iba haciendo más violento cada día, ella esperaba que, de alguna manera, Ala fuera una de las que lograra llegar a los refugios. Julian compartía su preocupación. Ala trabajaba directamente con él y con otros en la resistencia judía,[292] y éste la conocía bien: sabía que era una mujer de inmenso ingenio y coraje. Si alguien podía sobrevivir, era ella.

Durante una semana o dos la trampa funcionó y las familias gateaban por las alcantarillas en busca de seguridad. Pero pronto los alemanes descubrieron las rutas de escape. Entonces cortaron todos los servicios públicos de la ciudad y bombearon veneno en las cañerías principales de agua y de gas para matar a los que escapaban. A principios de mayo, para los que se quedaron atrás no había una salida fácil. Ala estaba entre los seguían luchando. Desde refugios calcinados en lados opuestos de la calle Gęsia, Ala, Nachum y su esposa Henia, trataban de ayudar a los combatientes heridos con servicios médicos.

El 8 de mayo de 1943, cerca del final,[293] las patrullas alemanas hicieron una redada en los búnkeres de la calle Gęsia. Alrededor de Ala el gueto estaba en llamas. "No había aire, sólo humo negro, asfixiante y pesado, calor quemante irradiando de las paredes al rojo vivo,[294] de los escalones de piedra brillante", escribió en su diario su compañero activista Marek Edelman. "Las flamas se aferran a nuestra ropa, la cual ahora empieza a quemarse lentamente. El pavimento se derrite bajo nuestros pies."[295] Las madres saltaban con sus hijos pequeños hacia sus muertes cuatro o cinco pisos más abajo, entre una lluvia de disparos alemanes. Cuerpos carbonizados yacían por las calles y los edificios quedaron reducidos a escombros. En los sótanos sucios y clandestinos, el equipo del hospital se agachaba con miedo, apilando piedras con mucho cuidado para esconder de la vista a sus niños. Pero ahora los alemanes traían perros, y fue uno de éstos el que delató a Ala. Probó la suciedad y la ceniza en su boca… y sus piernas temblaron cuando la sacaron a cielo abierto a punta de pistola.

Ese día marcharon juntos hasta el punto de reunión en la calle Nalewki. El camino llevaba a Umschlagplatz. Ala sabía lo que les esperaba en el otro extremo de las vías. Durante dos días esperaron a que llegara el tren. Soldados alemanes y ucranianos exploraban los cuerpos de los jóvenes, buscando armas ocultas en sus cavidades, y alrededor de Ala morían muchachos destripados. Trató de no ver cómo las niñas más bonitas eran violadas por turnos por una brigada de soldados risueños, a lo que seguía el inconfundible sonido de los disparos. Tal vez Henia Remba fue una de esas mujeres. Era joven y no se tiene ningún registro de que haya salido de Varsovia. Murmullos de dolor eran silenciados con porras de hierro. Entonces, Ala y Nachum fueron metidos en uno de los vagones de ganado destinados a Treblinka.

En el lado ario, las llamas del gueto podían verse con claridad desde la calle Świętojerska y desde la plaza Krasiński, donde a pesar de todo la fiesta continuaba.

Los partidarios lucharon hasta que ya no quedó nada del gueto. Para el 9 de mayo, con sus integrantes menguados, el jefe de la Organización Judía de Combate (uno de los muchos grupos de resistencia en el gueto) era Marek Edelman. El 10 u 11 de mayo, ya no había nada que ver para los curiosos polacos, sólo ejecuciones incesantes. Los combatientes judíos levantaron una súplica improvisada sobre el muro hacia el lado ario, escrito en una sábana que decía: "Hermano, por favor ¡ayuda! ¡Peleamos por nuestra libertad y por la tuya!"[296] Pero ningún auxilio llegó de la población polaca. Marek y sus partidarios, hombres y mujeres, se retiraron a los búnkeres enterrados en la ladera, y en un cambio desesperado de táctica, sólo salieron después de que oscureciá para pelear de noche en las calles. Durante el día, el gueto estaba silencioso en forma espeluznante y los únicos sonidos que se escuchaban eran los susurros de las flamas y, a veces, las vigas al romperse. Los luchadores se quedaron sin agua ni municiones. El único objetivo en los últimos días era no ser atrapado vivo por los alemanes. Ocultos en los escondites que serían sus tumbas, las familias y los líderes de la resistencia sacaron su último y más preciado recurso: sus cápsulas de cianuro. Se suicidaron juntos.

Sólo un puñado de los combatientes del gueto de Varsovia escapó de la muerte y del envío a los campos. Éstos fueron los luchadores que lograron escabullirse al lado ario sin ser vistos en los últimos días del levantamiento. Fueron menos de doscientos. Marek Edelman estuvo entre ellos. Después recordaría cómo, con el gueto colapsando a su alrededor, unos pocos rebeldes fuertes y afortunados (hombres y mujeres) "caminaron o gatearon durante veinte horas"[297] a través de las alcantarillas con trampas puestas por los alemanes, retorciéndose en la oscuridad por las fétidas tuberías de apenas 60 centímetros de diámetro. En el otro lado los esperaban camionetas y camaradas, listos para escapar a los bosques o a los refugios. En una de estas rejillas la centinela era Irena.

A las 8:15 de la noche del 16 de mayo, justo cuando el crepúsculo caía sobre Varsovia, una explosión colosal de dinamita retumbó hasta las ventanas del lado ario. La gran sinagoga se estremeció por un momento y después se derrumbó. Era la última derrota simbólica de los judíos de Varsovia. La batalla por el gueto había terminado. El gobernador general alemán de la ciudad informó a sus superiores en Berlín que había completado su misión. "Los judíos, bandidos y subhumanos fueron destruidos. Ya no existe el gueto judío de Varsovia."[298] Sólo la torre del campanario de la iglesia de San Agustín (sin bombardear) se elevaba tristemente en el centro de un mar de escombros. El gobernador general informó con orgullo[299] que el número total de judíos destruidos en el *Aktion*, en los campos o por el fuego había sido de 56 065, de una población aproximada de 60 000.

Y para los judíos ocultos en el lado ario de la ciudad ahora empezaba una vida más precaria y peligrosa, aunque fuera difícil de creer.

Muchos judíos escondidos fuera del gueto ahora perdían las esperanzas de sobrevivir. El terror constante causó un daño psicológico del cual algunos nunca se recuperaron. Enfrentados a la oportunidad de huir, algunos hombres y mujeres se arriesgaron de formas fantásticas. Uno de estos hombres fue el antiguo amigo de Irena, el abogado Józef Zysman.

Cuando Józef y su familia escaparon del gueto a finales de 1942, el Hotel Polski era un edificio viejo de cuatro pisos en el número 29 de la calle Długa,[300] ubicado justo afuera de los límites del gueto. En el piso de abajo había un restaurante y las escaleras de arriba llevaban a las habitaciones de estrechas ventanas rectangulares que veían hacía la calle empedrada. Desde su escape, Józef se había estado mudando de un refugio a otro, y la familia se separó por seguridad. Irena cuidaba al pequeño Piotr y Theodora vivía con falsos documentos.

Para finales de la primavera de 1943 Józef estaba sólo y cansado. Los *szmalcowniks* acechaban la ciudad, averiguando dónde había judíos escondidos para extorsionarlos y pedir recompensa a los alemanes. Buscaban pequeñas pistas de alguien oculto: el juego de sombras en la ventana de un ático en el crepúsculo o una hogaza de pan extra en la canasta de un ama de casa. Entonces sus guardianes irían hacia Józef, frenéticos, y él tendría que escapar a las calles sin previo aviso, para de nuevo encontrarse sin hogar. Él deambuló, tratando de pensar en dónde podría dormir unas cuantas horas. Extrañaba a su familia. Extrañaba su vida. Sabía que no podía seguir en aquel estado de terror constante.

Fue en algún momento de la segunda o tercera semana de mayo cuando Józef escuchó el rumor. Alguien le contó que los ocupantes querían intercambiar judíos por ciudadanos alemanes en el extranjero, de modo que sacarían judíos de Polonia en un tren de servicio regular. Pronto los rumores tomaron dimensiones aún más fantásticas. Había cafés clandestinos donde los judíos en fuga iban a enterarse de las noticias mientras tomaban algo caliente. En esos lugares, ahora la gente decía que muchas embajadas habían enviado una gran cantidad de visas y pasaportes (mucho tiempo esperados) para judíos nacidos en el extranjero y aquellos en busca de emigrar a Sudamérica y Palestina. Los documentos llegaron a Varsovia demasiado tarde para salvar a sus destinatarios planeados o prometidos. Umschlagplatz se había llevado a casi todos. Pero eso no significaba que esas visas y pasaportes no pudieran salvar a algunos, aunque tal salvación tuviera el precio del mercado negro.

Detrás de todo eso estaban un usurero judío sin escrúpulos llamado Adam Żurawin y un gánster del gueto llamado Leon Skosowski, apodado Lolek. Nadie sabía cómo, pero durante el levantamiento del gueto habían conseguido una provisión impresionante de correo sin entregar, la cual incluía cientos de documentos de migración. Los murmullos en los cafés clandestinos decían que Adam dirigía un pequeño hotel en el número 29 de la calle Długa. Uno podía ir ahí a comprar un pasaporte. Claro, las tarifas eran estratosféricas. Sólo los judíos ricos que habían salvado algo de su fortuna anterior a la guerra eran capaces de pagar los precios de Adam Żurawin, aunque eso no impedía que lo intentaran las familias desesperadas y pobres. También corría el rumor de que el hotel era una especie de terreno neutral,[301] un lugar donde los judíos podían registrarse para la migración y esperar de forma segura hasta que sus documentos estuvieran listos y empezaran las deportaciones de Polonia.

Józef esperó y observó. ¡Era cierto! Llegaron los primeros registros para visas y les dijeron que tenían que ser pacientes. Se registraban en cuartos iluminados por el sol en los pisos de arriba, y los alemanes no venían a arrestarlos. De hecho, parecía una especie de paraíso. Dentro de los confines de los corredores y cuartos del hotel, los habitantes tenían una libertad inimaginable. Allí los judíos no tenían que usar la estrella de David y la Gestapo, cuidadosamente (demasiado cuidadosamente, dirían algunos), ignoraba el edificio. Una pequeña parte empedrada frente a la entrada principal fue declarada patio para el café-restaurante, y desde la esquina de la calle Józef podía ver con claridad a judíos bien vestidos disfrutando una bebida sin ser molestados en las tardes de primavera. La gente iba y venía, y en la noche el barrio vibraba con los sonidos de las fiestas más alegres y locas del Hotel Polski. Las mujeres sacaban sus abrigos escondidos y las perlas de sus madres, y caminaban por los corredores con un elegante satín. Las parejas enamoradas, deseosas de la vida y la libertad, se quedaban pasmadas de borrachas a través de los corredores, sin darse cuenta del destino de los demás.

En el Hotel Polski había milagro tras milagro. Józef seguía vigilante. Pero también tenía una desesperación creciente. El 21 de mayo hasta los opositores y escépticos estaban en silencio. Esa mañana, sesenta y cuatro judíos del hotel (sin guardias de las ss y con gran amabilidad de los alemanes) abordaron un tren bien equipado y cómodo con destino al campo en Vittel, en la frontera este de Francia, donde se sabía que las condiciones eran civilizadas. En el tren, incluso los niños tenían su propio asiento y decían adiós con la mano a Varsovia desde unas ventanas resplandecientes.

Los que abordaron incluían a quienes estuvieron dispuestos a pagar los sobornos más grandes. Algunas familias entregaron hasta 750 000 eslotis (en la actualidad serían como dos millones de dólares) por uno de esos preciados pasaportes. Muchas familias pagaron 20 000 o 30 000 eslotis por un solo documento que tal vez ayudaría en la aplicación. Cuando llegaron cartas de Vittel, que los destinatarios sabían que eran auténticas, que confirmaban las llegadas seguras y las buenas condiciones, todo se conmocionó. Más de 2 500 judíos salieron en estampida de sus escondites en el lado ario. Algunos historiadores aumentan la cifra hasta 3 500. Todos ellos iban a competir por un lugar en la lista de emigrantes, a lanzar el dado en la que sería la lotería más espectacular y peligrosa de la guerra.

Un amigo de Irena, el abogado Józef Zysman, estaba entre ellos. No era que creyera en los alemanes; más bien había perdido la fe en las oportunidades de sobrevivir escapando, porque esconder hombres era mucho más difícil que esconder a madres o a niños. Y por alguna razón (quizá por orgullo o tal vez por la sensación de que ya había pedido demasiado al encargarle a Piotr) Józef nunca contactó a Irena. No creía que pudiera durar mucho tiempo en el lado ario, y si había una oportunidad, valía la pena jugárselo todo.

La clandestinidad polaca trató de advertir a los judíos de que era una trampa. Mensajes urgentes sonaban a lo largo de sus redes secretas. Pero no los pudieron convencer. La esperanza era demasiado poderosa. Durante meses, un mundo de fantasía se había establecido en el Hotel Polski, y la fiesta continuó hasta que los gánsteres estuvieron seguros de que los últimos bolsillos y tesoros o ahorros escondidos habían quedado vacíos. El Hotel Polski no era más que una cruel oportunidad (organizada entre la Gestapo y un puñado de colaboradores judíos) para despojar a la gente de sus últimos recursos. Entre esos colaboradores y los arquitectos del rumor estaba una mujer a la que Irena y Józef conocían bien. Era la artista seductora de un cabaret que cantaba con suavidad antiguas canciones de amor en el Café Sztuka: la prima de Ala, Wiera Gran. Irena estaba convencida de que Wiera era una informante de la Gestapo.[302]

Y no era la única. Muchos de sus amigos cercanos vieron evidencias de las traiciones de Wiera. Los archivos secretos del Ejército Nacional advertían a sus agentes sobre ella: "Judía antes de la guerra, bailarina de cabaret, ahora dirige una oficina de los hombres de confianza de la Gestapo, quienes se ocupan principalmente de cazar judíos."[303] En Żegota, el doctor Adolf Berman la veía como una colaboradora nazi. También un joven amigo de Ala, el ahora famoso héroe del gueto Marek Edelman. Jonas Turkow, el actor judío a quien Ala y Nachum salvaron en Umschlagplatz, aseguraba ser testigo directo de sus traiciones. En los días anteriores al gran *Aktion,* Irena y Ala fueron a ver su actuación en el club nocturno del gueto. Tiempo después, cuando se le pidió describir a la cantante, Irena fue tajante en su declaración: "Wiera Gran, una actriz de cabaret… que trabajó para la Gestapo junto a Leon Skosowski… Me dolió mucho que en la lista de la gente importante de la Nación Judía apareciera su nombre. Wiera Gran: una criminal que vendió a su propio pueblo".[304]

Se rumora que Józef Zysman fue uno de los que Wiera delató ese año. Se presentó esa primavera junto con otros miles en la terrible recepción del Hotel Polski. Entregó la cantidad que requería el registro y durante semanas pasó sus días yendo de allá para acá en los gastados corredores; sus últimos recursos se acabaron muy rápido entre las escenas del alegre caos. Al final, una mañana de julio, alguien muy emocionado corrió el rumor. ¡Se están yendo! ¡Están viniendo los trenes! Pareció tan civilizado para Józef al principio. Los judíos abordaban con calma los trenes, esperando dirigirse al oeste, hacia la vida y la libertad. ¿Cuánto tiempo pasaría antes de que se dieran cuenta de que las vías sólo llegaban a los campos de concentración de Bergen-Belsen? Y cuando los trenes no pudieron llevarlos a todos y la Gestapo estaba impaciente por acabar con el asunto, los que quedaron (varios cientos) fueron llevados a la prisión de Pawiak, en las ruinas del gueto. Algunos fueron alineados contra el olmo en el patio y ejecutados con una lluvia de balas. A otros los dejaron frente a la puerta de la prisión de la calle Dzielna, donde pusieron una plataforma de madera sobre el abismo de unos cimientos destruidos. Conforme sonaban los disparos, los cuerpos caían a esa fosa común y luego los cubrían

con cal viva. Entre las víctimas del Hotel Polski estuvo Józef Zysman. "Un hombre maravilloso que murió como un mártir, enga-
ñado por bárbaros."[305] Ésta fue la acusación de Irena. Ella y sus
amigos no olvidarían el papel de Wiera Gran en el asesinato. Wiera
alegó su inocencia, pero Irena nunca le creyó. Después de la guerra
habría consecuencias y más acusaciones. Habría juicios y recriminaciones, e Irena atestiguaría de forma personal contra Wiera.

Algo sorprendente y conmovedor llegó a los oídos de Żegota y de
la clandestinidad a través de sus canales, y seguramente su líder
compartió las noticias con Irena. Un grupo de combatientes judíos,
atrapados en las deportaciones a Treblinka en los últimos días del
levantamiento del gueto, fue enviado a un campo de trabajos forzados en un lugar llamado Poniatowa. Ahí pusieron a los prisioneros a trabajar fabricando uniformes militares alemanes para el
magnate textil Walter Toebbens.[306] Asignaron a la mayoría de los
que se salvaron de las cámaras de gas a estas fábricas dentro del
gueto. Henia Koppel, la madre de la bebé Bieta, era una de ellas.
Ahora se corría el rumor de que una docena o más de ellos estaban
organizando una célula de resistencia y un escape clandestino. Alguien entre ellos se comunicó con la organización de Marek Edelman.
Necesitaban ayuda urgente para seguir luchando. Otra persona
de la célula también envió un mensaje a Julian Grobelny en Żegota.
Por sus números, Julian supo que era una mujer, una enfermera,
quien ya había establecido en el campo una clínica secreta y un
círculo de niños. Su equipo necesitaba documentos de identidad
falsos, dinero y, otra vez, armas. Las operaciones habían empezado
a contrabandear niños con la ayuda de los trabajadores locales de
Żegota. Planeaban un escape en masa de la prisión y otro levantamiento. Esta enfermera era Ala.

1943 fue un año de gran tragedia y oscuridad moral en Varsovia,
pero también hubo historias sorprendentes de supervivencia y lucha, como la de Ala y otros. Ese otoño hubo otro rescate dramático

de una niña cuya vida estaría unida para siempre a la de Irena. Chaja Estera Stein fue la primera de sus dos hijas adoptivas.[307] Otra vez Julian Grobelny hizo la conexión.

Estera llegó del pueblo de Cegłow, no muy lejos de Varsovia, y en 1940, cuando cumplió trece, la encerraron en el gueto de Mrozy con sus padres, Aron y Faiga, y su hermana, Jadzia. En 1942 el gueto Mrozy fue eliminado. Aron, Faiga y Estera huyeron de las redadas y esa primera noche se resguardaron juntos en un viejo cobertizo en una granja fuera del pueblo. Pero dejaron a la pequeña Jadzia en el caos y su madre estaba frenética. Aron puso una mano en el hombro de su esposa y le prometió que regresaría al gueto y la encontraría. Durante varios días madre e hija esperaron en las sombras. Luego Faiga entendió que Aron y Jadzia nunca regresarían.

Faiga miró a su hija hambrienta y cansada. No podrían estar en un cobertizo para siempre. En la oscuridad, se arrastró para pedir ayuda a la única persona en el pueblo que pensaba que podía ayudarlas. Aron era dueño de una fábrica; estaba en el negocio del agua mineral. Julian Grobelny era el dueño de una de las granjas más grandes en el pueblo (incluso más que donde estaban escondidas). Julian, Aron y el sacerdote local de la parroquia eran grandes amigos. La única imagen que Estera siempre guardó de su padre fue la de verlo a él y al sacerdote platicando juntos; su padre judío ortodoxo con su larga barba y negra gabardina y el sacerdote católico con su sotana. Cuando Faiga tocó la puerta de la casa parroquial, el viejo cura le dio agua y comida y le prometió que la ayudaría. Pero Faiga no sobrevivió el camino de regreso. Fue capturada y asesinada. El sacerdote envió un mensaje urgente a Julian para que se apurara si quería salvar a Estera.

Julian, como siempre, se dirigió a Irena, la directora de la división de asistencia social infantil de Żegota, quien envió un correo al sacerdote con el nuevo documento de identidad. Ahora el nombre ario de Estera sería "Teresa Tucholska", y tendría que viajar sola en el tren a Varsovia. Cualquier otro plan era demasiado peligroso. El sacerdote acompañó a Estera a la estación de tren, le mostró en cuál compartimiento entrar y repasó lo que tenía que decir y mostrar cuando los alemanes le pidieran sus documentos. La estación de trenes en Varsovia era ruidosa y llena de gente, pero en el andén una mujer rubia y pequeña esperaba por ella pacientemente. Irena tocó el hombro de la niña para tranquilizarla. *Por fin llegaste, Teresa, ven conmigo.* Los siguientes días, durante las peligrosas horas de transición, Estera se quedó con Irena y su madre en el pequeño departamento de Wola. Era una niña independiente e inteligente, pero había perdido a toda su familia en cuestión de semanas, e Irena descubrió que por primera vez deseaba tener hijos.

A pesar de lo que Irena quisiera, Estera no podía quedarse en su departamento. Los enlaces y mensajeros de la resistencia iban y venían, y era demasiado peligroso para una niña. Al final encontró la solución perfecta. La enviaría con Zofia y Stanisław, sus antiguos amigos de la Universidad Libre de Polonia y activistas en las redes clandestinas de las células de la doctora Radlińska. Zofia y Stanisław tenían cuatro hijos[308] y escondían a tres chicos judíos en el número 9 de la calle Lekarska, en el distrito Ochota. Claro que ocultarían a Estera, le aseguraron a Irena. Y así "Teresa" se convirtió en la ocava hija de su familia durante la guerra. Justo a tiempo. Pronto Irena no estaría en posición de cuidar a nadie. De hecho, en el otoño de 1943 la propia Irena necesitó con desesperación que la salvaran.

CAPÍTULO 14
ALEJA SZUCHA
Varsovia, octubre de 1943-enero de 1944

La calle Bracka se encontraba cerca de una avenida principal, al este de donde había estado el gueto. Sus concurridos comercios incluían una lavandería donde las amas de casa podían descansar un poco, si tenían dinero para pagar. Ahí las mujeres iban y venían todo el día, recogiendo con cuidado paquetes envueltos en papel café o montones de ropa blanca en cestas. Pero a veces iban y venían trayendo algo más: una nota o un mensaje metido entre los pliegues de sus prendas. En octubre de 1943 la Gestapo arrestó a la mujer que operaba la tienda, acusándola de ayudar a la resistencia a pasar paquetes y mensajes. La llevaron a la avenida Szucha y la torturaron, la trataron con crueldad en Pawiak y la volvieron a interrogar con porras de hierro, hasta que la desdichada y fracturada mujer le dijo a la Gestapo lo que sabía. Después la mataron. No hay forma de culpar a alguien en estas circunstancias. Nadie sabe si será capaz de resistir la tortura hasta que se enfrenta a los verdugos. Cuando confesó, nombró al menos a tres mujeres que usaban su tienda como oficina de correos clandestina. Una de ellas era Irena Sendler.

El 19 de octubre, Irena y su familia se reunieron para una pequeña celebración. Una de sus tías llegó a pasar la noche con su madre, igual que la amiga de Irena (y su enlace clandestino) Janka Grabowska. Janka y su esposo Józef fueron una pareja a quien mucha gente confió sus secretos. Escondían los archivos y documentos importantes de algunos miembros de la Organización Judía de Combate y continuaban ocultando a su amiga Regina Mikelberg (la mujer que tal vez fue esposa de Adam) y a su hermana.[309] Ni Janka ni Irena habían olvidado el dramático escape de Regina de los vagones que avanzaban hacia Treblinka, ni los antiguos lazos de amistad escolar que las unía, ni la posible relación con Adam (sin importar lo complicadas que fueran las emociones más privadas de Irena).

Después de los pasteles y los digestivos, la madre y la tía se fueron a dormir, pero Janka e Irena se quedaron platicando hasta mucho después del toque de queda. Eran casi las dos de la mañana y las jóvenes se acomodaron en las camas improvisadas en la sala. Irena tomó la precaución de siempre y puso con mucho cuidado su fichero con los nombres y direcciones de docenas de niños judíos en la mesa de la cocina, bajo la ventana. Metió su bolsa (que tenía documentos de identidad en blanco y una gran cantidad de dinero) al lado de su cama para resguardarla y se durmió.

Justo después de las tres de la mañana empezó el martilleo. Su madre padecía una enfermedad cardiaca que la inquietaba de manera irregular y despertó momentos antes. Sus murmullos de alarma le dieron a Irena valiosos segundos para aclarar su acelerada cabeza y ponerse en acción. Los agentes gritaban en la puerta: *¡Abran! ¡Gestapo!* Una barra para hacer palanca arañó la puerta y ésta crujió cuando empezó a romperse. Irena había practicado su rutina muchas veces. Estaba preparada para eso. Tomó las listas y se movió con cuidado hacia la ventana. Cuando estaba a punto de aventarlas, su corazón se detuvo. Abajo había más agentes de la Gestapo, mirando fijamente hacia ella. *¡Jesucristo sacramentado!*. ¿Ahora qué haría? Exploró la habitación con urgencia. No había un lugar seguro para esconder las listas. Cuando el golpeteo de la puerta se hizo más furioso y la puerta empezó a ceder, se las arrojó con desesperación a Janka: *Son las listas de nuestros niños; escóndelas en algún lado.¡Sálvalas! ¡No pueden caer en manos de la Gestapo!*[310] Tuvo tiempo de ver a Janka meter las listas en su brasier antes de que la puerta se abriera de golpe.

Once agentes de la Gestapo entraron en manada y detrás de ellos Irena vio el horrorizado rostro del señor Przeżdziecki, el administrador del edificio. Los hombres se pusieron como locos. Los agentes se abalanzaron sobre ella y le gritaban amenazas y órdenes. En su frenesí destruyeron el departamento. Separaron las piezas de la estufa buscando materiales escondidos, levantaron la duela, tiraron los platos de la alacena. Todo estaba calculado para un efecto máximo, e Irena tuvo que admitir que funcionó. Estaba aterrorizada. La búsqueda continuó durante tres horas que le paralizaron el corazón, pero hubo algo casi irreal en cómo todo se desarrolló poco a poco. Irena no creía en milagros, pero cuando la Gestapo empezó a rasgar el colchón de su cama improvisada, vio con asombro que la débil estructura colapsaba encima de la bolsa, con todos los documentos de identidad y el dinero adentro. Irena no lo podía creer. Los alemanes acababan de esconder la más incriminatoria de cualquier evidencia.

Todo el tiempo estuvieron atacando a Irena y a sus invitadas con preguntas. Al final, ella los convenció de que Janka era una visita inocente de provincia,[311] igual que su tía (aunque de hecho Janka era casi su vecina). Su madre, como podían ver los agentes, estaba demasiado enferma como para estar metida con la clandestinidad. Así que sólo quedaba ella.

A las seis de la mañana, concluyeron la búsqueda y el agente a cargo le ladró a Irena que se vistiera de inmediato. Se apuró a ponerse la falda y abotonarse el suéter, mientras su corazón se sentía más ligero de lo que pudo haber imaginado. Si estaban dejando que se vistiera, habían terminado de buscar. Si habían terminado de buscar, no descubrieron las listas. Y si no estaban ahí por Janka, no sabían sobre el departamento de Jaga ni de la colaboración de las hermanas con ella. Sus ojos se encontraron con los de Janka, pero Irena no se arriesgó a sonreír. Sólo quería salir del departamento antes de que la Gestapo pudiera reconsiderar.

Cuando los agentes la guiaron al corredor, sus pesadas botas hacían eco en el cubo de la escalera. Por el pasillo Irena supo que los vecinos escuchaban en silencio tras sus puertas. Unos momentos después habría caos, especulaciones y rumores.

Un carro-prisión esperaba afuera con el motor encendido. En el último momento Janka bajó corriendo (un impulso muy peligroso). Irena vio que traía sus zapatos en las manos. *Por favor, los va a necesitar.* Los hombres sólo asintieron con la cabeza, aburridos, y con un gesto le indicaron a Irena que se los pusiera.

Ella conocía su destino. Iba apretada adentro del vehículo, sobre el regazo de uno de los jóvenes agentes. Las puertas se cerraron de golpe y el carro se puso en movimiento. Siempre supo que ese momento iba a llegar, pero de repente se dio cuenta de que no estaba preparada.

El sol todavía no salía en Varsovia, y a la media luz de la mañana los agentes más cercanos a ella dormitaban un poco. Trataba de pensar en forma calmada y razonada. Janka sabía lo importantes que eran las listas y de seguro las escondería bien. Entendía cómo estaban las cosas. Para ser realistas, la verdad era que Irena no tenía oportunidad de sobrevivir.

Cuando el carro dio la vuelta hacia el sur para incorporarse al bulevar más ancho, Irena pensó en la doctora Radlińska y en sus docenas de conspiradores dormidos por toda la ciudad. Al menos, esperaba que estuvieran dormidos. Pensó en Adam. ¿Sería lo suficientemente fuerte para guardar el secreto? No tenía sentido fingir. Venía algo terrible. Lo sabía. ¿Habría un dolor tan grande en el mundo que la hiciera traicionar y revelar su escondite? ¿Suficiente para traicionar a Jaga, a Janka o a los niños? Y en cuanto a la esposa judía de Adam, ¿también moriría por protegerla? Irena pensaba que podría soportarlo, aunque la mayoría no aguantaba la tortura. Debía tener nervios de acero. Moriría en silencio. Siempre y cuando sus amigos y los niños sobrevivieran, se dijo, podría sufrir cualquier cosa. Pero eso era lo que todos decían al principio.

Mientras se acercaban a la curva final, metió las manos en los bolsillos para calentarlas unos últimos instantes. Un sobresalto de terror la atacó como un cuchillo en el corazón. Una lista. Direcciones. Había olvidado sacarla de su abrigo la noche anterior. En un pequeño rollo de papel para liar cigarros estaban los detalles de uno de los refugios.

La ola de pánico la inundó por un momento. No había tiempo que perder. Ya estaban cerca de Szucha. La respiración del hombre joven en cuyas piernas iba sentada, ¿indicaba que estaba dormido? Con mucho cuidado desenrolló el papel, lo rasgó y lo hizo bolitas, todo dentro de su bolsillo. Su textura delgada cedió rápido. Al menos se borrarían las letras. Al ver las cabezas de los agentes más cercanos oscilando y tambaleándose con el movimiento del carro, estaba casi segura de que dormían. ¿Qué más podría hacer sino jugársela por última vez? Sacó la mano con mucho cuidado por la ventana abierta y dejó que las pequeñas bolitas se agitaran libres con el viento. El agente debajo de ella se movió y roncó. Nada más.

Irena apoyó la cabeza contra la ventana y también cerró los ojos, pero las lágrimas corrían por sus mejillas.

El matadero. En las calles de Varsovia así les decían a las instalaciones bajas y grises de la avenida Szucha.[312] Frente a Irena se levantaban puertas llenas de cerrojos de hierro y cadenas de acero, y los guardias usaban horribles látigos colgados de sus caderas y botas negras, altas, brillantes. Un oficial aburrido empujó a Irena con brusquedad hacia la sala de espera. Más allá de la puerta, adivinó los contornos de la gran habitación donde se llevaban a cabo los interrogatorios. La registraron en un pequeño cuarto donde una máquina de escribir hacía un sonido metálico y el radio tocaba música alemana.

Esperó. Pronto la dejaron en otra habitación donde un alemán alto le hizo preguntas en un polaco perfecto. Sus modales eran suaves y gentiles, pero Irena sabía que la intención era mortal. *¿Cuál era su nombre? ¿Dónde vivía? ¿Quiénes eran de su familia?* Éstas eran preguntas fáciles (preguntas cuyas respuestas ya conocía la Gestapo). Pronto las preguntas se hicieron más peligrosas. *Sabemos que ayudas a la resistencia y a los judíos, Pani Sendler. ¿Para qué organización trabajas? Será mejor para ti que nos lo digas ahora.* Sabían sobre Julian Grobelny. Estaban cazando a ese escurridizo hombre "Konrad Żegota". Sabían sobre el buzón en la lavandería. La cantidad de información la empezó a aterrorizar. Rezó para que no supieran nada acerca de Adam.

Aseguró que no sabía nada. Todo era un malentendido. Ella era una trabajadora social y eso la ponía en contacto con mucha gente. Era natural. Pero si alguien en su círculo estaba haciendo algo mal, no lo sabía. El agente le mostró una pequeña sonrisa y arqueó las cejas. Ya había visto todo eso antes. Esta gente siempre se declaraba inocente al principio. La tortura era una forma de hacerlos hablar. Estaba escogiendo el camino difícil. *Así será, Pani Sendler. Hablaremos después, te lo prometo.*

Más tarde otro guardia la empujó por el corredor. Todavía se escuchaba la música del radio. Era temprano y todo estaba en silencio. Pronto llegarían los traslados de Pawiak y los corredores harían eco con las pisadas y el llanto. Los techos eran bajos y el pasillo, estrecho. Irena pasó cuatro celdas, cada una con rejas de hierro y una línea de bancas de madera. En una de ellas abrieron la puerta con un empujón. Otros estaban sentados en silencio, con los hombros abajo, y nadie volteó cuando ella entró, tropezando. *Siéntate.* Fue la estricta orden. *Sólo vas a mirar la nuca del que está frente a ti. Nada de hablar.* Irena olió el miedo y la humedad. Todos eran recién llegados, todos estaban desvelados y preocupados.

La estrecha banca era muy dura y demasiado baja para resultar cómoda. El piso estaba pegajoso. Sangre. Sintió que se desvanecía. Por un tiempo Irena y los otros se sentaron sin moverse. Justo después de las ocho de la mañana los transportes llegaron y las demás bancas a su alrededor se llenaron de extraños. El radio dejó de sonar y empezaron a llamar a cada quien por su nombre. Pronto, gritos de terror llegaron desde el corredor,[313] sonidos distantes de las cosas que se avientan, golpes secos, y luego los alaridos cuando les quebraban el cuerpo. A veces había disparos. Los interrogatorios se desarrollaban en los pisos superiores o en el sótano, pero las puertas y ventanas se dejaban abiertas como una provocación para que los que esperaban evaluaran sus opciones con mucho cuidado. Un sobreviviente afirmó que en los rituales matutinos de la avenida Szucha "uno podía escuchar las preguntas cortantes, los murmullos de las respuestas, y una y otra vez el sonido de los golpes, después de los cuales venía un grito, muchas veces un llanto de mujer, que desgarraba nuestros corazones y nos impedía respirar".[314]

Había otra tradición en la prisión. El primer día de su arresto los prisioneros eran golpeados con brutalidad.[315] Muchas veces una sesión salvaje era suficiente. Al segundo o tercer día la mayoría era más flexible y se disponía a cooperar. Irena nunca habló de los abusos que sufrió ese día ni los días que siguieron, pero otros los recuerdan con horror. Había golpes en la cara con los puños y las botas que dejaban los ojos colgando de las cuencas, y golpes con porras de plástico que rompían los huesos. Les quemaban los pechos y la cara con soldadoras. Les dislocaban los hombros. Después, metían al preso sangrante y cojeante de regreso a la celda y le ordenaban sentarse en posición de atención hasta que el camión de prisioneros que lo llevaría a Pawiak atravesara las puertas. El 20 de octubre de 1943 Irena estuvo entre aquellos cuerpos heridos, moreteados y golpeados. Dentro de la oscuridad del trasporte esa primera tarde, trató de alejar el dolor y el miedo de su mente cuando atravesó la ciudad a gran velocidad. La bocina sonaba como un estribillo desconsolado, pero cada momento era una agonía.

En Pawiak, un guardia de la prisión hizo que Irena bajara por unas anchas escaleras de piedra. Los que no podían mantenerse en pie eran arrastrados. Un puñado de enfermeras y doctores con expresión grave jalaban a los más golpeados para bajarlos del camión y los ponían en camillas de lona del ejército. De manera oficial, Pawiak era la prisión para figuras políticas, académicos, estudiantes, doctores y aquéllos en la resistencia y las universidades ilegales: los intelectuales. Pero en la práctica era una notoria prisión clandestina y no había procesos legales. Un tercio de los que llegaron esa tarde con Irena serían ejecutados. La mayoría de los otros morirían después de ser enviados en el último transporte de la noche que dejaba a los prisioneros de Pawiak en un constante estado de terror. Los destinados a los campos de concentración de Ravensbrück y Auschwitz[316] eran arrastrados al patio de la prisión después de que las luces se apagaban y, en la oscuridad, eran golpeados con la culata del rifle por guardias furiosos, para luego ser encerrados en el vagón esposados uno a otro. Irena entendió. Todo terminaba en muerte.

En Pawiak, Irena estaba impresionada de ver a antiguos amigos y conspiradores entre los presos. Esa primera noche, en su celda, ella y su vecina Basia Dietrich[317] se tomaron de las manos silenciosamente en la oscuridad. En una urgente conversación entre susurros, mucho después de que las luces se apagaron, Basia le dijo que otra amiga, Helena Pęchcin, también había sido arrestada. Helena era maestra de historia. Basia e Irena vivieron cerca durante años en el mismo edificio de departamentos en Wola, donde la primera fue líder de los *scouts* y operó el jardín de niños de la comunidad. Irena la conoció desde aquellos primeros días en que era una joven recién casada con Mietek. De manera no oficial, Basia era capitana en un movimiento de la resistencia conocido como Powstańcze Oddziały Specjalne "Jerzyki" (Fuerzas Especiales Insurgentes "Rápidas"), un grupo de hombres y mujeres dedicados que trabajaba en forma paralela a la red de Irena en una misión para rescatar a cientos de niños judíos del gueto. Helena era la compañera de operaciones de Basia. Por la primavera de 1943, cuando las Fuerzas Especiales Insurgentes se combinaron con las operaciones del Ejército Nacional[318] y se volvieron parte del movimiento clandestino extendido que incluía a Żegota, su grupo estuvo en contacto regular con Irena.

A la mañana siguiente Irena encontró a otra amiga en la prisión. ¡Jadwiga Jędrzejowska estaba viva! No lo podía creer. Jadwiga era otra de las chicas de la doctora Radlińska de antes de la guerra, unos cuantos años más grande que Irena y su círculo cercano, pero la reconoció de inmediato. Ella y su novio judío, Horak, se unieron a la resistencia en cuanto empezó la ocupación, trabajaron en la prensa clandestina y escaparon de la Gestapo durante tres años. Pero en 1942 los dos fueron arrestados. A Horak le dispararon y Jadwiga se pudrió en prisión durante un año. Después la asignaron, a pesar de su entrenamiento médico, para limpiar letrinas y oficinas; pero en la prisión se estaba formando una resistencia y pronto la sumaron a esa red. Dos equipos de matrimonios médicos estaban en el corazón de esta célula clandestina: la dentista Anna Sipowicz y su esposo, el doctor Witold Sipowicz; y la directora de enfermeras Anna Śliwicka y su esposo, el doctor Zygmunt Sliwicki. Todos eran miembros de la resistencia polaca; como Irena, Jadwiga rondaba por los treinta años y era valiente.

A las ocho de la mañana del segundo día de su encarcelación, Irena se paró con los otros en posición de atención. El desayuno (un poco de pan enmohecido y café de la peor calidad) había terminado. A las ocho y media llamaron para las ejecuciones del día. Cuando una mujer golpeada fue guiada a la salida por última vez, Irena bajó los ojos al piso. No podía soportar ver eso. Sobre sus maltratados zapatos sintió los verdugones rojos de sus tobillos ahí donde las chinches treparon sobre ella en la noche. Un simple movimiento de cabeza hacía que en su rostro latieran las partes donde habían caído los puños alemanes. A las nueve de la mañana pasaron lista para los pacientes que debían ir a las clínicas médicas. La mente de Irena daba vueltas. Su cabeza se alzó de golpe cuando escuchó la voz de Jadwiga Jędrzejowska llamando a Irena a la oficina del dentista. *¿Dentista?* Irena empezó a decir, *No necesito ir al dentista…*

De repente entendió: *era un mensaje.* Irena dio un paso adelante sin decir más y siguió al guardia.

La ventana del estrecho consultorio al que la llevaron miraba por encima de las ruinas del gueto.[319] Era difícil olvidar lo que había atestiguado allí. Ewa. El doctor Korczak. Rachela. Ala. Józef. Tan lejos como alcanzaba a ver, era un mar de escombros, piedras y ruinas destruidas hasta los cimientos.

Cuando la dentista de la prisión, la doctora Anna Sipowicz, se deslizó en la habitación, Irena se dio cuenta de que también la conocía de círculos activistas anteriores a la guerra. ¡Qué alivio estar entre amigos! Irena empezó a hablar, pero Anna rápidamente levantó un dedo y señaló el sillón delante de ella. Irena asintió con la cabeza. Para no levantar sospechas, Anna tendría que perforarle un hoyo y luego rellenarlo. Pero Irena, en el sillón del dentista, entendió al fin cuando Anna le pasó un *gryps* (un mensaje secreto enrollado). Era de Julian Grobelny ("Trojan") y sólo decía: "Hacemos todo lo que podemos para sacarte de ese infierno".[320] En el delgado papel tisú que Anna sostenía para ella, Irena garabateó el único mensaje de respuesta que importaba: *¡Las listas están a salvo!* Siempre y cuando Irena no confesara bajo tortura, nadie sabría la ubicación de los niños escondidos. Claro que Irena no le dijo a Julian que las listas las tenía Janka. Habría sido demasiado riesgoso si el mensaje llegaba a ser interceptado. Esa omisión resultaría ser una decisión sorprendentemente afortunada.

En los siguientes días y semanas hubo más viajes a Szucha, justo como su interrogador alemán había prometido. Algunas mañanas, cuando se pasaba lista después del desayuno para llamar a los destinados al transporte y a la tortura, el corazón de Irena se encogía al escuchar su nombre entre ellos. Pronto los huesos de las piernas y de los pies estuvieron rotos,[321] y le dejaron horrorosas cicatrices y heridas abiertas a lo largo de todo su cuerpo que la marcarían para siempre.

En aquellos días, el hecho que salvó a Irena de ser golpeada hasta la muerte fue que los alemanes no sabían a quién habían capturado. La Gestapo pensaba que ella era un personaje secundario, una jugadora pequeña, una tonta jovencita entrometida en la periferia de la resistencia polaca. No tenían idea de que habían atrapado a una de las líderes más importantes, a una mujer responsable de esconder a miles de niños judíos por toda la ciudad. Pero no ignorarían este hecho para siempre. En medio del dolor, Irena razonaba en silencio. Algunos días la tortura parecía tolerable y, con suficiente concentración, podía escapar volando de su cuerpo miserable y destruido. Otras veces los golpes eran demasiado feroces y las tinieblas envolvían el borde de su consciencia. ¿Estaba preparada para morir con tal de salvar a otros? Sabía que tenía el poder de provocar la muerte de miles. Repitió su historia una y otra vez. Sólo era una trabajadora social. No sabía nada. Evitaba pensar en Adam. Incluso pensar en él podría significar que se le escapara el nombre sin querer cuando caía al piso bajo la lluvia de golpes y patadas.

Dos veces al día, en la mañana y en la noche, las camionetas llevaban los cuerpos fracturados de regreso a Pawiak. "Uno podría pensar que era una ambulancia llevando a las víctimas de un desastre —recordó uno de los doctores—. Sus rostros estaban pálidos, cubiertos de sangre, con ojos negros, ropas arrugadas y sucias, muchas veces con las mangas arrancadas."[322] Algunos días Irena estaba entre ellos. Otros trabajaba en la lavandería de la prisión, de pie durante largas horas sobre sus piernas fracturadas, demasiado adoloridas y sin curar bien, limpiando las heces de la ropa interior manchada de los alemanes entre una sesión de tortura y otra. Ahora cojeaba con mucho dolor, y las caminatas diarias alrededor del patio de la prisión eran una agonía. Cuando el trabajo en la lavandería no satisfacía a los alemanes, los castigos eran sádicos. Una tarde, un guardia furioso alineó a las mujeres contra la pared y, caminando a lo largo de la fila, puso una bala en la cabeza alternando cada dos personas. Ese día Irena fue una de las que sobrevivió.

En la mañana del arresto de Irena, cuando se corrió el rumor, hubo pánico. Julian Grobelny y la dirección de Żegota enfrentaron un conjunto de preocupaciones; la más importante de todas eran las listas y las direcciones de los niños. Si ejecutaban a Irena, la información moriría con ella. Miles de niños, muchos de los cuales eran muy pequeños para recordar sus propias identidades, perderían para siempre a sus familias y a su pueblo judío. Pero también había un riesgo mucho más grande que Irena planteaba para todos los pequeños. Ella misma lo dijo sin rodeos: "No sólo estaban preocupados por mí… no sabían si podría soportar la tortura. Después de todo, yo sabía dónde estaban todos los niños".[323] Si confesaba sería un desastre incomparable. Pero salvarla era un reto inmenso. Significaba sobornar a alguien en los niveles más altos de la Gestapo.

En la casa de Maria Kukulska en el distrito Praga los problemas eran diferentes. Los habitantes se hacían las mismas preguntas: ¿Irena aguantaría la tortura? ¿Qué tanto sabrían los alemanes en ese momento? Janka Grabowska les dijo del arresto a Maria y Adam, pero sólo les pudo avisar que estuvieran preparados para lo que pudiera pasar.

Jurek todavía era novio de la hija de Maria Kukulska, Anna, y cuando atravesó la puerta del departamento ese día supo que algo estaba terriblemente mal. Por lo general, la casa era un lugar donde daban una bienvenida alegre y cálida. Pero ese día Adam se hallaba desplomado en una silla, con la mirada fija hacia el frente con un rostro inexpresivo. Jurek no estaba seguro de haberlo visto así antes. Adam ni siquiera volteó. No dijo nada. En un instante Jurek supo que se trataba de Irena.

Anna rápidamente le dijo que la siguiera. Él preguntó: *¿Irena?* Ella asintió: "Está en Szucha, y tal vez en Pawiak —contestó—. Están haciendo esfuerzos para sacarla de ahí".[323] Jurek sintió que colapsaba. Irena guiaba todo, mantenía a todos a salvo. ¿Ahora qué?

Cuando Adam por fin reaccionó, fue para insistir contra toda lógica que ellos *salvarían* a Irena: *La sacaremos de ahí. No hay más qué decir.* Con la cabeza entre las manos lo repetía una y otra vez. Maria no se atrevía a decirle que probablemente era inútil. La gente no salía de Pawiak. No en la forma que Adam quería.

Al final, y con mucho tacto, Maria mencionó el problema más doloroso, una pregunta mucho más urgente que Adam debía considerar. ¿Irena lo traicionaría bajo tortura? ¿Qué tanto sabía la Gestapo? El departamento estaba "quemado"; ya no era un lugar seguro para esconderse. Ahora tenía que huir a ocultarse en otro lado. *Adam, debemos irnos ahora mismo.* Preocupada por él y renuente a dejarlo sólo, Maria sólo encontró una solución. Adam necesitaría viajar al refugio de la calle Akacjowa en Otwock, donde se escondían el líder de Żegota, Julian Grobelny, y su esposa, Halina. El chico, Jerzy, también se quedaría con ellos.

Mover a un hombre que se veía tan judío como él era peligroso. Ya resultaba riesgoso que lo vieran cerca de la ventana ¿y ahora iba a atravesar las calles de Varsovia? ¿Tomar el tranvía rumbo a los suburbios sin ser notado? No había otra opción. Esa tarde de otoño, por primera vez en más de un año, Adam Celnikier bajó caminando las escaleras del departamento hasta las calles de una Varsovia muy cambiada. Maria Kukulska insistió en acompañarlo en persona durante su viaje hasta Otwock. Las calles de Praga se veían quietas, pero conforme se acercaron a la estación las multitudes crecieron y Maria sintió mucha rabia cuando dos hombres polacos les bloquearon el camino. *Un judío. Aquí hay un judío.* Uno de los hombres extendió la mano para pedir dinero. *Espero que seas rico, Pani. Si no, ahí está la Gestapo.*

Maria volteó hacia el hombre con una furia salvaje. *Déjanos solos,* susurró, *o haré que el Ejército Nacional te ejecute.* En el otoño de 1943 no era una amenaza vacía, aunque admitir que uno tenía contactos en la resistencia también era un enorme riesgo. El Estado polaco clandestino tenía un sistema de justicia semejante que en esa época estaba operando a toda marcha, y las ejecuciones judiciales de colaboradores y extorsionadores eran comunes. Los *szmalcowniks* intercambiaron unas miradas rápidas y se fueron a buscar objetivos más fáciles. De manera sorprendente, la fanfarronada de Maria había dado resultados.

En el refugio de Otwock, Julian y Halina Grobelny le dieron la bienvenida a Adam como a un viejo amigo. En el escondite, la gente iba y venía en secreto. Julian estaba tranquilo y silencioso en el ojo del huracán, pero a su alrededor siempre había movimiento y susurros urgentes. Ahora, postrado en la cama, luchaba para hablar. Sus mejillas estaban demacradas por la tuberculosis. Halina lo atendía cuidadosamente, con una sonrisa animosa, pero en realidad él ya estaba muriendo.

Más allá de Pawiak, a finales de octubre, las cosas cambiaron muy rápido para los otros en la red de Irena. No tardarían mucho en llegar los rumores a Julian Grobelny. Al sureste de Varsovia, en el campo de trabajos forzados de Poniatowa, donde quince mil prisioneros luchaban por sobrevivir, el movimiento de la resistencia en la prisión se hacía cada vez más fuerte. La madre de la bebé Bieta, Henia Koppel, todavía estaba viva y trabajaba como costurera, al igual que la incansable Ala Gołąb-Gryberg,[325] quien era parte de una pequeña célula de resistencia en el campo que tenía contacto directo con la organización de lucha de Marek Edelman y Żegota. Los cabecillas estaban planeando con mucho cuidado un escape temerario. Ahora los levantamientos en el campo estaban molestando a los alemanes. En agosto hubo una revuelta en Treblinka, e incluso hubo incursiones en Auschwitz ese otoño. Siempre eran aplacadas con fuerza bruta, pero para el otoño de 1943 las cosas no iban bien para los alemanes en la guerra y Berlín estaba nervioso.

A finales de mes, dirigieron su atención hacia Poniatowa. De repente sacaron a un par de cientos de trabajadores de la fábrica de textiles y los llevaron a los campos para cavar profundas zanjas defensivas en forma de zigzag, de dos metros de profundidad, con la intención de fortificar las instalaciones. Las labores continuaron durante días y se corrió el rumor de que el siguiente paso sería la construcción de torres antiaéreas. Sin embargo, Ala y los otros en su célula estaban cada vez más sospechosos y atentos.

El grupo ya tenía un pequeño arsenal de armas, contrabandeadas en el campo con la ayuda de Żegota, y cuando los alemanes ordenaron que todos los prisioneros se presentaran para pasar lista al amanecer del 4 de noviembre, Ala supo con el corazón encogido que iba a pasar algo terrible. Los líderes de la célula (hombres y mujeres que habían luchado juntos en el levantamiento del gueto y miembros de la resistencia judía) se reunieron y con rapidez tomaron una desición. Los combatientes no se reportarían al pase de lista, sino que se agruparían en una de las barracas y establecerían las barricadas, listos para la acción militar defensiva. Los suministros de armas eran muy pocos, pero estos hombres y mujeres ya habían visto de primera mano que era posible.

En esa helada mañana de noviembre, los alemanes llamaron a los prisioneros en grupos de cincuenta y los formaron a lo largo de las zanjas. A punta de pistola los obligaban a quitarse la ropa y a colocar sus objetos de valor en pequeñas canastas. Luego, casi quince mil personas que realizaban trabajos forzados fueron ejecutadas entre ráfagas de ametralladoras y ladridos de perros;[326] cayeron juntos en las zanjas, fosas comunes, en una acción que los alemanes llamaron en clave "Erntefest" (el festival de la cosecha). Las ejecuciones continuaron varios días. Henia Koppel tenía veinticuatro años cuando murió en la "cosecha". Ahora Bieta era una huérfana más.

Pero Ala no murió en las zanjas. Tenía treinta y nueve años y deseaba vivir. Era valiente y feroz. Ella y otros que habían peleado en el levantamiento judío en la primavera se juntaron dentro de las barracas, y cuando los alemanes vinieron por ellos con los perros, abrieron fuego contra las ss. Los guardias cayeron. Las primeras víctimas pasmaron a los oficiales alemanes y entonces regresaron mortalmente furiosos. No había a dónde correr dentro de los alambres de púas de Poniatowa. De cualquier modo, los rebeldes judíos no estaban interesados en huir. Los alemanes prendieron fuego al edificio y a las barracas. Ala y sus amigos murieron adentro, atrapados entre las flamas, pero todavía resistiendo. En esos

terribles momentos finales, cuando el mundo explotaba en llamas
a su alrededor, seguramente pensó en su esposo, Arek, que tal
vez siguiera luchando en algún lugar, y en su pequeña, preciosa y
escondida hija: Rami.

Para el círculo de amigos de Irena, el invierno de 1943-1944 fue
una temporada de muerte. No hubo forma de encontrar un lado
positivo en esos meses. Era pérdida tras pérdida. El único consuelo posible era saber que los niños estaban seguros.

En la segunda semana de noviembre, conforme los efectos de la
onda que generó la denuncia de la lavandería se iban expandien-
do sobre la red, hubo más malas noticias. Ahora, en las celdas de
Pawiak, Irena veía a Helena Szesko golpeada de forma brutal. Su
papel como enfermera y mensajera en la red había sido crucial.
Irena dijo que Helena siempre estaba "llena de iniciativa",[327] y había
llevado a su red docenas de contactos en hospitales y "círculos clandestinos" por todo Varsovia. ¿Cómo Helena era lo suficientemente
fuerte para mantenerse en silencio? Al igual que Irena, tenía en sus
manos las vidas de Irka Schultz, Jadwiga Deneka y Władysława
Marynowska (y las vidas de cientos de niños en los orfanatos). Cada
día movían a todas las mujeres al patio para dar una caminata en
Pawiak, y a veces ella y Helena intercambiaban miradas cuidado-
sas de solidaridad y determinación. De cualquier modo, el esposo
de Helena y su colaborador, Leon (el hombre que había salvado a
tantos niños sacándolos a través del tranvía Muranów), ya estaban
fuera del alcance. El 17 de noviembre un pelotón de fusilamiento
le disparó en una ejecución pública.

La siguiente en caer fue Jadwiga Deneka. La red se estaba desin-
tegrando. El 25 de noviembre Jadwiga estaba visitando a algunos
refugiados judíos[328] escondidos en un sótano y punto de distribución de prensa clandestina en la calle Świętojerska, en el distrito Żoliborz, cuando llegó la Gestapo. Tenía veinticuatro años, y gracias
a que no confesó durante las tortuosas interrogaciones en Pawiak
(donde se unió a sus camaradas de armas en las células) Katarzyna

Meloch y docenas de otros niños no fueron descubiertos. Como Helena e Irena, Jadwiga tampoco hablaría.

Todas las mujeres hicieron lo mejor para mantener su ánimo arriba en prisión, a pesar del hambre constante y dolorosa, de los abusos diarios (psicológicos, espirituales y físicos) y de las ejecuciones y golpes sólo por capricho. La muerte podía venir por cualquiera de ellas en cualquier mañana a la hora de pasar lista. En Pawiak se vivía con ese conocimiento. También con hastío y tristeza. En la celda de Irena, en secreto, algunas de las mujeres hacían cartas para jugar con pedazos de pan y papel. Y en las tardes, cuando los guardias se iban y las dejaban en total oscuridad, en las celdas se escuchaba el sonido de la triste música polaca, las voces dulces de las mujeres hacían eco en los cuartos de concreto, entonando canciones de cuna y antiguas cantinelas tradicionales. Irena y Basia, asignadas a la misma celda, dormían juntas, al lado de una docena de mujeres más, en el cuarto pequeño, frío y húmedo. Pero cuando Basia cantaba, se sentía la libertad. Era una de las voces más hermosas entre todas las cantantes.

Una noche, a principios de diciembre, Basia se apoyó contra la fría pared de la celda y alejó su cara de la de Irena. Estaba segura de que su amiga estaba llorando. *Basia, ¿qué pasa? ¿Quieres que cantemos algo?*, le preguntó. Basia movió la cabeza con suavidad y contestó: *No, no puedo cantar*. Hizo una pausa. *Tengo el presentimiento de que me ejecutarán mañana*. Irena le susurró palabras tranquilas de consuelo, pero Basia la detuvo. *No. Vimos a Zbigniew Łapiński hoy saliendo de la capilla. Lo golpearon*. Zbigniew tenía dieciocho años, sólo era un chico, un mensajero de la clandestinidad. Basia y Helena Pechin observaron a los guardias arrastrarlo, cojeando y fracturado, a lo largo del corredor después del interrogatorio, y Basia regañó al joven teniente alemán. *Revelé que lo conocía…*

Toda la noche Irena permaneció quieta mientras seguía con los ojos los patrones del techo una y otra vez, pensando. A su lado, sabía que Basia también estaba despierta. Cuando dejaron la celda para el pase de lista de esa mañana, Basia tomó la mano de Irena y la apretó muy fuerte. Irena trató de no llorar. Cuando los nombres para las ejecuciones fueron leídos en voz alta, Basia estuvo entre ellos, como lo había presentido. Ella y Zbigniew fueron ejecutados en público ese día[329] por un pelotón de fusilamiento en la esquina de las calles Ordynacka y Foksal. En la noche, y con mucho cuidado, Irena revisó las pertenencias de Basia y su mano cayó sobre un pequeño recuerdo. Era un retrato de Cristo hecho a mano con las palabras "Confío en Jesús". Irena lo apretó contra su pecho y esta vez no se aguantó las ganas de llorar. Guardaría aquel pequeño tesoro por el resto de su vida.

Cada mañana pasaban lista: la lista mortal. El 6 de enero nombraron a Jadwiga Deneka. La ejecutaron en las ruinas del gueto,[330] justo frente a las puertas de la prisión, junto a las once mujeres judías que escondía cuando la atraparon. No confesó nada.

Irena supo que su turno estaba cerca.

En enero, otra vez la llamaron al consultorio del dentista, y en la silla, mientras giraba la pequeña perforadora, Anna Sipowicz le entregó el último mensaje de Żegota. Ya no hablaba de escapar ni de la libertad. Sólo leyó: "Sé fuerte. Te amamos". Dentro de dos semanas sería demasiado tarde para entregarle cualquier mensaje en la prisión. "Un día escuché mi nombre",[331] recuerda Irena. El 20 de enero de 1944 fue el día de su ejecución.

CAPÍTULO 15
LA EJECUCIÓN DE IRENA
Varsovia, enero de 1944

La llevaron a Szucha.

Los presos llamaban a la camioneta de la muerte "la Capucha", y la gruesa cubierta de lona que impedía a los prisioneros mirar hacia fuera le añadía un sentimiento de terror cada vez mayor. Eran veinte, tal vez treinta mujeres esa mañana guiadas por guardias polacos de la prisión con gorras verdes y apariencia simpática hacia el camión que esperaba para llevarlas a su destino final. Muchos en Pawiak fueron ejecutados de forma rápida, fuera de las puertas de la prisión, en las ruinas del gueto, tal vez en alguna tabla endeble sobre el enorme hoyo de los cimientos de un sótano en ruinas. Pero la carga de este camión estaba destinada para el pelotón de fusilamiento en Szucha. Y aunque las mujeres estaban en la oscuridad, no ignoraban lo que vendría. Irena sabía que su hora final había llegado.

Dejaron a las mujeres en una sala de espera con puertas a los lados. La mayoría lloraba. Iban nombrando a una por una y las guiaban hacia una puerta del lado izquierdo que llevaba a un patio. También de uno por uno llegaban los sonidos de los disparos. El llanto en la sala de espera se hizo más fuerte. Irena escuchó su nombre y el corto camino a través de la habitación se sintió como caer a un precipicio. El tictac de los segundos del reloj parecía extrañamente fuerte, y el mundo se redujo a los sonidos de las pisadas y los pensamientos en su madre y Adam. Caminó a la izquierda, pero el guardia le señaló la puerta de la derecha. Una interrogación más profunda. El corazón de Irena se encogió. Quería que la tortura terminara. No tenía dudas sobre cómo acabaría aquello. Dentro del cuarto estaba un agente de la Gestapo con sus altas botas negras, un alemán de rostro colorado. *Acércate,* le indicó. Irena avanzó. La guió hacia fuera bajo la suave luz del sol invernal. Irena deseó tener cianuro para terminar con eso rápido. ¿Le dispararía en el cruce de las calles como a tantos otros? Ahora la llevaba lejos de Pawiak, hacia los edificios del parlamento, y en la intersección de las avenidas Wyzwolenia y Szucha volteó hacia ella.

"Eres libre. Sálvate, rápido."[332] La mente de Irena tardó en procesar esta información. ¿Libre? Al principio no entendió el significado de esta palabra. Sólo pudo pensar en que no había forma de vivir en una Polonia ocupada sin documentos de identidad. "Mi *Kennkarte* —insistió—. Necesito mi *Kennkarte.* ¡Dame mis papeles!" La rabia brilló en los ojos del alemán. "¡Bestia asquerosa! ¡Piérdete!", rugió, y golpeó su boca con un puño lleno de furia.[333] Su boca se llenó de sangre y se alejó tambaleándose. Cuando miró hacia atrás el alemán se había ido.

Tropezó. Un extraño en la calle volteó a verla y apresuró el paso. Estaba demasiado ensangrentada y lastimada para ir lejos, y sus huesos sin sanar estaban demasiado débiles para correr. "No podía continuar —diría años después al recordar esos primeros momentos—. Fui a una farmacia cercana. La dueña me llevó al cuarto de atrás, donde me lavé, [y] me dio unas monedas para el boleto del tranvía."[334] La dueña se llamaba Helena, quien con gentileza lavó la cara destrozada de Irena y encontró algo que cubriera su delatador uniforme de prisión.

Años después Irena admitiría que fue una tonta, imprudente y hasta estúpida… pero en ese momento no se le ocurrió otra cosa que ir a casa de su madre. Subió al tranvía número cinco con dirección a Wola, aturdida y asustada. De repente sonaron los gritos de uno de los adolescentes en el tranvía y todo el mundo se abalanzó sobre las puertas. *¡La Gestapo está en la siguiente parada!*

¡Salgan rápido! Los alemanes estaban revisando documentos más adelante. Mujeres con bolsas de compras y hombres con sombreros corrieron a su alrededor y desaparecieron entre la muchedumbre, pero Irena estaba medio paralítica y se movía muy lento. Un anciano de ojos tristes volteó y se detuvo a esperarla. Quería llorar de gratitud cuando le ofreció su mano para ayudarla a sostenerse mientras bajaba de la plataforma. La intensidad de su triste mirada le dijo que sabía que estaba en la resistencia. Irena bajó del tranvía y desapareció despacio entre la multitud, tratando de no caer. Sus piernas fracturadas la quemaban con un dolor incandescente y trataba de alejar las tinieblas que otra vez envolvían el borde de su consciencia. Cuando por fin llegó a casa, apenas era capaz de mantenerse en pie. La cojera se le quedaría para siempre.

Tiempo después diría: "Fui tan ingenua que pasé varias noches en casa, en el mismo departamento donde me arrestó la Gestapo".[335] Esa tarde, por toda la ciudad pasaron los camiones con megáfonos que gritaban los nombres de los ejecutados por crímenes contra Alemania, y pegaron carteles anunciando su muerte con letras remarcadas: *Obwieszczenie! Irena Sendlerowa. 20 de enero de 1944. Crimen: ayudar a los judíos.*

Tarde o temprano, quien hubiera visto ese cartel se daría cuenta de que seguía viva en el departamento y la Gestapo vendría a buscarla. Poco a poco entendió eso. Quedarse resultaba demasiado peligroso. Pero irse era imposible. Su madre, Janina, estaba muriendo. Había sufrido durante años de una enfermedad cardiaca. Una hija en Pawiak y noches de infinita angustia habían causado peores daños e Irena se debatía entre la culpa y el remordimiento. Aunque no fuera a propósito, ¿qué otra conclusión podría resultar salvo que ella era responsable?

Uno o dos días después de su liberación, otro pensamiento la inquietó. ¿Por qué la habrían dejado libre? ¿Era algún tipo de trampa? Su primera preocupación era qué pasaría si alguno de sus enlaces (casi todos sus amigos) se le acercaba. Pronto llegó un joven mensajero, le dejó una nota y desapareció a toda prisa. Cuando vio su nombre en código, "Jolanta", tuvo su respuesta. Żegota lo había arreglado todo, y ahora le pedía que abandonara el departamento de inmediato y le mandaba la ubicación del refugio.

Pero no podía irse. No dejaría a su madre. Llegó otro mensaje. Julian Grobelny trataba de advertirle y Janka vino a rogarle. Pero Irena seguía retrasando la partida. Irse significaba desaparecer. La prima que había cuidado a su madre durante los meses que estuvo encarcelada le prometió que se quedaría con ella; todo el mundo le pedía que huyera. No soportaba abandonar a su madre. La noche siguiente se mudó al departamento de una vecina, unos pisos arriba, quien estuvo de acuerdo en dejarla quedarse ahí por unos días. Esconderse en un lugar tan cercano significaba que, al menos durante unos minutos al día, podría deslizarse por las escaleras e ir a ver a su mamá.

Incluso eso fue una estupidez. Estaba llamando a la catástrofe y Julian se impacientaba. Una noche de la última semana de enero… ocurrió aquel desastre. Justo después de las ocho, pasado el toque de queda, cuando las calles estaban tranquilas y empezaban las redadas de la Gestapo, las fuertes pisadas de las pesadas botas otra vez llenaron el cubo de la escalera del edificio de departamentos e Irena escuchó voces gritando con acento alemán. Su corazón se congeló. Sabía lo que significaba. La Gestapo se había dado cuenta de que se había escapado. Registraron el edificio. Las puertas se azotaban en el primer piso. Irena miró alrededor del pequeño departamento, sin esperanza. ¿Un clóset? ¿La cama? No había dónde esconderse. Era estúpido morir así. *Estúpida*. No podía creer que hubiera sido tan tonta. Sabía que esta vez matarían a su madre. La mirada en la cara de su afligida vecina le dijo que la mujer entendió por primera vez que también era su sentencia de muerte. "Moríamos de miedo",[336] dijo Irena.

"No sé cuánto tiempo pasó (los minutos parecieron una eternidad) hasta que escuchamos el sonido de zapatos corriendo, alejándose",[337] contó después. Cuando los pasillos estuvieron silenciosos otra vez, tocaron a la puerta de la vecina y la prima de Irena le pasó un mensaje y la abrazó. *Adiós. Debes irte, Irena.* Luego se dio la vuelta y desapareció por el corredor.

Irena sostuvo la delgada hoja de papel. Su mano estaba temblando. Leyó el mensaje de su madre y se le partió el corazón: "Otra vez te están buscando, no regreses ni siquiera para despedirte. Vete tan pronto como puedas".[338] La Gestapo había registrado todos los pisos inferiores del edificio. Se detuvieron justo abajo del que ocultaba a Irena.

Por fin cedió. ¿Qué otra opción tenía si significaba la muerte de su madre? Un horrible pensamiento surgió en su cabeza: había sido una hija terrible. Julian Grobelny arregló rápidamente sus nuevos documentos de identidad, y la mujer que había ocultado a miles para mantenerlos seguros iba ahora al más profundo de los escondites. Por poco tiempo, mientras sanaba, se quedó con Julian, Halina y Adam en Otwock. Pero estar en un lugar por mucho tiempo no era una opción para una mujer que ahora encabezaba la lista de los más buscados de la Gestapo, y tanto por la seguridad de Adam como por la suya tenía que seguir moviéndose en cuanto pudiera. Con su increíble escape llegó la tardía comprensión de que no era ninguna jugadora pequeña en la resistencia, y entonces la Gestapo empezó su cacería.

Los nuevos documentos le dieron una identidad fresca, y de repente, como los miles de niños que había ayudado a salvar, hubo una docena de nuevos detalles que necesitaba memorizar por completo. Ahora su nombre era Klara Dąbrowska. Tiñó su cabello de rojo como disfraz y en los archivos del Ejército Nacional había una descripción de cómo se veía:[339] aproximadamente 1.60 m de alto, delgada, con una "nariz ligeramente aguileña", brillantes ojos azules y cabello corto. Después de las primeras semanas Irena se mudó de forma constante. Había otros refugios en Otwock. Un tiempo se quedó con su tío cerca de Nowy Sącz.[340] Cuando las cosas se pusieron muy peligrosas, pasó unos días en Praga,[341] como una habitante oculta del zoológico de Varsovia, donde algunos de los líderes de Żegota, incluyendo al doctor Adolf Berman, se habían ido a esconder en el otoño del arresto de Irena. Mudarse era una realidad en esta peligrosa evasión, pero ella extrañaba a su madre y a Adam.

En Otwock, Irena aprendió por fin la heroica historia detrás de su rescate de última hora. Cuando Janka trajo las noticias de su captura a Adam y Maria Kukulska en el departamento de Praga, los tres decidieron salvarla. En el refugio en Otwock, la pena y la preocupación de Adam eran un recordatorio constante. Julian prometió que Żegota aportaría cualquier suma necesaria para sobornar a la Gestapo, si se podía hacer algo así. Para liberar a Irena pagarían el rescate más alto en su historia como organización. Nadie sabe con exactitud qué tan alta fue la suma, pero alcanzó algo cercano a los 35 000 eslotis; en la actualidad serían más de cien mil dólares.

Pero ¿esto se podía hacer a cualquier precio? Sólo un soborno entre los niveles más altos de la Gestapo podría lograr una liberación tan descarada de la prisión, y ¿quién entre ellos tenía ese tipo de contactos? El obstáculo era encontrar a alguien con conocidos lo suficientemente cerca de la Gestapo para lograrlo. Uno no podía simplemente ir por la calle preguntando a los alemanes (en especial si se era un judío escondido). Lo que necesitaban los amigos era a alguien polaco con conexiones dentro de la Gestapo. Necesitaban a alguien como Maria Palester, la conspiradora de la oficina de Irena, con sus juegos de *bridge* semanales.[342] Con varios años ya desde la ocupación alemana, Maria platicaba amablemente con los informantes de la Gestapo cada semana y más de una vez había usado sus encantos para ayudar a la red de Irena. Tenía una gran cantidad de contactos en el mundo clandestino, pero no había forma de minimizar el riesgo que correría para salvar a Irena. Estaba poniendo en juego las vidas de su familia.

Después de todo, el esposo judío de Maria, Henryk, se hallaba bajo el mismo peligro que cuando empezó la guerra. Su hijo adolescente, Kryštof, estaba en una brigada de exploración de élite de la resistencia y bajo amenaza constante. Y la familia todavía escondía a amigos judíos en su departamento. Aun así Maria no se negó a esta intrépida apuesta. Gracias a Irena su familia había sobrevivido. Si podía, ahora la salvaría. Maria contactó a un amigo que localizó a alguien más. En algún punto sobre la marcha se hizo un trato con el oficial alemán que llevó a Irena al cruce de las calles en la mañana de su ejecución. Tentado por la fantástica suma, estuvo de acuerdo en escribir en los registros oficiales que Irena Sendler había muerto.

La entrega fue como una novela de espías de intriga y misterio. Encontrar a alguien para entregar un soborno a la Gestapo fue una propuesta de un extraordinario alto riesgo. La hija de Maria, Małgorzata Palester, de catorce años,[343] realizó la misión. Con mucha calma llevó a la cita los rollos de dinero guardados en el fondo de su mochila con la valentía de un agente veterano de la resistencia. Habría sido muy fácil tomar el dinero y dispararle a aquella niña en la calle. Los alemanes respondían poco cuando las preguntas se trataban de cadáveres polacos. Incluso habría sido más fácil tomar el dinero y de todos modos dejar que ejecutaran a Irena. Pero por alguna razón, no fue así.

Luego Adam le explicó otro secreto. Żegota había hecho tanto para liberar a Irena (una simple agente en una red enorme y creciente, con un ciento de células diferentes) sobre todo por las listas de los niños. Irena siempre pensó que las guardaba para proteger a los pequeños, pero después se dio cuenta de que también salvaron su vida. "Żegota me envió cartas para que estuviera segura de que harían todo lo posible para sacarme, —recuerda Irena—, pero todos los prisioneros recibían esas cartas."[344] Seguro Julian Grobelny y Adolf Berman, los líderes de la organización, cuidaron de forma personal a Irena y Adam. "Pero sus grandes esfuerzos por mantenerme viva se debían a algo más grande que el sentimiento, —se dio cuanta entonces—. Sabían que si moría, el único rastro de los niños también moriría. El índice era la única oportunidad de encontrar a los niños y regresarlos a la sociedad judía. Y Żegota no sabía que mi agente enlace lo escondía. Sólo sabían por mis cartas que los alemanes no habían encontrado ese índice."[345]

Ahora que tenían las listas, ¿qué hacer con ellas? Era otra pregunta urgente, conforme los miembros de su célula seguían cayendo en las garras de la Gestapo. Janka todavía escondía los rollos de papel tisú que Irena le había arrojado en la mañana del arresto, pero había otras partes de la lista que también se guardaron bajo custodia. ¿Qué pasaría si volvían a arrestar a Irena? ¿Y si algo le pasaba a Janka? Su esposo, Józef, era un soldado de la resistencia en el Ejército Nacional, y su casa estaba vulnerable y expuesta. Las listas necesitaban ser reunidas y escondidas de forma adecuada. En el invierno de 1944, Irena y las dos hermanas, Jaga y Janka, acordaron un nuevo lugar. Enterrarían sus papeles en una botella de vidrio bajo el árbol de manzanas del jardín de Jaga, en la calle Lekarska.

Irena vivía en fuga, y podía esperar un poco más para estar con Adam, si ésa era la forma de mantenerlo a salvo. Pero romper los lazos con su madre resultaba imposible. Janina no tenía mucho tiempo. Se estaba muriendo. Y la Gestapo lo sabía. El viejo departamento de Wola, donde vivía, estaba bajo vigilancia, y en la primavera le tendieron una trampa a Irena. Ahora luchaba con la consciencia de que arriesgaba la vida de su madre a cada momento, pero sólo en restrospectiva vio lo grande que había sido el peligro. Se mantenía alejada, pero se sentía como una traidora.

Irena rechazaba todos esos pensamientos. Detenerse para descansar se sentía como un fracaso. En las semanas posteriores a su liberación, a pesar de sus mal curados huesos, regresó al peligroso trabajo clandestino, ahora como "Klara". Estaba decidida a seguir entregando los fondos de apoyo a las familias y anotando a los niños. No hay un registro preciso de las visitas que Irena hizo en el invierno de 1944. Aunque ella y Adam mantenían un documento cuidadoso de "sus" niños, estos libros de contabilidad no sobrevivirían al tumultuoso verano de 1944 en Varsovia. Pero es casi seguro que hizo uno de sus primeros viajes al distrito de Ochota para visitar a sus antiguos amigos Zofia Wędrychowska y Stanisław Papuziński y revisar que estuvieran bien tres de sus niños judíos (incluyendo a Estera, su favorita).

En el invierno de 1944, Ochota todavía era más un pueblo que una parte de la ciudad. Ahí, la casa de Zofia y Stanisław,[346] la número 3, era la última antes de que la calle Matwicka diera paso a los campos y tierras de cultivo. Stanisław trabajaba en una clínica y todos los días viajaba a la Ciudad Vieja de Varsovia, y Zofia era bibliotecaria pública en el barrio. Había un sauce balanceándose en el patio descuidado y flores brillantes que Zofia trataba de cuidar entre la locura de más de media docena de niños. Cuando Irena llegó a la entrada principal, la recibieron con un coro de gritos felices, porque *Pani* Irena era muy querida. Zofia y Stanisław tenían cinco hijos propios: Marek, que cumpliría trece ese año; Eve, de diez; Andrzej, de nueve; Joanna, de cuatro, y un bebé que nació ese año llamado Thomas. Muchas veces, cuando Irena llegaba, Zofia estaba afuera trabajando; entonces la abuela de los niños le daba la bienvenida con calidez y le ofrecía té y pastel, el típico gesto de la hospitalidad polaca. Junto con otro anciano en el barrio, la señora Siekiery, la abuela, cuidaba de todos los niños en la calle cuando los padres estaban trabajando. Eran cuatro o cinco niños judíos cuyas familias estaban escondidas por la red de Irena y la doctora Radlińska. Tenían nombres como Sławek, Julia, Adam, Hania y Estera ("Teresa Tucholska"), quien era la más grande de todos y hacía el papel de madre pequeña para el bebé Thomas.

Fue una gran suerte que Irena no los visitara la tarde del 22 de febrero de 1944, un ventoso martes de invierno. Ese día la tragedia atacó a la familia. Stanisław estaba fuera de casa (tal vez en la clínica; algunos dicen que en una reunión clandestina de la resistencia). Zofia estaba en el trabajo, y había tantos pequeños jugando solos en el piso como niños más grandes en las calles, la mayoría varones de trece y catorce años que acaso hasta tenían pistola. En verdad habían aprendido la lección silenciosa de sus padres: era valiente pelear contra los alemanes. Como Irena, Zofia y Stanisław seguían trabajando en la clandestinidad con su antigua profesora, y su cuñada, Halina Kuczkowska, era una trabajadora clandestina importante.

Mientras los chicos del barrio jugaban a matar a los invasores en los campos, algunos alemanes auténticos detectaron a los más jóvenes y se acercaron. Los pequeños gritaron de alegría por la aventura, pero los alemanes los cazaron de verdad y los obligaron a rendirse. Perseguidos por los soldados alemanes, los niños estaban demasiado asustados para detenerse y corrieron a su hogar. La primera casa en la calle pertenecía a los padres de Marek, Zofia y Stanisław. Entraron con estrépito por la puerta principal y los alemanes atacaron el umbral tras ellos. Dentro de la casa hubo una pelea con los soldados. La pequeña Eve se escondió bajo la cama, llorando. Los alemanes cazaron a los niños con una lluvia de balas. Una le dio a uno de los chicos mayores, lo hirió gravemente y él cayó con un grito por el cubo de la escalera. Los otros saltaron por las ventanas y huyeron a los campos, donde los soldados los persiguieron. Pero, claro, sólo era cuestión de tiempo antes de que regresaran por el niño y por sus padres.

Cuando un vecino frenético fue a buscar a Zofia a la biblioteca, los alemanes se habían ido y los niños estaban aterrados. Veían con los ojos desorbitados cómo trataba de detener el sangrado y empezaba a quemar hojas de papel. Su primer pensamiento fue esconder a los chicos en el ático. Sabía que la policía llegaría pronto y con refuerzos de la Gestapo. Entonces pensó en algo mejor. Volteó hacia los niños y puso a Estera a cargo. *Debes llevarlos a la casa de mi amiga en la calle Krucza*, le dijo. *Vete rápido. No regresen. Yo iré por ustedes.*

Estera escapó de inmediato con los pequeños. Zofia se quedó con el niño herido y encontró un lugar dónde esconderlo en el ático. Pero las escaleras se cubrieron con su sangre y tuvo que limpiar el rastro que fue dejando. Mientras un vecino trataba de recoger el desastre de la sala, Zofia se puso de rodillas con una cubeta de agua y empezó a remover la sangre.

Así la encontraron los alemanes cuando irrumpieron en su casa: de rodillas, tallando y llorando. No pudo terminar el trabajo antes de que llegaran, y un soldado alemán pasó sobre ella. Le puso una pistola en la cabeza y le dijo que le entregara al niño, rápido. En el camino a Pawiak, en la parte de atrás de la camioneta, abrazó al chico tanto tiempo como la dejaron. Pero él murió antes de llegar a la avenida Szucha. Zofia (a quien la Gestapo tenía en su lista de interrogatorios por otras razones) fue ingresada sola para cuestionarla y torturarla.

Cuando Stanisław lo supo, buscó a Irena, su antigua amiga y colaboradora. No sólo los judíos necesitaban nuevas casas urgentemente, sino que la Gestapo también buscaba a Stanisław. Igualmente tendría que esconderse, pero no podía llevarse a sus hijos con él. ¿Irena lo ayudaría? Claro que sí, seguro. Se puso en acción y movió a Estera[347] a un "campamento de verano" que estaba escondiendo niños judíos cerca de Garwolin, unos sesenta kilómetros al sureste de Varsovia. Encontró hogar para los demás en orfanatos y en muchos casos con amigos de su red de trabajo social de la preguerra. En especial buscó a sus antiguos contactos de la Universidad Libre de Polonia, exestudiantes de la doctora Radlińska. Varios chicos fueron al campo cerca del pueblo de Anin. Algunos de los hijos de Zofia fueron a casas en el campo en Garwolin, y al orfanato en Okęcie, con Estera.

Stanisław hizo esfuerzos heroicos para liberar a Zofia de los interrogatorios de la Gestapo y, después, de la prisión Pawiak. Buscó a cada contacto que conocía del Ejército Nacional. Pero, escondido y con las vidas de los niños en riesgo, era peligroso. El trabajo de Halina en la resistencia fue la sentencia de muerte de Zofia. Fue ejecutada en Pawiak en la primavera de 1944, de la misma forma en que los alemanes lo tenían planeado para Irena. Ya casi tenía cuarenta años. Siempre guardó silencio… hasta el final.

En esa primavera, sobornar a la Gestapo (o intentarlo) se volvió algo común. Julian y Halina Grobelny tenían una casa de campo[348] con jardín en Cegłów, un pueblo no muy lejos de Mińsk Mazowiecki. Durante más de un año la cabaña se usó como refugio judío donde escondían a los niños en riesgo hasta que Irena les pudiera conseguir nuevos documentos de identidad y una ubicación definitiva. Fue ahí, un día de marzo, cuando la Gestapo atrapó a Julian, a quien tenían identificado no como el líder de Żegota, sino como un partidario de izquierda. Ahora Julian Grobelny fue llevado a Pawiak y necesitaba ser salvado. Ya estaba muy enfermo de tuberculosis. Aun si escapaba de la ejecución, las condiciones severas y húmedas de la prisión serían una sentencia de muerte segura. Irena buscó a viejos amigos y otra vez en los círculos clandestinos de la doctora Radlińska. El doctor Juliusz Majkowski, el director de las oficinas de salud en el número 15 de la calle Spokolnej, y el hombre que al principio le había dado a Irena, Irka, Jaga y Jadwiga sus pases para el gueto, llegó al rescate. Trabajó con la clandestinidad médica en Pawiak y contrabandeó comida y suministros extras en la prisión para tratar de preservar la precaria salud de Julian.[349] Al final, el personal de la prisión obtuvo para éste una licencia médica y una transferencia al hospital de Varsovia, donde permanecería como prisionero en una unidad de cuidado. Pero el paciente nunca llegó al hospital. Esa mañana, mientras la ambulancia aullaba por la ciudad, Żegota logró liberarlo (mediante otro inmenso soborno).[350]

El dramático escape de Julian le dio a Irena una idea, y buscó de nuevo al doctor Majkowski. En marzo, la salud de su madre era crítica. La fortaleza de Janina menguaba muy rápido e Irena no podía dejarla morir sola en su viejo departamento. ¿El doctor le ayudaría a sacarla de contrabando de Wola? Él aceptó y armaron un plan temerario. Majkowski llevaría a Janina en ambulancia a un hospital local por una emergencia falsa. Los vigilantes de la

Gestapo que custodiaban a Janina la seguirían, obviamente, pero en el caos preparado habría una pequeña grieta de unos cuantos minutos entre la llegada de Janina y el tiempo que le tomaba a la Gestapo localizarla dentro del hospital. Cuando empujaron la camilla de Janina a un cuarto muy iluminado en uno de los pisos de arriba, enfermeras de la resistencia médica ya estaban esperándola. Con cuidado ayudaron a la frágil mujer a salir por una ventana abierta y a bajar por la escalera de incendios. Ahí, en el callejón, otra ambulancia la esperaba con el motor encendido para transportarla al refugio de Żegota en el departamento de Stefan Wichliński,[351] el viudo de Stefania, la compañera asesinada de Irena.

Años después, Irena diría lo siguiente acerca de esta aventura desesperada: "Tuve que robarme a mi madre moribunda de nuestra casa y tenerla con personas desconocidas hasta que murió, varias semanas después".[352] Cuando Janina falleció, el 30 de marzo de 1944, su hija estuvo con ella. Cuando se sentaron juntas en silencio en esos últimos días, Janina tomo la mano de Irena e hizo que le hiciera una promesa en su lecho de muerte: *No vayas a mi funeral, Irena. Estarán buscándote. Promételo.*

Y tenía razón. En su funeral, la Gestapo estaba furiosa. Un ceñudo agente abordaba a los amigos y a la familia. "¿Quién es la hija de la difunta?",[353] preguntaba. Los dolientes sólo contestaban: "Está en la prisión de Pawiak".

"Sí, en realidad *estaba ahí* —contestaba con los labios apretados—, pero inexplicablemente *ya no está.*"

Para la primavera de 1944, Irena realizaba sus misiones desde un refugio en el departamento de sus antiguos amigos y conspiradores Maria y Henryk Palester. Adam se preocupaba en su escondite en Otwock, donde ella se arriesgaba para verlo. Esa primavera Irena luchaba para apartar un momento su pena y lanzarse al trabajo con rabia, pero Adam notaba que ahora había algo frágil en ella. Sin duda Irena (a principios de sus treinta y tantos) había vivido al borde de la muerte cada día durante los últimos cinco años. Había enterrado a su madre y a más de una docena de amigos, y había sobrevivido a su propia ejecución. Tenía en sus manos las vidas de miles y la carga física era insoportable. Y desde su retiro en cama en Otwock el líder de Żegota, Julian Grobelny, también le daba más y mayor responsabilidad. Ella era el general de su comandante supremo. Irena no pararía. Pero Adam también sabía que no podía seguir así para siempre.

En las reuniones semanales de los líderes de Żegota ya no había mayor liderazgo por delegar a Irena. Ella establecía la agenda. Para julio llegó el rumor por vías clandestinas de que el ejército soviético se acercaba por el este. Dentro de la Varsovia ocupada, la trampa de la Gestapo se cerraba más y más sobre la resistencia (un movimiento que ahora incluía una parte mucho más grande de la población que antes). La ciudad estaba a punto de explotar. En los últimos días del mes, Irena se enteró de un grupo de judíos refugiados que luchaba por sobrevivir en el bosque. "Era una desesperada SOS, traída a mí por alguien que había logrado escapar de Treblinka",[354] recordó Irena. "Le presenté el problema a todo el presídium", y la dirección de Żegota de inmediato la autorizó para operar la peligrosa misión de entregar fondos a los sobrevivientes del campo. Como siempre, en los cuidadosos libros de contabilidad de Adam, los cuales leía a detalle en su soledad, registró las cifras de forma meticulosa. Irena dijo: "Supe que el amigo de Treblinka (no recuerdo su nombre) recibió el dinero porque al día siguiente, antes de que el levantamiento comenzara, me pidió que le avisara [a Żegota]".

Irena también siguió resguardando los "índices" de los niños. Ella y Janka sabían que la batalla en Varsovia estaba por comenzar. En esos últimos días de paz las mujeres enterraron las listas en el jardín de Jaga.[355] Guardaron toda la información en dos botellas de refresco de vidrio, y bajo el mismo árbol de manzanas volvieron a poner todos los nombres que su red había juntado desde 1939. Para la época en que Varsovia explotó en la guerra de las calles el primero de agosto, las listas tenían los nombres de casi 2 500 niños judíos.

CAPÍTULO 16

COMBATE EN VARSOVIA
Varsovia, julio-diciembre de 1944

El Ejército Nacional planeó que el levantamiento general en Varsovia comenzara el 1 de agosto de 1944 a las cinco de la tarde, pero se basó en un error de cálculo. Los alemanes iban perdiendo terreno en el verano de 1944, y el Ejército Nacional apostó a que, ante una revuelta militar prolongada, los ocupantes se retirarían y Varsovia sería libre. Había tropas soviéticas en las afueras de la ciudad, atravesando el río Vístula en Praga, y se pensó que eran aliados. Los polacos asumieron que los soviéticos los apoyarían porque daban señales que les inspiraban seguridad. Lo que los habitantes de Varsovia no sabían era que los alemanes que enfrentaban el avance del Ejército Rojo por el este habían decidido mantener esa ciudad a cualquier costo para tener un lugar adonde retirarse. Tampoco sabían que las órdenes de Himmler desde Berlín eran matar a todos y destruir la ciudad por completo. E ignoraban, pese a que lo podrían haber supuesto, que los soviéticos tenían sus propios motivos políticos, los cuales no incluían la independencia de Polonia.

Ese verano hubo en Varsovia muchas organizaciones de resistencia listas para pelear en la ciudad, incluído lo que quedaba de la Organización Judía de Combate de Marek Edelman y un gran número de pequeñas células. Pero el Ejército Nacional, apoyado por el gobierno polaco en el exilio, era el más grande y mejor equipado de los movimientos de resistencia, y para julio había conseguido un cuerpo militar de cuarenta mil voluntarios sólo en Varsovia, de una población de un millón en la urbe. Entre los reclutados había cuatro mil jóvenes polacas listas para la batalla. El número se incrementaría con rapidez en las siguientes semanas conforme los civiles se unían a la lucha. Durante cinco años los alemanes habían impuesto la pena de muerte a polacos o judíos que poseyeran un arma; como resultado, había armas de fuego para menos de tres mil. Pero lo que les faltaba a los polacos en arma- mento lo compensaban con organización y gran valentía. El ejército tenía rangos y una cadena de mando, y los distritos de la ciudad se dividieron en ordenadas unidades de pelea.

En julio, con la inminente batalla en Varsovia y la gente antici- pando un asedio y peleas en las calles, Adam dejó su escondite en Otwock y por fin se reunió con Irena en el departamento de los Palester, en la calle Łowicka, en el distrito Mokotów. Después, Irena admitiría que de manera ingenua pensaron que ahí estarían a salvo. Esos días fueron como una luna de miel para la joven pa- reja. Pero el peligro los rodeaba, y sólo tiempo después se dieron cuenta de lo afortunados que habían sido. Los alemanes, determi- nados a aplastar toda resistencia, iban de casa en casa en el barrio, registrando departamentos y pidiendo documentos de identidad, pero de alguna forma pasaron de largo por la puerta de la familia Palester.

El primer día del levantamiento, Adam e Irena compartieron la euforia que se esparcía rápidamente por la ciudad. Para los ha- bitantes parecía como un tipo de victoria al principio. Ese día y los siguientes, varios miles de polacos murieron. Después se enteraron de que el esposo de Janka Grabowska, Józef,[356] estaba entre los fallecidos. Hubo bajas polacas. Pero la milicia había matado en el primer día a más de quinientos soldados alemanes, y eso contaba como una victoria en un país ocupado.

El Ejército Nacional volteó hacia el Ejército Rojo. Con la ayuda de los soviéticos, los alemanes habrían huido de Varsovia, sin im- portar cuáles fueran sus órdenes. Pero los soviéticos tomaron una decisión estratégica muy cínica. A pesar de que estaban del lado de los aliados en 1944, y de que los polacos necesitaban ayuda con desesperación, éstos se retiraron para dejar que polacos y alemanes pelearan y se cansaran. Por último, también rechazaron que los otros aliados[357] (quienes de todos modos no podían atacar) usaran los campos que rodeaban la ciudad para ayudar a la gente de Varsovia. Incluso prohibieron que dejaran caer comida y equipamiento.

Fue un tonto error de juicio, y los altos mandos del Ejército Nacional se dieron cuenta con rapidez. En las palabras de un general, Władysław Anders,[358] "nunca puedes confiar en los soviéticos, son nuestros enemigos jurados. Mantener un levantamiento cuyo éxito depende de que un enemigo caiga o de que otro enemigo te ayude es un deseo más allá de la razón". Pero era demasiado tarde. En unos días aviones Luftwaffe[359] marcados con cruces negras[360] barrieron la ciudad con bombardeos. Los polacos no tenían defensas aéreas. Los ataques continuaron sin interrupción, y para desesperanza de los habitantes, la ventaja se revistió con rapidez.

El 5 de agosto los alemanes tenían la delantera, y sus tropas arrasaron con masas de civiles a través de la ciudad. Había estrictas órdenes de matar a cada habitante de Varsovia, hasta el último niño. En las siguientes dos semanas no menos de sesenta y cinco mil habitantes fueron asesinados en las calles. Los soldados entraban a los hospitales y cama por cama disparaban una sola bala en la cabeza de los pacientes. Espantosas atrocidades sucedieron en el distrito Wola, justo delante del entonces vacío departamento de Irena, donde la lucha en la calle era feroz. Los edificios explotaban, y los tanques rodaban por la calle disparando y aplastando caballos y cuerpos caídos. La gente reunió con rapidez el agua y la comida que pudieron y se escondieron en los sótanos de la ciudad.

El gobernador alemán de Varsovia, Hans Frank, recordaba: "Casi toda Varsovia es un mar de llamas. Prender fuego a las casas es la forma más segura de hacer que los insurgentes salgan de sus escondites. Cuando acabemos con el levantamiento, Varsovia tendrá lo que merece, una completa aniquilación".[361] Mientras los hogares ardían a su alrededor y los pesados proyectiles caían por todos lados, los habitantes que salían de sus sótanos eran llevados a plazas abiertas y asesinados con metralletas. "Nos llevaron de los sótanos a un lugar cerca del parque Sowiński en Ulrychów —dijo un sobreviviente con el corazón roto—. Nos dispararon cuando pasábamos. Asesinaron a mi esposa, nuestro hijo quedó herido y lloraba por su madre. Después un ucraniano se acercó y mató a mi hijo de dos años como si fuera un perro; luego se acercó a mí junto con unos alemanes y se paró sobre mi pecho para ver si estaba vivo o no; me hice el muerto por miedo a que me mataran también."[362] Algunos de los niños ocultos de Irena y sus valientes cuidadores desaparecieron ese verano, y sin duda estuvieron entre los muertos. Después de tanto arriesgar para salvarlos, terminaron en esas masacres indiscriminadas en las calles. Para Irena y sus amigos todo fue una terrible recreación de los últimos días en el gueto, y los polacos al fin entendieron lo que significaba ser un *Untermenschen* (subhumano) ante los ojos de los ocupantes.

Pronto los alemanes llegaron al distrito Mokotów, donde Adam e Irena se escondían con Maria y Henryk Palester, y comenzaron a limpiar las casas. Como en el gueto, estaban eliminando y quemando Varsovia, calle por calle, en preparación de una aniquilación cultural final. Adam e Irena huyeron juntos, acompañados de una mujer de un departamento vecino, la doctora Maria Skokowska, y una joven judía llamada Jadzia Pesa Rozenholc,[363] quien se había estado escondiendo con la familia Palester. Pero ¿a dónde ir? No tenían hogar y los amigos debatieron con ansiedad su siguiente paso. Una cosa era segura: ninguno de ellos se reportaría, como lo ordenaban, en el punto de deportaciones. Uno no debía subirse a los trenes cuando los alemanes estaban a cargo.

Al final encontraron un escondite en las ruinas de una construcción en el número 51-53 de la calle Łowicka. Se juntaron en la oscuridad y tuvieron una rápida conferencia. Henryk Palester y Maria Skokowska eran médicos. Irena y Maria Palester habían entrenado a enfermeras y trabajadores sociales. Al día siguiente montaron un hospital de campo de emergencia[364] para atender a luchadores de la resistencia y civiles heridos durante los enfrentamientos. El hospital se convirtió, como todo lo que hacía Irena, en una operación de gran crecimiento. La necesidad era inmensa, y ya no sorprendía lo bien organizado y eficiente que estaba a pesar de la falta de medicamento y equipo médico.

Por otro lado, Adam era abogado y filósofo; no servía para vendar. Había permanecido encerrado durante dos años, e Irena lo entendía. Estaba desesperado por salir a luchar en esa batalla, así que se lanzó con el valiente hijo adolescente de Henryk y Maria, Kryštof, y otros dos jóvenes. Primero pelearon contra los alemanes en un cementerio cercano. Adam luchó al lado de los chicos en la batalla por la Ciudad Vieja, donde perdieron a dos de los tres muchachos en acción. Kryštof Palester desapareció para reunirse con su viejo batallón Parasol[365] y murió durante un tiroteo en las calles poco tiempo después. El corazón de Adam se rompió al ver a los desconsolados padres y la pequeña hermana del chico.

En las calles del distrito Mokotów, Irena estaba sorprendida y llena de dicha por un encuentro. Escuchó una voz conocida que venía de atrás de una barricada de escombros. *¡Aquí! ¡Aquí!* Irena volteó sorprendida y vio a una joven llena de polvo con el cabello rubio cubierto por un gorro, quien alzaba el brazo para saludar. Irena pudo ver la banda roja del Ejército Nacional. *¡Rachela!*

Era Rachela Rosenthal, la amiga judía que Irena había dado por muerta en Treblinka en el verano de 1942. Irena corrió hacia ella, y detrás de la barricada se abrazaron y rieron. Irena la había considerado como una de las pérdidas en la plaza Umschlagplatz, pero ahí estaba, viva y hermosa como nunca. Pero toda la familia de Rachela, incluida su hija pequeña, había fallecido; ella era la última sobreviviente. La mujer miró con tristeza a Irena y después volteó para presentarle a un soldado polaco de cabello rubio. *Mi esposo.* El hombre sonrió y abrazó a Irena como si fuera una vieja amiga. Al final Irena se dio la vuelta: *Me tengo que ir. Estoy en el hospital de campo.* El esposo de Rachela se rio y le dijo que mejor se diera prisa. *¡Te cubriremos si te apuras!* Irena no podía creer la transformación de su vieja amiga. "Era una persona totalmente diferente —recuerda Irena—. Ahora era una soldado, intensa, determinada, peleando con un arma en su mano. Su extraordinaria valentía fue reconocida por todos en su grupo."[366]

En Mokotów, si los días eran duros, las noches eran momentos de terror. Oficiales borrachos de las ss hacían incursiones hacia los refugios en los sótanos[367] y violaban en grupo a las mujeres y niños polacos que encontraban. Un soldado alemán clavó su bayoneta en la pierna de Irena[368] cuando lo enfrentó, y pronto la herida se infectó, haciéndola padecer una agonía. La comida se estaba acabando, así como el agua, y el orden civil se desmoronaba junto con ellos. En la noche Irena se recostaba al lado de Adam en el refugio mientras escuchaba la tranquila respiración de Henryk y Maria, preocupándose sin parar por el destino de sus niños judíos escondidos. Muchos de ellos habían sido transferidos meses atrás a orfanatos o a casas de seguridad en el campo cuando la Gestapo intensificó su búsqueda en los áticos y sótanos. Algunos seguían escondidos con familias de confianza en Varsovia, familias que, como todas las de la ciudad, estaban en gran peligro. La pierna le pulsaba. Entre el dolor de su herida y los peligros de las calles, entregar apoyos era imposible, y batalló para contactar a los cuidadores adoptivos de los niños. Todavía eran vulnerables. Incluso durante el caos del levantamiento, los extorsionadores antisemitas merodeaban las calles, amenazando con denunciar a cualquiera que tuviera una moneda en el bolsillo del pantalón y "pareciera" judío. Irena estaba preocupada por Adam y por las chicas que vivían escondidas con ellos, y el peligro parecía llegar de todas direcciones. Pero no era sólo en Mokotów. Viejos amigos de Irena le contarían después horribles historias que sucedían a través de la ciudad. Stanisław Papuziński peleó en las calles como soldado. Jaga Piotrowska se adentró en edificios en llamas durante la destrucción de su calle[369] y sacó a sobrevivientes inconscientes. La aniquilación de Varsovia incluyó la demolición de la casa de

Jaga,[370] donde la lista con los nombres de los niños estaba enterrada, bajo los escombros del patio trasero.

El 9 de septiembre de 1944 se selló el destino de Varsovia. Aviones Luftwaffe sobrevolaron la ciudad y, desde sus escondites, los habitantes vieron papeles caer. Aterrizaban en los techos y algunas personas los tomaban en el aire desde sus balcones. En el lado impreso había una advertencia final. Se les ordenaba a todos los habitantes dejar la ciudad y reportarse en los centros de procesamiento alemanes o serían ejecutados.

Juntos en Mokotów, los amigos se retrasaron. En ese momento había treinta refugiados escondidos en la clínica con Irena, Adam y la familia Palester,[371] entre ellos dos pequeños judíos. La plaza Umschlagplatz era algo inminente en las pesadillas de Irena. Ella no quería tener nada que ver con los centros de procesamiento alemanes. Pero el 11 de septiembre los alemanes llegaron a su calle con lanzallamas y otros dispositivos para quemar; tenían la intención de incendiar todas las estructuras hasta los cimientos, y no había más opciones. El aire era espeso por el humo y el polvo, y cuando los soldados los descubrieron escondidos en el sótano, se enfadaron y se pusieron impacientes. ¿La resistencia había peleado por tanto tiempo y con tanta fuerza para ahora ser enviada a los campos de concentración? Los obligaron a unirse a un sucio convoy con otros civiles, y a punta de pistola los llevaron al centro de deportación.

Todos estaban en mala forma, pero Adam y Henryk se sentían muy preocupados al notar que Irena cojeaba y luchaba por seguirles el paso. La herida en su pierna todavía no sanaba. Tenía pus[372] y a Henryk le preocupaba que hubiera sepsis. Pero ella no se concentraba en su pierna. Pensaba en qué hacer con la joven judía que viajaba con ellos, una chica llamada Anna, y en cómo sacar a todos de esta procesión de la muerte.

Al final, los amigos acordaron que la mejor solución era simple y sencillamente el uso de recursos. Vaciaron sus bolsillos en silencio y le ofrecieron un soborno al guardia alemán si los enviaba a otro lado. Éste lo consideró. Había barracas del ejército vacías en Okęcie, fuera de los campos de aviación abandonados, donde solían ser encarcelados los prisioneros de guerra soviéticos y judíos. Al final, guardó el fajo de billetes con mucho cuidado en el bolsillo del pantalón y dijo: *Será mejor si se dirigen hacia allá, fuera de la ciudad.* Hizo un gesto con la cabeza, se encogió de hombros y se fue caminando en otra dirección.

Maria, Małgorzata y Henryk Palester, junto con la doctora Maria Rudolfowa, Irena, Adam y Anna, hicieron el peligroso viaje hacia el sur mientras Varsovia ardía a su alrededor. "Me trató como a una hija", Anna diría sobre Irena.[373] Piojos y chinches los comían mientras dormían y recorrían las ruinas en busca de comida y agua. Después, determinados, comenzaron de nuevo su hospital.

Mokotów fue uno de los últimos distritos en caer, y Adam e Irena dejaron atrás la batalla que continuó por semanas. Para el 4 de octubre de 1944, todo había acabado en Varsovia. El levantamiento había fracasado. El conteo final de muertos fue catastrófico: 200 000 habitantes asesinados, la mayoría civiles. La ocupación alemana continuó ese invierno y otros 150 000 fueron deportados a campos de trabajos forzados en Alemania. Los campos de concentración registraron otros 55 000. Algunos historiadores dicen que el número total de judíos que sobrevivieron a la guerra en Varsovia fue menor a 11 000. Adam y Anna estaban entre ellos. Un camión alemán derribó a Henryk Palester en diciembre, quitándole la vida. Para el invierno Varsovia estaba en ruinas, justo como lo quería Hitler.

Por fin, el 17 de enero de 1945 el ejército polaco y el soviético entraron a la destruida ciudad. En ese momento ochenta por ciento de Varsovia estaba en escombros. Todo ese invierno Adam e Irena vivieron con documentos falsos (todavía como Klara Dabrowską y Stefan Zgrembski) y permanecieron en el hospital de Okęcie. Desde ahí Irena continuó trabajando para Żegota hasta el final. Ese invierno la pierna de Irena sanó, aunque seguiría cojeando toda la vida por los daños que le causaron las torturas de la Gestapo.

A pesar de la "liberación" soviética de Varsovia, la guerra continuó por meses en Europa. Sólo quedaba contar las pérdidas y temer a lo que siguiera. Cientos de miles estaban en campos de trabajos forzados y en cárceles para prisioneros de guerra lejos de casa. Murió un impactante quince por ciento de la población de Polonia (seis millones de personas). También el noventa por ciento de la población judía del país. A finales de 1944, la esposa del doctor Adolf Berman, Basia, escribió en su diario qué significaba entender la magnitud de la destrucción: "Incluso después de la eliminación [del gueto], nos aferramos a los cuentos de hadas sobre búnkeres subterráneos y refugios sofisticados donde se suponía que vivían miles de personas. Después nos creímos las historias de que estaban en campos y que regresarían a las ruinas cuando acabara la pesadilla".[374] Hubo pocos sobrevivientes. Muchas de las víctimas fueron niños. Al comienzo de la guerra había un estimado de 3.4 millones de judíos en Polonia, un millón de los cuales eran niños. De acuerdo con Yad Vashem, sólo cinco mil sobrevivieron a la guerra[375] y a las masacres finales en Polonia. Algunos historiadores dicen que el número podría ser menor. Podríamos duplicarlo o triplicarlo, pero los números seguirían siendo muy pequeños.

Pero de hecho sí hubo un "refugio sofisticado" donde miles de niños y niñas judíos *estaban* vivos todavía: un refugio manejado por docenas de voluntarios que no eran más que gente decente y valiente, el cual se extendió por toda la ciudad y resguardó a los niños de Irena. De los pequeños que sobrevivieron en Varsovia, ella y su red de trabajo salvaron a la mayor parte.

En las primeras semanas después de la liberación soviética, Irena encontró de nuevo a Rachela en una calle de Varsovia. Fue un momento que después definió algo esencial para Irena sobre lo que significaría tratar de juntar los pedazos de una vida en las décadas que siguieron como testigos y sobrevivientes. Cuando se encontraron entre los escombros de Varsovia, las dos mujeres se abrazaron por un largo momento en la calle. *Sobrevivimos este infierno*, se dijeron la una a la otra riendo. Después Irena vio que Rachela estaba llorando. "Nunca antes vi a Rachela llorar", recuerda. Se acercó a su amiga y la observó con una mirada de tristeza. *Mi nombre ahora es Karolina. Sólo Karolina. Rachela murió en el gueto, Irena. Stanisław no sabe nada de su existencia.* Irena asintió con la cabeza. Entendía. Parte de ella también había muerto en el gueto. Igual que parte de todos los sobrevivientes.

Ahora, Rachela y Stanisław tenían un bebé, una pequeña niña, y sólo quedaba tratar de forjar un futuro. Aferrarse al pasado significaba revivir el intenso dolor. Rachela era una vibrante joven, y las adversidades y carencias no habían destruido su espíritu alegre y fuerte por naturaleza. Pero, como muchos en Varsovia, enterró esa otra vida por completo. "Nunca volvió a hablar sobre esas cosas",[376] contó Irena. Mientras las mujeres se iban por la calle y sus manos se rozaban, su amiga le preguntó: *¿Algunas veces recordarás a Rachela?* Irena le prometió que lo haría.

CAPÍTULO 17
EL FIN DE LA HISTORIA
Varsovia, 1945-1947

Adam e Irena se quedaron en Okęcie con Maria Palester y la doctora Rudolfowa hasta la primavera de 1945. Pasarían meses antes de que la guerra en Europa por fin terminara, pero por marzo la misión en las barracas estaba cambiando. Ahora ya no se necesitaba un hospital de campaña, sino un hogar para los miles de huérfanos de la guerra. Maria y la doctora Rudolfowa abrieron las puertas de las instalaciones a los jóvenes sin hogar y se quedaron como las nuevas directoras.

En marzo, Adam e Irena regresaron a casa juntos. Para ellos el fin de la guerra era (después de tantos falsos inicios e interrupciones) el verdadero comienzo de una vida juntos y de su historia de amor, esperada por tanto tiempo; una que había sido descuidada y caótica. El corazón humano no es simétrico ni preciso,[377] sino que se dobla y hace nudos. Los lazos que conectaban a Adam con Irena y la pasión que aún ardía entre ellos era tan fuerte como siempre. Había retos por delante. La guerra había dejado cicatrices y traumas; algunos marcaron la mente y otros, el cuerpo. Y estaba la pregunta en cuanto a qué le diría Irena a Mietek si regresaba a casa en Varsovia. Pero ella amaba a Adam y esto era lo que quería. Así que, al fin haciendo un hogar juntos, la vida empezaba de nuevo. Adam nunca volvería a usar su nombre, sino el que aparecía en los documentos de identidad falsos que Irena consiguió para salvarlo: Stefan. Regresó a trabajar en serio en su tesis de doctorado y a sumergirse en sus libros y el estudio de la historia antigua. Irena, por el contrario, dirigió sus energías hacia fuera. Volvió a su trabajo en la oficina de asistencia social de la ciudad y se consagró a reconstruirla desde las ruinas. Pronto fue nombrada directora de los servicios de asistencia social de toda la ciudad, y uno de sus primeros actos como tal fue establecer un lazo de cooperación formal con el orfanato en Okęcie, con Maria Palester.

Despues de una época larga y oscura, por fin hubo buenas noticias. Las pérdidas habían quedado atrás y ahora Adam e Irena podían alegrarse con las historias de los sobrevivientes. Helena Szeszko estaba viva cuando el campo Ravensbrück fue liberado, y volvió a casa. El doctor Hirszfeld, la doctora Radlińska, Izabela Kuczkowska, Irka Schultz, Władysława Marynowska, Janka Grabowska y Stanisław Papuziński sobrevivieron para ver la liberación de Polonia. Stanisław buscó a sus hijos, huérfanos de madre, en las casas temporales y orfanatos, y reconstruyó a su familia. Marek Edelman (el joven que trabajó junto a Ala y Nachum en la clínica de Umschlagplatz y que guió un heroico levantamiento en el gueto) fue elogiado como héroe; y estudió medicina. Es agradable imaginar que al hacerlo estaba recordando a Ala y Nachum.

Irena y Adam agregaron a su nueva familia a dos hijas adoptivas, incluyendo a la favorita de Irena: Estera. Tenían un departamento pequeño y ahora Irena quería con desesperación ser madre. Estera se quedó con ellos muchos años, y recuerda que fueron cariñosos y protectores. Adam pasaba horas apoyándola con su tarea y actuando como tutor. Siempre le había gustado enseñar.

¿Qué hay de los otros "niños" de Irena? Theodora, la esposa del viejo amigo Józef Zysman, recuperó al pequeño Piotr del orfanato donde estuvo escondido. Irena nunca olvidó las palabras de Józef cuando le entregó a Piotr[378] para que lo salvara: "Déjalo crecer para que se convierta en un buen hombre y en un buen polaco". Theodora cumplió esta promesa para Irena. El primo de Piotr,

Michał Głowiński, fue otro pequeño sobreviviente y su madre también lo encontró en el orfanato donde Irena lo había protegido.

Stanisława Bussold y su esposo se encariñaron mucho con la pequeña Bieta (ahora una niña) y la adoptaron. "Mi certificado de nacimiento fue una pequeña cuchara de plata grabada con mi nombre y fecha de nacimiento, un accesorio rescatado una niña rescatada", dijo.[379] En la actualidad honra la maravillosa infancia que le dieron sus padres adoptivos. Bieta buscó, pero nunca encontró el número de cuenta del banco suizo donde la fortuna de la familia Koppel tal vez siga esperando.

Katarzyna Meloch, la niña de diez años a quien Julian Grobelny y el viejo sacerdote pasaron al cuidado de Irena, perdió a su madre y a su padre mucho antes de que la guerra terminara, pero después una tía la encontró. "Si mi tía no hubiera visto la dirección en un paquete que me enviaron al orfanato, no me habría encontrado tan fácil."[380] Muchas décadas después, Katarzyna sigue traumada por los recuerdos del gueto. Cuando creció, se hizo periodista. "[Pero] todavía soy incapaz de escribir sobre mi estadía en el gueto de Varsovia —dice—. Vi cuerpos cubiertos con hojas de papel. Eran parte permanente del paisaje."[381] Y siempre recuerda el heroísmo y la trágica pérdida de su "protectora" en la época de la guerra: Jadwiga Deneka.

Después de la guerra, la hija pequeña de Ala, Rami Gołąb-Grynberg, se reunió con su tío Sam Gołąb (Golomb) y su esposa Ana.[382] Años después también se convirtió en enfermera y madre. En la actualidad es abuela. Conserva la amistad con Elżbieta, la hija de sus protectores durante la guerra: Jadwiga y Janusz Strzatecka, quienes ayudaron a Irena con su red de niños.

Éstos fueron un puñado de entre miles. Y mientras muchos, como Rachela, salieron adelante sepultando el pasado, había una cosa que debía ser desenterrada. En la primavera de 1945, poco después de que Adam e Irena regresaron juntos a Varsovia, Irena y Janka se reunieron en una tarde cálida y soleada en las ruinas del viejo

jardín abandonado de Jaga para buscar los registros enterrados
donde estaban grabados los nombres, direcciones e identidades verdaderas de casi 2 500 niños judíos. Tenían una pala grande y difícil de manejar. Era mediodía y las mujeres usaban botas gruesas
para buscar entre los ladrillos y el escombro. En el levantamiento
destruyeron la casa y luego la saquearon, así que el jardín era un
revoltijo de metales retorcidos y matorrales. En 1945 Varsovia era
sombría y desierta, sin un solo árbol.[383] Buscaron ese día por horas,
pero fue en vano. Las listas, junto con los libros de contabilidad y
los diarios de Irena de la época de la guerra, al igual que muchas
otras cosas en la ciudad, se habían perdido para siempre, destruidos
en el infierno y la devastación del levantamiento de Varsovia.[384]

Sin embargo, Irena y su equipo se propusieron recrear grandes
partes de la lista con su memoria compartida. El índice nunca quedó
completo. Irena admitió sin reservas que hubo niños cuyos nombres
no lograron recordar. Con la antigua máquina de escribir de Jaga,
registraron las listas que pudieron reconstruir. Cuando los nombres
estuvieron catalogados con mucho esmero, Irena le dio la lista al
doctor Adolf Berman,[385] su colega en Żegota y ahora el jefe del Comité
Central de la Comunidad Judía en Polonia. En 1945, Berman llevó
las listas a Palestina y ahí siguen hasta la actualidad, en un archivo
israelí, para respetar la privacidad de miles de familias.

"Déjame recalcar de manera enfática que los que rescatamos
niños no somos héroes —les decía Irena con insistencia a los que
buscaban celebrar sus acciones—. De hecho, esa palabra me mo-
lesta mucho. Lo opuesto es la verdad: sigo teniendo cargos de
consciencia por haber hecho tan poco."[386] Irena trabajó durante
décadas ayudando a reunir a "sus" niños con sus familias.

Jaga Piotrowska y Jan Dobraczyński hicieron sus propias listas
de los niños judíos que pasaron por los orfanatos católicos durante
la guerra y a quienes les fueron dadas nuevas identidades,[387] pero
en este caso sus historias son diferentes. Jaga dijo que atesoraba "la
consciencia de comportarme en una forma decente y con dignidad". Más de cincuenta judíos pasaron por su casa durante los años

de la ocupación y ella actuó con una valentía inmensa y verdadera. Pero hubo algo que le causó "una herida profunda en mi corazón [...] Cuando Polonia fue liberada en 1945 se estableció una comunidad judía —explica—, y Janek Dobraczyński y yo fuimos a darles las listas de los niños salvados".[388] Los líderes de la comunidad judía todavía recordaban aquella vieja conversación con Dobraczyński. El doctor Adolf Berman citó lo que Jan había dicho cuando los padres judíos estaban indefensos: que los niños tendrían que decidir su fe cuando fueran lo suficientemente grandes. *Los bautizaste y los hiciste cristianos*, fue el reproche. "Durante la conversación —dijo Jaga— nos dijeron [...] que habíamos cometido un crimen por robar a cientos de niños de la comunidad judía, bautizarlos y alejarlos de la cultura judía [...] Nos dejaron completamente destruidos."[389] Cuarenta años después su consciencia todavía lucha con eso.

El final de la guerra también trajo algunas preguntas apremiantes para Irena y Adam: ¿Qué hacer con su matrimonio con Mietek? ¿Qué hacer con la esposa de Adam?

En los últimos meses de 1946 la pregunta se hizo más urgente. Cuando Mietek regresó a Polonia de un campo de prisioneros de guerra en Alemania, Irena tenía cinco meses de embarazo.[390] ¿Qué podía hacer? Se divorciaron de inmediato. Adam tuvo algunos asuntos complicados que atender antes de poder concentrarse en nuevos inicios. En la actualidad, lo único que se sabe con seguridad de su vida privada es que él e Irena siguieron siendo buenos amigos de su exesposa después del divorcio y que (por razones que uno puede adivinar, relacionadas con esta vida amorosa poco ortodoxa) su madre judía, Leokadia, estaba furiosa.[391]

En 1947, después de haberse amado a veces apasionadamente y a veces sin esperanza por más de una década, Irena y Adam por fin se casaron en una pequeña ceremonia polaca. El 31 de marzo de 1947 nació su primera hija, una niña a la que llamaron Janina, como la madre de Irena. En 1949 hubo un segundo hijo: Andrzej, pero murió siendo aún muy pequeño. Pocos años después nació otro niño: Adam.

Irena siguió inquebrantable y decidida en su compromiso con el trabajo. Se lanzó con una pasión tan ferviente como siempre en el departamento de asistencia social. Trabajó codo a codo con Maria Palester en el orfanato de Okęcie, y hasta el final de su larga vida siempre mantuvo la puerta abierta a cualquiera de sus 2 500 niños. Un testigo dijo que ella fue "la estrella más brillante del oscuro cielo de la ocupación",[392] y esa estrella no se apagó.

LA HISTORIA DESAPARECIDA DE IRENA SENDLER
1946-2008

En un cuento de hadas o una película, éste sería el final de la asombrosa biografía de Irena Sendler. Leeríamos que los traumas de la guerra sólo la afectaron un poco. Leeríamos cómo su silencioso heroísmo fue celebrado en toda Polonia… y yo les diría que nunca habían escuchado esta historia porque ocurrió en un país lejano.

Pero no es así. La vida después de la guerra en la Varsovia comunista no fue fácil, en especial para los que habían peleado por la libertad polaca en la resistencia. Durante las décadas de los cuarenta y cincuenta, el Estado soviético persiguió a los que participaron en el levantamiento de Varsovia y a aquellos que recibieron algún recurso de los aliados de Occidente (como los integrantes de Żegota). Muchas de las personas con quienes trabajó Irena de forma muy cercana se convirtieron en los nuevos objetivos. Ella misma estaba en peligro y bajo sospecha constante. No fue el fin del antisemitismo y había razones de sobra para que muchos de los judíos sobrevivientes guardaran silencio. Los nombres se cambiaron. La historia se reescribió.

Y entonces el relato de Irena fue enterrado, excepto entre su círculo de colaboradores más íntimo. Era demasiado peligroso hablar de lo que habían hecho juntos. Ella estaba devastada cuando (después de décadas como activista de izquierda y socialista de toda la vida) el Partido Comunista en el poder la castigó señalando, acosando y negándoles oportunidades educativas a sus niños en la Polonia de posguerra. Irena sólo podía hablar con libertad del pasado entre sus antiguos camaradas. A veces buscaba a Rachela, su única amiga judía de la escuela, además de Adam y Regina, en sobrevivir al levantamiento del gueto. Sobre esta larga amistad de posguerra, Irena escribió: "Hay ocasiones en que me evita. A veces pasamos dos o tres años sin vernos. Durante estos periodos trata de olvidar el pasado, al menos un poco, y disfrutar la realidad del presente. Pero a veces la agobia una nostalgia por sus seres queridos: sus padres, sus hermanos y hermanas, y los entornos en los que creció. Entonces me visita".[393] En aquellos días, Irena estaba inundada por sus propios recuerdos de Ewa, Józef, Ala, el doctor Korczak y todos los niños perdidos. En sus sueños, incluso décadas después de la guerra, la obsesionaban las pesadillas sobre los que murieron. Varias veces dijo: "En mis sueños escuchaba los gritos de los niños al dejar a sus padres".[394]

Cuando Adam Celnikier murió de un problema cardiaco en 1961,[395] al terminar su cuarta década de vida, su turbulenta historia de amor (la cual había terminado en divorcio y con uno de sus tres hijos había muerto) también fue parte de lo que Irena enterró. Devastada por una serie de pérdidas de posguerra, se volvió con fervor hacia la religión por primera vez desde su adolescencia. Su regreso al catolicismo de seguro fue un factor motivante en su decisión de volverse a casar con Mietek Sendler en esa década. También fue una razón para tratar muy por encima ciertas partes complejas de sus romances bohemios de la guerra, sobre todo cuando ya era una anciana devota de más de ochenta años.

Era imposible hablar de la historia de Irena en la Polonia comunista. Pero muchos de los niños y bebés que ella y su red de amigas salvaron después vivieron en Israel, Estados Unidos o Canadá. A mediados de la década de los sesenta, el más joven de ellos tenía alrededor de veinte años. En el occidente, las historias de los niños de Irena se enraizaron y crecieron. En 1965, basada en este creciente cuerpo de testimonios de la época de guerra (en especial el de Jonas Turkow), Yad Vashem, la Autoridad para el Recuerdo de los Mártires y Héroes del Holocausto en Jerusalén, otorgó a Irena Sendler su más alto honor.[396] Agregó su nombre a la lista de los "Justos de las Naciones" y plantó un árbol de olivo en el Monte del Recuerdo. Según la tradición judía, en cada generación hay un pequeño número de personas cuya bondad renueva el mundo entero al enfrentar el mal, e Irena fue considerada una de ellas. Tiempo después también nombraron a Jaga Piotrowska, Maria Kukulska,[397] Irka [Irena] Schultz, Maria Palester, Jadwiga Deneka, Władysława Marynowska, Janka Grabowska, Julian y Halina Grobelny, e incluso a Jan Dobraczyński. Sin embargo, los soviéticos no autorizaron el pasaporte de Irena para que viajara a Jerusalén a recibir la condecoración. La habían catalogado como disidente occidental decadente y amenaza pública.

Así se volvió a olvidar su historia en Polonia. A finales de la década de los setenta, muchos de los que habían sobrevivido a la guerra estaban desaparecidos. Un día de 1979 Irena, Iza y Jaga se reunieron, junto con otras mujeres de su antigua red, y en conjunto escribieron un enunciado que quedó grabado para la posteridad y recordaría la historia de su asombrosa colaboración cuando eran jóvenes. El enunciado dice: "Nosotras estimamos (hoy, después de cuarenta años, es difícil determinarlo con exactitud) que el número de niños a los cuales ayudó Żegota en varias maneras está alrededor de los 2 500".[398] Irena siempre enfatizó que no los salvó sola. "Cada vez que la gente dice que salvó 2 500 vidas de niños judíos —recuerda Yoram Gross (el chico conocido como Jerzy en tiempos de guerra)—, ella corrige diciendo que no sabe el número exacto y que salvó a los niños junto a los amigos que la ayudaron."[399] Y como dijo Irena más tarde: "Quiero que todo el mundo sepa que, aunque yo coordinaba nuestros esfuerzos, éramos entre veinte y veinticinco personas. No lo hice sola".[400] Después de la guerra, cuando hizo una lista de todas las personas en Varsovia[401] que formaron parte de su red para ayudar a las familias judías y salvar a sus niños, llenó catorce páginas, y los nombres se numeraban en docenas tras docenas. Irena nunca perdió de vista que simplemente era un miembro más en un enorme esfuerzo colectivo de decencia. Tampoco quiso que el mundo lo olvidara.

Ese mismo año, en una conferencia internacional de salvadores del Holocausto y sus historias, cuando las investigaciones estaban sacando a la luz y considerando los relatos enterrados de los Justos, el profesor Friedman se paró frente a un auditorio lleno de escuchas y dijo que, con el tiempo, creía que habría cientos de historias inspiradoras saliendo a la luz en Polonia. "Si supiéramos —dijo a la multitud ese día— los nombres de toda la gente noble que arriesgó sus vidas para salvar a los judíos, el área que rodea Yad Vashem estaría llena de árboles y se convertiría en un bosque."[402] Pero no fue hasta principios de la *glasnot* (política soviética de apertura), a finales de la década de los ochenta, al rondar los setenta años, cuando Irena fue capaz de reunirse cara a cara en Israel con muchos de los niños que salvó. Estas escenas de encuentros fueron inspiradoras y desgarradoras. Los niños sólo la conocían (si acaso la conocieron de niños o bebés) como "Jolanta". Pero era el último rostro de su niñez.

Por fin, a finales de la década de los noventa y después del fin de la Guerra Fría, la historia se pudo contar en Polonia. En Kansas, Estados Unidos, un grupo de estudiantes y su maestra recuperaron la historia y la publicaron en la prensa. Después la contaron en las memorias *Life in a Jar*. Al cambiar el milenio, cuando se supo la verdad, Irena fue celebrada y recordada de forma colectiva. Era una de las últimas sobrevivientes vivas de la red; tenía casi noventa años. Sin embargo, partes de la verdad se habían perdido para siempre. Décadas después de la guerra, cuando empezó a escribir su historia en papel, dijo: "Sólo recurro a recuerdos quemados en mi mente por los eventos de aquellos días".[403]

En 2003 algunos de los niños que ayudó escribieron una carta conjunta[404] nominando a Irena Sendler para el Premio Nobel de la Paz. La volvieron a nominar en 2007 y construyeron un monumento. La prensa alrededor del mundo empezó a notarla. Ese año el comité otorgó el premio a Al Gore por su trabajo acerca del cambio climático, y pocos dudaron de que con el tiempo Irena Sendler sería laureada. Sin embargo, ella misma, con enojo, hizo a un lado el tema de los premios y los honores. "Los héroes —dijo— hacen cosas extraordinarias. Lo que yo hice no fue algo extraordinario. Fue normal."[405] En sus sueños, durante mucho tiempo lidió con los espíritus de aquellos a los que no pudo salvar y con los rostros de los que murieron.

Ahora el tiempo era escaso y precioso. En 2008, a la edad de noventa y ocho años, tras haber atestiguado no sólo la mejor parte de un siglo, sino también las vidas de los miles que sobrevivieron gracias a su moral rectora inquebrantable, Irena Sendler murió pacíficamente en Varsovia, rodeada por muchos de "sus niños". Está enterrada en un cementerio arbolado en esa ciudad, en medio de un pequeño bosque donde las hojas caen con suavidad en el otoño. Quizá una señal de su fama en la actualidad es que el 1º de noviembre su sencilla lápida se ilumina con velas y se llena de pequeños ramos de flores. Y no sólo en noviembre uno encuentra diminutos cirios ardiendo ahí. En el silencio del bosque polaco, donde los pájaros cantores todavía le dan la bienvenida a los que escuchan, la flama de su recuerdo alumbra en las sombras con tranquilidad. En su lápida sólo están los datos de su vida y los nombres de sus padres, pero si escogiéramos un epitafio más elaborado tal vez podríamos grabar las palabras de Mahatma Gandhi, quien dijo una vez: "Un cuerpo pequeño de espíritus determinados y encendidos por una inquebrantable fe en su misión puede alterar el curso de la historia".[406] Así fueron Irena y todos sus amigos, y ésta es su historia.

EPÍLOGO

Nota de la autora sobre
la historia de *Los niños de Irena*

Lo que pasó en Varsovia durante la ocupación alemana y lo que este grupo de gente logró (dirigido por Irena Sendler) es, desde cualquier punto de vista, un cuento asombroso, con todos los elementos de intensa ficción. Sin embargo, este libro es un trabajo basado en hechos reales. Mis fuentes para narrarlo fueron los extensos registros sobre Irena, que incluyen sus memorias escritas a mano, sus entrevistas grabadas, algunos testimonios de los niños que salvó y de las personas que trabajaron con ella, memorias y biografías de aquellos cuyas historias se cruzan con la de Irena (y de sus niños), entrevistas publicadas, correspondencia y conversaciones privadas, historia académica sobre la Varsovia ocupada, visitas de primera mano a muchos de los sitios descrito y una investigación exhaustiva en los archivos de Varsovia, Berlín, Londres, Nueva York y Jerusalén.

Pero con frecuencia, como con cualquier "célula" secreta, el registro histórico entra en conflicto con la realidad o le faltan algunos de los hilos conectores de la historia. Están los aspectos que eran demasiado peligrosos de registrar en los años de la posguerra, en especial durante el periodo comunista en Polonia, y los casos donde el testimonio fue inevitablemente discriminatorio. La propia Irena a veces escribió (en especial sobre Adam) usando nombres en código que tenían que ser descifrados. También está la cuestión de cómo balancear la verdad de las indiscreciones juveniles con

las conversiones religiosas tardías. Están las historias que quere-
mos contar acerca de la gloriosa muerte para nuestros propósitos
emocionales. Están los recuerdos contados décadas después por
múltiples testigos para eventos particulares que fueron entendidos
de manera vaga, incluso en el momento que se vivieron. Y está la
huella de todo lo que se perdió en la traducción de noticias y tras-
cripciones de entrevistas publicadas.

No todo el mundo quería que se contara la historia de Irena en
los complicados años que siguieron a la liberación de Varsovia (no
importa qué tan heroica haya sido). En esta narración no pretendo
ser enciclopédica. Señalo algunas de las historias sin contar y los
nombres perdidos para esta crónica (aunque no siempre perdidos
para otras historias) en las notas que cierran este libro. Algunos de
los colaboradores más importantes de Irena (hombres y mujeres
como Wanda Drozdowska-Rogowicz, Izabela Kuczkowska, Zofia
Patecka, Róza Zawadzka, Wincenty Ferster, Jadwiga Bilwin y Helena Merenholc, entre otros) los mencioné de paso o no los referí
por la simple razón de que no encontré información suficiente sobre
sus vidas y actividades en tiempos de guerra para contar sus historias. También porque no hay forma de narrar en un sólo libro
la vida de veinte o treinta héroes y hacerles justicia. Pero Irena
consideraba a estos hombres y mujeres entre sus colaboradores más
valientes.

También debo aclarar que esta biografía sólo corresponde a la
primera parte de la vida de Irena Sendler. No intento documentar
aquí las complejas experiencias familiares, románticas y políticas
que dieron forma a su larga existencia después de 1945, excepto por una muy breve conclusión. La historia del estalinismo y el
posestalinismo en Polonia tuvo su propio tipo de holocausto, e Irena
enfrentó otra clase de peligros y represiones.

En todos estos casos he tenido que sopesar la veracidad de unos
detalles sobre otros y sacar conclusiones razonables basadas en el
sentido común, mi evaluación de motivos personales y el cuerpo
completo de la evidencia. Cuando me parece indiscutible (a pesar

de las lagunas) que sólo hay un camino para darle sentido a hechos discrepantes y la forma en que están conectados entre sí, con base en lo que se conoce del contexto y del personaje en cuestión, narré la historia sin mayores restricciones, como creo que debió de haber pasado. Esto incluye, en algunos casos, inferir el contexto histórico para establecer el orden de los eventos y los detalles particulares de las conexiones y reuniones entre individuos cuya identidad no se especificó dentro de la célula. En todos los casos, los detalles se basan en los hechos conocidos, pero donde hay huecos (algunos insignificantes) hice la conexión fundada en mi mejor juicio y conocimiento del periodo y de la gente sobre la que dirijo mi narración. Otro escritor tal vez habría contado una historia completamente diferente a partir de los mismos hechos. Para cualquier lector interesado en seguir mis pasos y sacar sus propias (y tal vez diferentes) conclusiones, mi investigación se puede rastrear con las notas de las últimas páginas. También doy la bienvenida a la correspondencia de lectores en mi dirección de email en mi institución académica.

Para contar esta historia tomé otra libertad significativa con los archivos y las fuentes históricas. En muchos casos he dado perspicacia y conocimiento a los pensamientos o sentimientos de un personaje, o he reestructurado el diálogo. Cuando el texto está en itálicas, significa que es algo que no existe o que no está presente en la misma forma que en el registro histórico. Estos pasajes más bien se basan en alguna conversación o una experiencia, en conclusiones sacadas de los hechos, como expliqué arriba, o en mi juicio completo del carácter y personalidad de estos individuos después de una extensa investigación y recolección de datos sobre ellos. Muchas veces este trabajo de inferencias y reconstrucción histórica ha sido fragmentado de modo inevitable. Por ejemplo, al describir la víspera de Año Nuevo de 1942, los materiales que usé para narrar la escena varían desde una vieja foto de los amigos tomada esa noche y los recuerdos del departamento de Maria Kukulska por uno de los testigos, hasta la información histórica de las tradiciones polacas de Año Nuevo, otras biografías de la época de la

Segunda Guerra Mundial, y una percepción general de lo que conocemos sobre las personalidades de los individuos presentes y las relaciones entre ellos. En otros casos Irena registró en sus memorias las palabras exactas de lo que otros le dijeron en una conversación (palabras entre comillas), pero sólo sintetizan el contenido y no el lenguaje preciso de quien las dijo. Cuando el contenido se presenta resumido, parafraseado o inferido (o se trata de pensamientos), está escrito en itálicas. También en algunos casos modifiqué los tiempos verbales del testimonio del informante presencial para contar la historia. Por último, al escribir la perspectiva de un personaje particular para describir lo que él o ella habría visto y experimentado, en especial en las escenas que narran eventos y lugares en Varsovia, confié en las fotografías históricas, otros informes de testigos presenciales, mapas y entrevistas orales. Mis fuentes principales se encuantran registradas a lo largo de las notas y todas las referencias están listadas en la bibliografía.

Esto es historia, vista a través de un espejo borroso, con todos los peligros que implica la gran oscuridad del Holocausto en Polonia durante la Segunda Guerra Mundial y el régimen comunista de las décadas siguientes. En todos los casos usé mi mejor juicio como historiadora e investigadora, y me puse a contar el relato de un grupo asombroso de hombres y mujeres que salvaron a miles de niños de la maldad.

AGRADECIMIENTOS

Tal vez más que en cualquier otro libro que haya escrito, ésta es una historia en la que estoy consciente de la inmensa deuda que tengo con los demás. Sin ellos no habría existido esta obra. Me gustaría empezar por agradecer a los niños de Irena (quienes ahora ya no lo son) por retomar su pasado y compartirme sus experiencias. Gracias a la Asociación de Niños del Holocausto en Polonia, a Elżbieta Ficowska, Marian Kalwary, Katarzyna Meloch y Joanna Sobolewska por hablar conmigo. Al difunto Yoram Gross, quien murió justo cuando este libro entró a producción, por compartirme por correo electrónico los recuerdos de Irena y de su niñez; y a Janina Goldhar por contarme sus recuerdos de la familia Palester y de su juventud en Polonia. En Varsovia tuve la fortuna de hablar con Andrzej Marynowski y Janina Zgrzembska. Mi agradecimiento a la familia de Ala Gołąb-Grynberg, que compartió de forma generosa información y fotografías. También deseo agradecer por la información, conversación, conexiones o críticas que contribuyeron a este libro a todos los miembros de esa muy amada tribu: los "Cockneys" (ustedes saben quiénes son). Gracias a Mirosława Pałaszewska, la familia Nalven, Aviva Fattai-Valevski, Avi Valevski, Warren Perley, Les Train, David Suchoff, Anna Mieszkowska, Aleksander Kopiński, Emmanuel Gradoux-Matt, Erica Mazzeo, Charlene Mazzeo, Mark Lee, Halina Grubowska, Mary Skinner, Stacy Perman, Axel Witte, Mark Anderson y Klara Jackl en el

Museo de Historia de los Judíos Polacos. Por la asistencia y ayuda en el trabajo de investigación y traducción, estoy muy agradecida con Marta Kessler, Zofia Nierodzinska, Olek Lato y Phillip Goss, y debo dar un inmenso reconocimiento y agradecimiento a mi principal compañera de investigación y traducción con base en Varsovia, Maria Piątkowska, estudiante de doctorado en la Universidad de Varsovia, sin quien este libro simplemente no habría sido escrito.

De nuevo un cálido agradecimiento a mi agente literario Stacey Glick, quien hace todas las cosas posibles; a mi fabuloso agente fílmico Lou Pitt, y a mi editora de Gallery Books, Karen Kosztolnyik, cuya visión hizo posible este libro. De Gallery Books también quiero agradecer a Louise Burke, Jennifer Bergstrom, Wendy Sheanin, Jennifer Long, Jennifer Robinson, Liz Psaltis, John Vairo y Becky Prager por su increíble apoyo.

Y al final, pero no menos importante, mi más profundo agradecimiento a mi esposo, Robert Miles, a quien está dedicado este libro. La cita con que éste empieza es de *El rey Lear* de Shakespeare, un drama (como la historia de Irena Sendler) sobre lo que ganamos o perdemos, y la frágil madurez que se vive en medio de la agonía. Es un hombre excepcional que puede balancear la oscuridad de los largos días que pasé leyendo y escribiendo sobre muerte y persecución de niños con el brillo radiante del amor y la familia, y es mi mayor fortuna compartir mi vida con el mejor esposo.

Este libro fue apoyado por la generosidad del Colby College y de la profesora asociada Clara C. Pipe; fue un privilegio tenerla como miembro de la facultad. En la investigación para este proyecto me ayudó el personal de diversas instituciones como el Instituto Histórico Judío, el Museo de Historia de los Judíos Polacos y el Instituto de Recuerdo Nacional en Varsovia; Yad Vashem en Jerusalén; las bibliotecas de la Universidad de Columbia Británica en Canadá, y la Biblioteca Pública de Nueva York en Estados Unidos.

ELENCO DE PERSONAJES

RED DE IRENA

Círculo de la doctora Radlińska

Estas personas fueron antiguos estudiantes de la doctora Helena Radlińska, ya sea en la Universidad Libre de Polonia en 1930 o en el departamento de asistencia social en Varsovia. Todos formaron parte de la red de colaboradores de Irena.

Doctora Helena Radlińska. Judía de nacimiento, la famosa profesora de la Universidad Libre de Polonia fue una pionera en el campo del trabajo social y los servicios de asistencia social en Polonia. Inspiró una lealtad intensa en sus estudiantes, muchos de los cuales eran mujeres, y cuando empezó la guerra movilizó células de resistencia desde la clandestinidad (tal vez incluso la de Irena).

Ala Gołąb-Grynberg. Siendo judía, fue la jefa de enfermeras en el gueto de Varsovia y una heroína de primer orden en los tiempos de la guerra. Su esposo, Arek Grynberg, fue agente de la resistencia. Se rumora que su prima política, Wiera Gran, traicionó al pueblo judío. Ala y **Nachum Remba** rescataron a cientos de la deportación a Treblinka en el verano de 1942, lo que le valió el título de "el hada buena de Umschlagplatz" entre las familias agradecidas. Ala también trabajó de cerca con **Jan Dobraczyński, Helena Szeszko** y **Władysława Marynowska** en el orfanato del padre Boduen y colaboró directamente con Irena y Adam para sacar a niños judíos de

contrabando y ponerlos en libertad. Enviada al campo de concentración de Poniatowa después del levantamiento del gueto, Ala siguió luchando: formó parte de una red, ayudada por
Żegota, que planeó una revuelta en la prisión.

Ewa Rechtman. Una de las amigas más cercanas de Irena de la
Universidad Libre de Polonia. Trabajó con huérfanos en el gueto y operó el círculo de jóvenes de la calle Sienna. Durante las
deportaciones de 1942, Irena y su red organizaron un esfuerzo
desesperado para salvarla.

Doctor Janusz Korczak. Profesor en la Universidad Libre de
Polonia y líder cívico en trabajo social y educación para niños
en la Varsovia de la preguerra, operó un orfanato en el gueto
que Irena visitaba con frecuencia. El "viejo doctor" murió en
Treblinka con casi doscientos niños judíos (incluyendo a los
treinta y dos que **Jan Dobraczyński** devolvió al gueto contra
lo deseos de Irena).

Zofia Wędrychowska. Bibliotecaria pública, izquierdista radical
y madre de cuatro niños, fue estudiante de la **doctora Radlińska.** Con la pareja de su vida y padre de sus hijos, **Stanisław
Papuziński,** fue una pieza importante en una de las células
de la profesora en la resistencia. Su casa escondió a muchos de
los "niños de Irena", lo que puso a la familia en constante riesgo.

Irena "Irka" Schultz. Jefa de Irena en las oficinas de asistencia
social y una de las excelentes estudiantes de la **doctora Radlińska**. Fue una de las cuatro conspiradoras originales en la red
de Irena y ayudó a salvar la vida de docenas de niños judíos; se
dice que era la mejor para sacar niños del gueto de contrabando.

Józef Zysman. Abogado *pro bono* de la **doctora Radlińska** y
amigo de Irena. Józef fue atrapado en el gueto con su esposa

Theodora y su joven hijo **Piotr Zysman**. Józef e Irena conspiraron juntos desde adentro del gueto en reuniones secretas de la resistencia.

Izabela Kuczkowska. Una de las antiguas amigas de Irena de la Universidad Libre de Polonia y parte de la célula operada por la **doctora Radlińska** durante la ocupación. Trabajó directamente con **Zofia Wędrychowska, Stanisław Papuziński** y al final con Irena para salvar las vidas de docenas de niños judíos y apoyó a la resistencia polaca.

Rachela Rosenthal. Judía preparada para ser maestra en la Universidad Libre de Polonia. La encerraron en el gueto con su esposo y su hija pequeña. Después de sobrevivir sola al verano de 1942, Rachela se convirtió en "Karolina", una de las grandes combatientes del levantamiento de Varsovia y amante de un luchador de la resistencia polaca.

Maria Kukulska. Maestra de primaria y activista, parte de las redes de asistencia social en Varsovia vinculadas a la Universidad Libre de Polonia. Miembro leal de la red de Irena y hábil para "disfrazar" a los niños judíos, escondió a **Adam Celnikier** y a un doctor judío en su seguro departamento después de escapar del gueto.

Jaga Piotrowska. Trabajadora social, colega de Irena y antigua estudiante de la Universidad Libre de Polonia, arriesgó su vida y la de su familia para esconder a más de cincuenta personas judías durante la ocupación. Fue una de las cuatro conspiradoras originales en la red de Irena y uno de los enlaces más valientes; pero como era católica devota, igual que **Jan Dobraczyński,** al final su fe entró en conflicto con la comunidad judía a pesar de su valor incuestionable.

Doctor Witwicki. Psicólogo y uno de los profesores cercanos al círculo de la **doctora Helena Radlińska**, sabiamente huyó a esconderse cuando empezó la ocupación. Irena le llevó apoyos secretos financiados por sus antiguos amigos y a cambio él le dio regalos para los niños del gueto: muñecas judías que se pasaba tallando a diario en su escondite.

Doctor Ludwick Hirszfeld. Especialista en enfermedades infecciosas y primo de la **doctora Radlińska**, trabajó de cerca con **Ala Gołąb-Grynberg** en el gueto impartiendo clases clandestinas de medicina para detener las epidemias.

Jadwiga Deneka. Preparada como maestra en la Universidad Libre de Polonia, fue una de las cuatro integrantes originales de la red de Irena, responsable con su hermano Tadeusz de salvar las vidas de numerosas familias judías y sus hijos. Capturada por la Gestapo en 1943, fue ejecutada en las ruinas del gueto.

Jadwiga Jędrzejowska. Otra amiga de Irena de los tiempos de la Universidad Libre de Polonia. Se encontraron en la prisión de Pawiak, donde Jadwiga formó parte de la resistencia que ayudó a salvar a Irena.

Colegas de Asistencia Social y el equipo del padre Boduen

Estas personas eran colegas de Irena, colaboradores y conspiradores en los servicios sociales municipales de Varsovia.

Janka Grabowska. Trabajadora social compañera de Irena y enlace de su red, estaba con ella la mañana en que la Gestapo la arrestó. En la mesa estaban las listas con los nombres y

direcciones de docenas de niños judíos. La veloz reacción de
Janka y su generoso brasier las salvaron.

Jan Dobraczyński. Un alto administrador en los servicios sociales de Varsovia, fue miembro de un partido político de ultraderecha y un católico ferviente. A pesar de su antisemitismo
previo a la guerra, se unió a la red de Irena para salvar a niños
judíos. Pero su fervor por bautizarlos (junto con su cercana
conspiradora **Jaga Piotrowska**) lo pusieron en conflicto con
la comunidad judía.

Władysława Marynowska. La encargada y trabajadora social
del orfanato del padre Boduen en Varsovia. Se unió a la red de
Irena cuando las deportaciones se aceleraron y escondió niños
en su departamento. Trabajó de cerca con **Helena Szeszko,**
Jan Dobraczyński y **Ala Gołąb-Grynberg**.

Doctor Henryk y **Maria Palester.** Él era un católico de nacimiento convertido al judaísmo. Cuando el doctor fue inhabi-
litado de su posición en el Ministerio de Salud, Irena apoyó la
decisión de la familia de quedarse en el lado ario escondidos y
le encontró a Maria el trabajo en las oficinas de asistencia social
que necesitaba para apoyar a su familia. Su hija, **Małgorzata**
Palester, jugó un papel heroico en el rescate de Irena de la
prisión de Pawiak y sobrevivió la guerra. Su hijo adolescente, **Kryštof Palester,** formó parte de una célula clandestina
asesina de la resistencia llamada Parasol, la cual luchó en el
levantamiento de Varsovia. Irena y Adam se quedaron con la
familia Palester y combatieron juntos durante la última batalla
para sobrevivir en Varsovia.

Żegota, la resistencia y la clandestinidad médica

Estas personas se unieron a Irena y a su red desde otras ramas de la resistencia de Varsovia.

Doctora Anna Sipowicz. Dentista en la prisión de Pawiak, era parte de la clandestididad y ayudó a Irena a llevar y traer mensajes a Żegota.

Doctor Adolf Berman. Psicólogo judío y uno de los líderes de Żegota. Después de la guerra Irena le dio las listas de los niños salvados como líder de la comunidad judía.

Stanisława Bussold. Partera y enfermera de mediana edad cuyo departamento fue uno de los refugios para niños sacados de contrabando del gueto, incluyendo a la bebé **Elżbieta Koppel**.

Stefania Wichlińska. Una de las colegas de Irena en las oficinas de asistencia social y el enlace clandestino con Żegota. La Gestapo la asesinó antes de que terminara la guerra. En las semanas posteriores al escape de Irena de Pawiak, el esposo viudo de Stefania la ayudó a esconderse de la Gestapo.

Julian Grobelny. Uno de los líderes de Żegota: a pesar de sufrir una debilitante tuberculosis, él y su esposa **Halina Grobelny** sacaron a muchos niños judíos del gueto desde antes de unirse a Irena.

Marek Edelman. Joven judío que se convirtió en uno de los líderes de la ZOB (Organización Judía de Combate). Dirigió el levantamiento del gueto. Marek trabajó con **Ala Gołąb-Grynberg** y **Nachum Remba** en la frenética misión de rescate junto a las vías del tren en Umschlagplatz.

Doctor Juliusz Majkowski. Parte de la clandestinidad médica en Varsovia y conspirador con la **doctora Radlińska**, le dio a Irena y a sus primeras colaboradoras pases de control epidémico que les permitían entrar y salir del gueto.

Basia Dietrich. Vecina de Irena en el edificio de departamentos del distrito Wola, también operó una misión para salvar niños judíos. Arrestada con Irena y enviada a Pawiak, las mujeres compartieron celda hasta la mañana final, cuando ejecutaron a Basia.

Doctor Leon Feiner. Uno de los líderes judíos de Żegota. Enroló a Irena en una misión secreta del gueto durante la famosa visita de Jan Karski.

Jan Karski. Agente secreto de la clandestinidad polaca, recorrió el gueto en el verano de 1942 y se esforzó por decirle al mundo sobre el genocidio que ocurría en Polonia; Irena fue una de sus guías en su visita al gueto.

Helena Szeszko. Enfermera polaca en la clandestinidad médica, ayudó a salvar niños del gueto de Varsovia como parte de la red de Irena. Ella y su esposo Leon fueron agentes en la resistencia polaca, responsables de falsificar documentos de identidad.

Jerzy Korczak. Durante la guerra lo llamaban "Jurek", fue uno de los dos adolescentes judíos que vivieron en el lado ario y se convirtieron en parte de los "familiares" del departamento de **Maria Kukulska**. Atestiguó la vida íntima y el trabajo de Irena y Adam.

Yoram Gross. Durante la guerra lo llamaban "Jerzy". Fue el segundo de los adolescentes judíos que vivieron en el lado ario y se convirtieron en parte de los "familiares" del departamento de **Maria Kukulska**. Atestiguó la vida íntima y el trabajo de Irena y Adam.

Familia de Irena

Irena Sendler. "La mujer Schindler" que organizó a lo largo de Varsovia una red asombrosa de antiguos compañeros y colaboradores, salvó las vidas de miles de niños judíos y creó una de las células clandestinas más importantes en cualquier lugar de la Europa ocupada.

Adam Celnikier. El novio judío de Irena de sus días en la Universidad de Varsovia y su segundo esposo, que huyó del gueto con nuevos documentos de identidad con el nombre de Stefan Zgrembski y sobrevivió a la guerra escondido en el departamento de **Maria Kukulska**, amiga de Irena. Desde su escondite ayudó a Irena con sus actividades en Żegota.

Doctor Stanisław Krzyżanowski y **Janina Krzyżanowska,** padres de Irena. La temprana muerte del primero, un activista apasionado, estableció firmemente la moral rectora de Irena. El destino de su madre enferma durante la ocupación fue una de las mayores preocupaciones de Irena en los tiempos de guerra.

Mieczysław Sendler. Mietek fue el primer esposo de Irena. Después de la guerra ella se divorció de él para casarse con **Adam Celnikier.**

Encuentros del gueto

Son las personas que Irena y su red conocieron en el gueto (uno de ellos fue un colaborador de la Gestapo, pero la mayoría fueron adultos o niños judíos rescatados).

Chaja Estera Stein. Joven judía salvada por la colaboración de **Julian Grobelny,** un sacerdote sin nombramiento, e Irena. Después de la guerra, con el nuevo nombre polaco de "Teresa" vivió con Irena y **Adam Celnikier** como hija adoptiva.

Wiera Gran. Nombre artístico de la sensual cantante de cabaret Weronika Grynberg, prima de Arek, el esposo de **Ala Gołąb-Grynberg.** La presunta colaboración de Wiera con la Gestapo y la traición al pueblo judío le valieron una sentencia secreta de muerte por parte de la resistencia y la eterna enemistad del líder de Żegota y de Irena.

Jonas Turkow. Actor amigo de **Ala Gołąb-Grynberg** y de Irena. Ala lo salvó en el último momento antes de su deportación a Treblinka.

Nachum Remba. Empleado del *Judenrat* que, junto con **Ala Gołąb-Grynberg**, se volvió uno de los héroes de Umschlagplatz, donde, al actuar descaradamente como un doctor judío, salvó a cientos de morir en Treblinka.

Henia y **Josel Koppel.** Padres judíos que dieron a su pequeña hija, **Elżbieta Koppel** (la bebé "Bieta"), a Irena en los últimos días antes de las deportaciones a Treblinka.

Regina Mikelberg. Antigua compañera de la universidad de **Irena Sendler**, **Adam Celnikier** y **Janka Grabowska**. Janka e Irena salvaron a Regina y a su hermana del gueto, donde las familias Mikelberg y Celnikier vivían juntas.

Katarzyna Meloch. Joven judía salvada del gueto y de los campos de concentración por la red de Irena. **Ala Gołąb-Grynberg** la acompañó a la salida de forma segura y **Jadwiga Deneka** la cuidó después.

Michasł Głowiński. Uno de los niños judíos salvados (junto a su madre) por la red de Irena.

Halina Złotnicka. Una de las niñas judías salvadas por la red de Irena. Halina vivió una buena parte de la ocupación en la casa de **Jaga Piotrowska,** quien la trató como su segunda hija.

BIBLIOGRAFÍA

[Anón.] "50 Razy Kara Śmierci: Z Jadwigą Piotrowską", 11 de mayo de 1986, ZIH archives, Materialy Zabrane w Latach, 1995-2003, sygn. S/353.

[Anón.] "Ala Gołąb [Golomb] Grynberg", Base de Datos del Gueto de Varsovia, Centro Polaco para la Investigación del Holocausto, http://warszawa.getto.pl/index.php?mod=view_record&rid=070 51998094230000004&tid=osoby&lang=en.

[Anón.] "Bo Ratowała Życie", *Gość Warszawski*, núm. 6, 11 de febrero de 2007.

[Anón.] "Edwin Weiss", Base de Datos del Gueto de Varsovia, Centro Polaco para la Investigación del Holocausto, http://warszawa.getto.pl/index. php?mod=view_record&rid=09121996103042000001&tid=osoby.

[Anón.] "Grojanowski Report", Yad Vashem, www.yadvashem.org/ odot_pdf/microsoft%20word%20-%206317.pdf.

[Anón.] "Irena Sendlerowa", Asociación de Niños del Holocausto en Polonia, www.dzieciholocaustu.org.pl/szab58.php?s=en_sendlerowa.php.

[Anón.] "Jadwiga Maria Józefa Piotrowska", Base de Datos Geni, http:// www.geni.com/peopleJadwiga-Piotrowska/6000000015472386167.

[Anón.] "Janusz Korczak", Instituto Adam Mickiewicz, Varsovia, www. diapozytyw.pl/en/site/ludzie/.

[Anón.] "Marek Edelman: Last Surviving Leader of the 1943 Warsaw Ghetto Uprising Against the Nazis", *Independent*, 7 de octubre de 2009, www.independent.co.uk/news/obituaries/marek-edelman

-last-surviving-leader-of-the-1943-warsaw-ghetto-uprising-against-the-nazis-1798644.html.

[Anón.] "Nachum Remba", Base de Datos del Gueto de Varsovia, Centro Polaco para la Investigación del Holocausto, http://warszawa.getto.pl/index.php?mod=view_record&rid=05011904155335000002&tid=osoby&lang=en.

[Anón.] "Rediscover Polish Scouting", Polish Scouting and Guiding Association, http://issuu.com/zhp_pl/docs/rediscoverpolishscouting.

[Anón.] "Stanisława Bussold", Museo de Historia de los Judíos Polacos, www.sprawiedliwi.org.pl/pl/family/331,bussold-stanislawa/.

[Anón.] "The Warsaw Ghetto: Stroop's Report on the Battles in the Warsaw Ghetto Revolt (May 16, 1943)", Biblioteca Judía Virtual, https://www.jewishvirtuallibrary.org/jsource/Holocaust/sswarsaw.html.

[Anón.] "The Woman Who Smuggled Children from the Ghetto", Jewniverse, 15 de febrero de 2013, http://thejewniverse.com/2013/the-woman-who-smuggled-chil dren-from-the-ghetto/.

[Anón.] "Zamordowani w różnych rejonach Warzawy", *Więźniowie Pawiaka* [datos de las víctimas de Pawiak en Varsovia], www.stankiewicze.com /pawiak/warszawa4.htm.

[Anón.] "Życie Juliana Grobelnego", 3 de octubre de 2007, http://grju-93brpo.blogspot.ca/2007/10/ycie-juliana-grobelnego.html.

[Anón.] "Fundacja Taubego na rzecz Życia i Kultury Żydowskiej przedstawia Ceremonię Wręczenia Nagrody im. Ireny Sendlerowej", Programa 2013, Museo de Historia de los Judíos Polacos, http://nagro dairenysendlerowej.pl/dir_upload/download/thumb/9b515fb73c 99cb31408f589b0b27.pdf.

[Anón.] "Terror Against the Intelligentsia and Clergy", Museo Memorial del Holocausto de Estados Unidos, www.ushmm.org/learn/students/learning-materials-and-resources/poles-victims-of-the-nazi-era/terror-against-the-intelligentsia-and-clergy.

[Anón.] Transcripciones del juicio de Eichmann, Projecto Nizkor, www.nizkor.org/hweb/people/e/eichmann-adolf/transcripts/Sessions/Session-025-04.html.

[Anón.] "Life and Activity of Helena Twóczość Radlińskie", http://sciaga.pl/tekst/69744-70-zycie_twoczosc_i_dzialalnosc_heleny_radlinskiej.

[Anón.] "Adam Żurawin", Base de Datos del Gueto de Varsovia, Centro Polaco para la Investigación del Holocausto, http://warszawa.getto.pl/index.php?mod=view_record&rid=27032003204554000076&tid=osoby&lang=en.

[Anón.] "Adolf Abraham Berman", Yad Vashem, www.yadvashem.org/odot_pdf/Microsoft%20Word%20-%205996.pdf.

[Anón.] "Barbara Dietrych Wachowska", http://pl.cyclopaedia.net/wiki/Barbara_Dietrych-Wachowska.

[Anón.] "Central Welfare Council", Yad Vashem, Polonia, www.yadvashem.org/odot_pdf/Microsoft%20Word%20-%205913.pdf.

[Anón.] "Deportations to and from the Warsaw Ghetto", *Enciclopedia del Holocausto*, Museo Memorial del Holocausto de Estados Unidos, www.ushmm.org/wlc/en/article.php?ModuleId=10005413.

[Anón.] "Directive Núm. 1 for the Conduct of the War", Avalon Project: Escuela de Leyes de la Universidad de Yale, http://www.yale.edu/lawweb/avalon/imt/document/wardirl.htm.

[Anón.] "Gestapo Headquarters: Szucha Avenue and Pawiak Prison-Warsaw", 2007, Holocaust Education & Archive Research Team, www.holocaustresearchproject.org/nazioccupation/poland/pawaiak.html.

[Anón.] "Gestapo Torture of Jews in Warsaw Prisons Reported, List of Guilty Nazis", 19 de octubre de 1942, Agencia Telegráfica Judía, www.jta.org/1942/10/19/archive/gestapo-torture-of-jews-in-warsaw-prisons-reported-list-of-guilty-nazis-published.

[Anón.] "Irena Sendler Award for Repairing the World", descripción del programa, Centrum Edukacji Obywatelskiej, www.ceo.org.pl/pl/sendler/news/program-description.

[Anón.] "Irena Sendler, Saviour of Children in the Warsaw Ghetto, Died on May 12th, Aged 98", *Economist*, 24 de mayo de 2008, www.economist.com/node/11402658.

[Anón.] "Judischer Ordnungsdienst", *This Month in Holocaust History*, Yad Vashem, www.yadvashem.org/yv/en/exhibitions/this_month/resources/jewish_police.asp.

[Anón.] "Janusz Korczak: A Polish Hero at the Jewish Museum", *Culture 24*, 7 de diciembre de 2006, www.culture24.org.uk/history-and-heritage/art41997.

[Anón.] "K. Dargielowa", Base de Datos del Gueto de Varsovia, Centro Polaco para la Investigación del Holocausto, http://warszawa.getto.pl/index.php?mod=view_record&rid=20051997191448000001&tid=osoby&lang=en.

[Anón.] "Maria Palester", Museo de Historia de los Judíos Polacos, http://www.sprawiedliwi.org.pl/en/family/434,palester-maria/.

[Anón.] "Nachum Remba", Base de Datos del Gueto de Varsovia, Centro Polaco para la Investigación del Holocausto, http://warszawa.getto.pl/index.php?mod=view_record&rid=05011904155335000002&tid=osoby&lang=en.

[Anón.] "New Book Full of 'Lies and Libel' Says Son of Władysław Szpilman", Polskie Radio, emisión y transcripción del 5 de noviembre de 2011, www.polskieradio.pl/eo/dokument.aspx?iid=142897.

[Anón.] "Otwoccy Sprawiedliwi", *Gazeta Otwocka*, julio de 2012, www.otwock.pl/gazeta/2012/sprawiedliwi.pdf.

[Anón.] "Piotrków: Pamiątkowa tablica ku czci Sendlerowej", *ePiotrkow.pl*, www.epiotrkow.pl/news/Piotrkow-Pamiatkowa-tablica-ku-czci-Sendlerowej-,2801.

[Anón.] "The 72nd Anniversary of the Creation of the Council to Aid Jews", Instituto Histórico Judío, Varsovia, 3 de diciembre de 2014, www.jhi.pl/en/blog/2014-12-03-the-72nd-anniversary-of-the-creation-of-the-council-to-aid-jews.

[Anón.] "Warsaw", *Enciclopedia del Holocausto*, Museo Memorial del Holocausto de Estados Unidos, http://www.ushmm.org/wlc/en/article.php?ModuleId=10005069.

[Anón.] "Aktion Erntefest (Operation Harvest Festival)", Enciclopedia del Holocausto, Museo Memorial del Holocausto de Estados Unidos, www.ushmm.org/wlc/en/article.php?ModuleId=10005222.

[Anón.] IPN TV, "Relacja Piotra Zettingera o Ucieczce z Warszawskiego Getta" (entrevista en video con Piotr Zettinger), www.youtube.com/watch?v=tY3WxXUiYzo.

[Anón.] Instituto Histórico Judío, asociación de Varsovia, Virtual Shtetl Project, "Janusz Korczak's Orphanage in Warsaw", traducido
por Ewelina Gadomska, http://www.sztetl.org.pl/en/article/wars
zawa/39,heritage-sites/3518,janusz-korczak-s-orphanage-in-war
saw-92-krochmalna-street-until-1940-/.

[Anón.] Universidad de Nueva York, Buffalo/Universidad Jaguelónica,
"Slow Extermination: Life and Death in the Warsaw Ghetto", *Info
Poland*, http://info-poland.buffalo.edu/web/history/WWII/ghetto/
slow.html.

[Frank, Hans] Diario de Hans Frank, Archivos Nacionales de Estados
Unidos, Washington, D. C., publicación T992, microfilm, www.ar
chives.gov/research/captured-german-records/microfilm/t992.pdf.

[Jankowska-Tobijasiewicz, Barbara] "Irenę Sendlerową i Barbarę Ditrich:
niezwykłe sąsiadki z ul. Ludwiki wspomina Barbara Jankowska-Tobi
jasiewicz", *Urząd Dzielnicy Wola*, 28 de enero de 2010, archivo 46/347,
www.wola.waw.pl/page/341,internetowe-wydanie-kuriera-wolskie
go—-wszystkie-numery.html?date=2010-01-00&artykul_id=394.

[Papuzińska-Beksiak, Joanna] "Interview with Joanna Papuzińska-Beksiak", Muzeum Powstania Warszawskiego, archivos históricos orales,
13 de enero de 2012, ahm.1944.pl/Joanna _Papuzinska-Beksiak/1.

[Sendler, Irena] "Address by Irena Sendeler [*sic*]", Asociación de Niños
del Holocausto en Polonia, entrevista con Irena Sendler, www.dzie
ciholocaustu.org.pl/szab58.php?s=en_sendlerowa001_02.php.

[Sendler, Irena] "Irena Sendler Tells the Story of Janusz Korczak", Ga-
riwo/Gardens of the Righteous World-Wide Committee, documen-
tal/videoentrevista con Irena Sendler, http://en.gariwo.net/pagina.
php?id=9114.

[Sendler, Irena] "Irena Sendlerowa", Base de Datos Geni, www.geni.
com/people/Irena-Sendlerowa/6000000019948138463.

[Zgrzembska, Janina] "An Interview with Irena Sendler's Daughter,
Janina Zgrzembska", Museo de Historia de los Judíos Polacos, www.
sprawiedliwi.org.pl/en/cms/news-archive/858,an-interview-wi
th-irena-sendler-s-daughter-janina-zgrzembska/.

Ackerman, Diane. *The Zookeeper's Wife: A War Story*, Nueva York: W. W. Norton, 2008.

Adler, Stanisław. *In the Warsaw Ghetto: 1940-1943, An Account of a Witness*, traducido por Sara Philip. Jerusalén: Yad Vashem, 1982.

Apfelbaum, Marian. *Two Flags: Return to the Warsaw Ghetto*. Jerusalén: Gefen Publishing House, 2007.

Arad, Yitzhak. "The Nazi Concentration Camps: Jewish Prisoner Uprisings in the Treblinka and Sobibor Extermination Camps", Actas de la Cuarta Conferencia Anual Internacional Yad Vashem, Jerusalén, enero de 1980, Biblioteca Judía Virtual, http://www.jewishvirtual library.org/jsource/Holocaust/resistyad.html.

Arad, Yitzhak. *Belzec, Sobibor, Treblinka: The Operation Reinhard Death Camps*. Bloomington: Indiana University Press, 1999.

Axelrod, Toby. "Treblinka Survivor Attends Berlin Ceremony", Agencia Telegráfica Judía, 1 de agosto de 2005, www.jta.org/2005/08/01/lifereligion/features/treblinka-survivor-attends-berlin-ceremony.

Barré, David y Agata Mozolewska. *Elle, elle a sauvé les autres...*, París: Éditions du Cosmogone, 2009.

Bartoszewski, Władysław y Zofia Lewinówna. *Ten jest z ojczyzny mojej: Polacy z pomocą Żydom*, 1939-1945. Varsovia: Świat Książki, 2007.

Bartoszewski, Władysław. "Powstanie Ligi do Walki z Rasizmem w 1946 r", *Więź* (1998): pp. 238-245.

Bartoszewski, Władysław. *1859 Dni Warszawy*, Kracow: Znak, 1974.

_____. *The Warsaw Ghetto: A Christian's Testimony*, Stephen J. Cappellari (trad.) Boston: Beacon Press, 1987.

Biernacki, Andrzej. *Zatajony artysta. O Wacławie Borowym, 1890-1950*, Lublin: Norbertinum, 2005.

Bingham, Marjorie Wall. "Women and the Warsaw Ghetto: A Moment to Decide", *World History Connected*, http://worldhistoryconnected.press.illinois.edu/6.2/bingham.html.

Blobaum, Robert (ed.), *Antisemitism and Its Opponents in Modern Poland*. Ítaca: Cornell University Press, 2005.

Bogner, Nahum. "The Convent Children: The Rescue of Jewish Children in Polish Convents During the Holocaust", Yad Vashem, www.

yadvashem.org/yv/en/righteous/pdf/resources/nachum_bogner. pdf.

Bogner, Nahum. *At the Mercy of Strangers: The Rescue of Jewish Children with Assumed Identities in Poland*. Jerusalén: Yad Vashem, 2009.

British Broadcasting Corporation, "On This Day: 1939: Germany Invades Poland", http://news.bbc.co.uk/onthisday/hi/dates/stories/september/1/newsid_3506000/3506335.stm.

Brojek, Paweł. "Piąta rocznica śmierci Ireny Sendlerowej: Sprawiedliwej wśród Narodów Świata", *Prawy*, 12 de mayo de 2013, www.prawy.pl/wiara/3049-piata-rocznica-smierci-ireny-sendlerowej-sprawiedli wej-wsrod-narodow-swiata.

Budrewicz, Olgierd. *Warszawa w Starej Fotografii*. Olszanica: Wydawnictwo BoSZ, 2012.

Bülow, Louis. "Irena Sendler: An Unsung Heroine", www.auschwitz.dk/sendler.htm.

Cegielski, Tadeusz. "Liberum Conspiro, or the Polish Masonry between the Dictatorship and Totalitarianism, 1926-1989", *El comunismo y las élites de Europa central*, 31 de marzo de 2004, Escuela Normal Superior, presentación, www1.ens.fr/europecentrale/colloque_elites2004/4Documents/Resumes/Cegielski_resum.htm.

Cesarani, David y Sarah Kavanaugh. *Holocaust: Jewish Confrontations with Persecution and Mass Murder, vol. 4 of The Holocaust: Critical Concepts in Historical Study*, Londres: Routledge, 2004.

Charniewitch-Lubel, Deborah".Kolno Girls in Auschwitz", en *Kolno Memorial Book*, Aizik Remba y Benjamin Halevy (eds.), Tel Aviv: Kolner Organization and Sifirat Poalim, 1971, www.jewishgen.org/Yizkor/kolno/kole056.html.

Comisión Central para la Investigación de Crímenes Alemanes en Polonia, *German Crimes in Poland*, Nueva York: Howard Fertig, 1982.

Comisión de Historia de la Asociación Polaca de Enfermeras. "The Nursing School at the Orthodox Jew Hospital at Czyste District in Warsaw", Virtual Museum of Polish Nursing, www.wmpp.org.pl/en/nursing-schools/the-nursing-school-at-the-orthodox-jew-hospital-at-czyste-district-in-warsaw.html.

Czerniakow, Adam. *Warsaw Diary of Adam Czerniakow: Prelude to Doom*, Raul Hilberg *et al.* (eds.), Chicago: Ivan R. Dee, 1999.

Czuperska-Śliwicka, Anna. *Cztery Lata Ostrego Dyżuru: Wspomnienia z Pawiaka*, 1930-1944. Varsovia: Czytelnik, 1965.

Danow, David. *The Spirit of Carnival: Magical Realism and the Grotesque*, Lexington: University of Kentucky Press, 2005.

Dobraczyński, Jan. *Tylko w jednym życiu*. Varsovia: Pax, 1977.

Domańska, Regina. *Pawiak, Więzienie Gestapo: Kronika, 1939-1944*. Varsovia: Książka I Wiedza, 1978.

Edelman, Marek. "The Ghetto Fights", en *The Warsaw Ghetto: The 45th Anniversary of the Uprising*, Interpress Publishers, 1987, pp. 17-39; consultado en: www.writing.upenn.edu/~afilreis/Holocaust/warsaw-uprising.html.

Einsatzgruppen Reports, Yitzhak Arad, Shmuel Krakowski y Shmuel Spector (eds.). Jerusalén: Yad Vashem, 1989.

Engelgard, Jan. "To Dobraczyński był bohaterem tamtego czasu", *Konserwatyzm*, 19 de junio de 2013, http://www.konserwatyzm.pl/artykul/10342/to-dobraczynski-byl-bohaterem-tamtego-czasu. Reseñado por Ewa Kurek, *Dzieci żydowskie w klasztorach. Udział żeńskich zgromadzeń zakonnych w akcji ratowania dzieci żydowskich w Polsce w latach, 1939-1945*, Zakrzewo: Replika, 2012.

Ficowska, Elżbieta. "Testimony of Elżbieta Ficowska", Asociación de Niños del Holocausto en Polonia, www.dzieciholocaustu.org.pl/szab58.php?s=en_myionas_11.php.

Filipowicz, Bogusław. "Nadzieja spełniona: dzieło Ireny Sendlerowej", *Quarterly Research* 1, núm. 1 (2010), www.stowarzyszeniefidesetratio.pl/Presentations0/09Flipipowicz.pdf.

Fox, Frank. "Endangered Species: Jews and Buffaloes", *The Scrolls*, www.zwoje-scrolls.com/zwoje30/text17.htm.

Furth, Hans G. "One Million Polish Rescuers of Hunted Jews?", *Journal of Genocide Research* 1, núm. 2 (1999), pp. 227-232.

Głowiński, Michał. *The Black Seasons*, traducido por Marci Shore. Evanston: Northwestern University Press, 2005.

Góra, Barbara. *Anna Braude Hellerowa*, Varsovia: Asociación de Niños del Holocausto en Polonia, 2011, pp. 38-39.

Gobierno de Polonia, Departamento del Interior, folder 202/II-43, reimpreso en Krzysztof Komorowski, *Polityka i walka: Konspiracja zbrojna ruchu narodowego, 1939-1945,* Varsovia: Oficyna Wydawnicza "Rytm", 2000.

Grabski, August y Piotr Grudka. "Polish Socialists in the Warsaw Ghetto", Instituto Histórico Judío Emanuel Ringelblum, Varsovia, http://www.jhi.pl/en/publications/52.

Grochowska, Magdelena. "Lista Sendlerowej: Reportaž z 2001 Roku", *Gazeta Wyborcza,* 12 de mayo de 2008, n.p.

Grodin, Michael A. (ed.). *Jewish Medical Resistance in the Holocaust,* Nueva York: Berghahn, 2014.

Grubowska, Halina. *Ta, Która Ratowała Żydów: Rzecz o Irenie Sendlerowej,* Varsovia: Instituto Histórico Judío Emanuel Ringelblum, 2014.

Gutembaum, Jakub y Agnieszka Lałała (eds.), *The Last Eyewitnesses: Children of the Holocaust Speak,* vol. 2, Evanston: Northwestern University Press, 2005.

Gutman, Israel. *Enciclopedia de los Justos de la Naciones,* Jerusalén: Yad Vashem, 2007, vol. 5 (Polonia).

Halter, Marek. *Stories of Deliverance: Speaking with Men and Women Who Rescued Jews from the Holocaust,* Chicago y La Salle, Illinois: Open Court, 1997.

Haltof, Marek. *Polish Film and the Holocaust: Politics and Memory,* Nueva York: Berghahn Books, 2012.

Hammarberg, Thomas. "2007 Janusz Korczak Lecture: Children Participation", Bruselas: Comisión de Derechos Humanos en Europa, 2007, rm.coe.in/CoERMPublicCommonSearchServices/DisplayDCTMContent?documentId=090000168046c47b.

Haven, Cynthia. "Life in Wartime Warsaw... Not Quite What You Thought" (entrevista con Hana Rechowicz), 21 de mayo de 2011, bookhaven.stanford.edu/2011/05/life-in-wartime-warsaw-not-quite-what-you-thought.

Hirszfeld, Ludwik. *The Story of One Life,* Marta A. Balińska (trad.), Rochester: University of Rochester Press, 2014.

Hryniewicz, Bohdan. *My Boyhood War: Warsaw: 1944,* Stroud, Reino Unido: History Press, 2015.

Hugman, Richard (ed.). *Understanding International Social Work: A Critical Analysis*, Nueva York: Palgrave, 2010.

Jackl, Klara. "Father Boduen Children's Home: A Gateway to Life", Museo de Historia de los Judíos Polacos, 11 de junio de 2012, www.sprawiedliwi.org.pl/en/cms/your-stories/794/.

Jankowska-Tobijasiewicz, Barbara. "Irenę Sendlerową i Barbarę Ditrich: Niezwykłe sąsiadki z ul: Ludwiki wspomina", *Urząd Dzielnicy Wola*, 28 de enero de 2010, www.wola.waw.pl/page/341,internetowe-wydanie-kuriera-wolskiego—-wszystkie-numery.html?date=2010-01-00&artykul_id=394.

Jockusch, Laura y Tamar Lewinsky. "Paradise Lost? Postwar Memory of Polish Jewish Survival in the Soviet Union", *Holocaust and Genocide Studies* 24, núm. 3 (invierno de 2010): pp. 373-399.

Kaufman, Michael T. "Marek Edelman, Commander in Warsaw Ghetto Uprising, Dies at 90", *New York Times*, 3 de octubre de 2009, www.nytimes.com/2009/10/03/world/europe/03edelman.html.

Komorowski, Bronisław. "Maria 'Kama' Stypułkowska-Chojecka popiera Komorowskiego—a Ty?", grabado por Bronisław Komorowski, 27 de mayo de 2010, www.youtube.com/watch?v=LOQaeuv9b6Y.

Komorowskiego, Krzysztofa. *Polityka i Walka: Konspiracja Zbrojna Ruchu Narodowego, 1939-1945*. Varsovia: Oficyna Wydawnicza "Rytm", 2000.

Korczak, Janusz. *A Child's Right to Respect*. Strasbourg: Council of Europe Publishing, 2009, www.coe.int/t/commissioner/source/prems/PublicationKorczak _en.pdf.

_____. *Ghetto Diary*. New Haven: Yale University Press, 2003.

Korczak, Jerzy. *Oswajanie Strachu*. Varsovia: Wydawnictwo Muza, 2007.

Kroll, Chana. "Irena Sendler: Rescuer of the Children of Warsaw", Chabad, www.chabad.org/theJewishWoman/article_cdo/aid/939081/jewish/Irena-Sendler. htm.

Kurek, Ewa. *Your Life Is Worth Mine: How Polish Nuns Saved Hundreds of Jewish Children in German-Occupied Poland, 1939-1944*. Nueva York: Hippocrene Books, 1997.

Kurzman, Dan. *The Bravest Battle: The 28 Days of the Warsaw Ghetto Uprising*. Boston: Da Capo Press, 1993.

Land-Weber, Ellen. "Conditions for the Jews in Poland", *To Save a Life: Stories of Holocaust Rescue*, Universidad Humboldt, www2.humboldt. edu/rescuers/book/Makuch/conditionsp.html.

_____. *To Save a Life: Stories of Holocaust Rescue*. Champaign-Urbana: University of Illinois Press, 2002.

Lerek, Wanda D. *Hold on to Life, Dear: Memoirs of a Holocaust Survivor*, W. D. Lereck, 1996.

Lewin, Abraham. *A Cup of Tears: A Diary of the Warsaw Ghetto*, Antony Polonsky (ed.). Waukegan, Illinois: Fontana Press, 1990.

Lifton, Betty Jean. *The King of Children: A Biography of Janusz Korczak*. Nueva York: Schocken, 1989.

Liv, Andras. "1912–1942: Korczak Orphanage Fate in Warsaw: Krochmalna 92— Chłodna 33—Sienna 16", 2 de enero de 2012, jimbaotoday.blogspot.ca/2012/01/korczak-orphanage-in-warsaw_02.html.

Marcinkowski, Robert. *Warsaw, Then and Now*. Varsovia: Wydawnictwo Mazowsze, 2011.

Meed, Vladka. *On Both Sides of the Wall: Memoirs from the Warsaw Ghetto*, traducido por Steven Meed. Jerusalén: Ghetto Fighters' House, 1972. Reseñado por Rivka Chaya Schiller en *Women in Judaism* 9, núm. 1 (2012), wjudaism.library.utoronto.ca/index.php/wjudaism/article/view/19161/15895.

Meed, Vladka. *On Both Sides of the Wall*, Steven Meed (trad.). Washington, D. C.: Museo Memorial del Holocausto, 1999.

Michlic, Joanna B. *Poland's Threatening Other: The Image of the Jew from 1880 to the Present*. Lincoln: University of Nebraska, 2006, 2008.

Mierzejewski, Marcin. "Sendler's Children", *La Voz de Varsovia*, 25 de septiembre de 2003, www.warsawvoice.pl/WVpage/pages/article.php/3568/article.

Mieszkowska, Anna. *Irena Sendler: La madre de los hijos del holocausto*, Barcelona: Styria, 2008.

_____. *Prawdziwa Historia Ireny Sendlerowej*. Varsovia: Marginesy, 2014.

Mint of Poland. "Poles Saving Jews: Irena Sendlerowa, Zofia Kossak, Sister Matylda Getter", www.mennica.com.pl/en/products-and-ser

vices/mint-products/nbp-coins/collector-coins/product/zobacz/
poles-saving-jews-irena-sendlerowa-zofia-kossak-sister-matylda-ge
tter-pln-2.html.

Mórawski, Karol. *Warszawa Dzieje Miasta,* Varsovia: Wydanictwo
Kxiążka i Wiedza, 1976.

Museo de Historia de los Judíos Polacos, 2010, "Irena Sendler", *Polscy
Sprawiedliwi* (Polish Righteous), www.sprawiedliwi.org.pl/en/cms/
biography-83/.

Museo Prisión Pawiak, exhibición pública.

Nagorski, Andrew. " 'Vera Gran: The Accused' by Agata Tuszynska"
(reseña), *Washington Post,* 22 de marzo de 2013, www.washingtonpost.
com/opinion/vera-gran-the-accused-by-agata-tuszynskatranslated
-from-the-french-of-isabelle-jannes-kalinowski-by-charles-ruas
/2013/03/22/6dce6116-75f2-11e2-8f84-3e4b513b1a13_story.html.

Oelkers, Jürgen. "Korczak's *Memoirs*: An Educational Interpretation",
Universität Zürich, Institut für Erziehungswissenschaft, Lehrstühle
und   Forschungsstellen,   www.ife.uzh.ch/research/emeriti/oelker
sjuergen/vortraegeprofoelkers/englishlectures/Oelkers.ER.Korc
zaks_Tagebuch-def.10.5.12.pdf.

Pagis, Ada. "A Rare Gem", *Haaretz,* 9 de mayo de 2008, www.haaretz.
com/a-rare-gem-1.245497. Reseñado en *Betoch Ir. Diario de Batia Temkin-Berman,* Uri Orlev (trad.), Jerusalén: Yad Vashem, 2008.

Paul, Mark. "Traditional Jewish Attitudes Toward Poles", enero de 2015,
www.kpk-toronto.org/archives/jewish_attitudes.pdf.

Person, Katarzyna. "A Forgotten Voice from the Holocaust", *La Voz de
Varsovia,* 31 de marzo de 2011, http://www.warsawvoice.pl/WVpage/
pages/article.php/23365/article.

Polacy Ratujący Żydów w Latach II Wojny Światowej, IPN (Instytut
Pamięci Narodowej), Varsovia, 2005, ipn.gov.pl/__data/assets/
pdf_file/0004/55426/1-21712.pdf.

Polish Ministry of Information, *The German Invasion of Poland.* Londres:
Hutchinson & Co. Ltd., 1940, http://felsztyn.tripod.com/germanin-
vasion/id1.html.

Poray, Anna (ed.). "The Polish Righteous", 2004, www.savingjews.org.

Powell, Lawrence N. *Troubled Memory: Anne Levy, the Holocaust, and David Duke's Louisiana*. Charlotte: University of North Carolina Press, 2002.

Prekerowa, Teresa. *Żegota: Commision d'aide aux Juifs*, Maria Apfelbaum (trad.). Mónaco: Éditions du Rocher, 1999.

Rajchman, Chil. *The Last Jew of Treblinka: A Memoir*. Nueva York: Pegasus, 2012.

_____. *Treblinka: A Survivor's Memory, 1942-1943*, Solon Beinfeld (trad.). Londres: Maclehose Press, 2009.

Rejak, Sebastian y Elżbieta Frister (eds.), *Inferno of Choices: Poles and the Holocaust*. Varsovia: Oficyna Wydawnicza "Rytm", 2012.

Richie, Alexandra. *Warsaw 1944: Hitler, Himmler, and the Warsaw Uprising*. Nueva York: Farrar, Strauss and Giroux, Nueva York, 2013. Reseñado por Irene Tomaszewski, *Cosmopolitan Review* 6, núm. 1 (2014), cosmopolitanreview.com/warsaw-1944/.

Ringelblum, Emanuel. *Notes from the Warsaw Ghetto*, Nueva York: McGraw-Hill, 1958.

_____. *The Journal of Emanuel Ringelblum*, Jacob Sloan (trad.). Nueva York: Schocken Books, 1974.

Roguszewski, Mirosław. *Powstańcze Oddziały Specjalne "Jerzyki" w latach*, 1939-1945. Bydgoszcz: 1994.

Rozett, Robert. "The Little-Known Uprising: Warsaw Ghetto, January", *Jerusalén Post*, 16 de enero de 2013, www.jpost.com/Opinion/Op-Ed-Contributors/The-little-known-uprising-Warsaw-Ghetto-January-1943.

Russell, Sharman Apt. *Hunger: An Unnatural History*. Nueva York: Basic Books, 2006.

Rytlowa, Jadwiga. "Chaja Estera Stein (Teresa Tucholska-Körner): 'The First Child of Irena Sendler'", Museo de Historia de los Judíos Polacos, 14 de septiembre de 2010, www.sprawiedliwi.org.pl/en/cms/your-stories/360,chaja-estera-stein-teresa-tucholska-k-rner-the-first-child-of-irena-sendler-/.

Sacharewicz, Janina. "Irena Sendlerowa: Działanie Z Potrzeby Serca", *Słowo Żydowskie*, 20 de abril de 2007.

Seeman, Mary V. "Szymon Rudnicki: Equal, but Not Completely", *Scholars for Peace in the Middle East*. Reseñado el 7 de junio de 2010 en http://spme.org/book-reviews/mary-v-seeman-szymon-rudnicki -equal-but-not-completely.

Sendler, Irena, "O Pomocy Żydom", fragmento de Władysław Bartoszewski y Zofia Lewinówna (eds.), *Ten jest z ojczyzny mojej. Polacy z pomocą Żydom (This Is My Homeland: Poles Helping Jews), 1939-1945*, segunda edición, Cracovia: Znak, 1969. Disponible en *Lewicowo*: lewicowo.pl/o-pomocy-zydom.

_____. "Testimony of Irena Sendlerowa", Asociación de Niños del Holocausto en Polonia, www.dzieciholocaustu.org.pl/szab58. php?s=en_sendlerowa.php.

_____. "The Valor of the Young", *Dimensions: A Journal of Holocaust Studies* 7, núm. 2 (1993), pp. 20-25.

_____. "Youth Associations of the Warsaw Ghetto: A Tribute to Jewish Rescuers", archivos SIH (Materialy Zabrane w Latach, 1995–2003, szyn. S/353), Stanisław Barańczak y Michael Barańczak (trads.).

Shtokfish, David (ed. y trad.). *Jewish Mlawa: Its History, Development, Destruction.* Tel Aviv: Sociedades Mlawa en Israel y en la Diáspora, 1984, 2 vols., http://www.jewishgen.org/yizkor/mlawa/mla449.html.

Shulman, Abraham. *The Case of Hotel Polski: An Account of One of the Most Enigmatic Episodes of World War II.*, Nueva York: Biblioteca del Holocausto, 1982.

Skarbek-Kruszewski, Zygmunt. *Bellum Vobiscum: War Memoirs,* Jurek Zygmunt Skarbek (ed.), Skarbek Consulting Pty Ltd, 2001, www.skarbek. com.au/bv/warsaw_uprising.htm.

Skinner, Mary. *Irena Sendler: In the Name of Their Mothers* (documental), 2011.

Śliwówska, Wiktoria (ed.). *The Last Eyewitnesses: Children of the Holocaust Speak,* Julian y Fay Bussgang (trads.). Evanston, Illinois: Northwestern University Press, 1999.

Smith, Mark. *Treblinka Survivor: The Life and Death of Hershl Sperling.* Mt. Pleasant, Carolina del Sur: The History Press, 2010.

Stelmaszuk, Maleria Zofia. "Residential Care in Poland: Past, Present, and Future", *International Journal of Family and Child Welfare*, 2002-2003, p. 101.

Szarota, Tomasz. "Ostatnia Droga Doktora: Rozmowa Z Ireną Send-lerową", *Historia* 21, 24 de mayo de 1997, p. 94.

Szpilman, Władysław. *The Pianist: The Extraordinary True Story of One Man's Survival in Warsaw, 1939-1945*, A. Bell (trad.), con estractos del diario de Wilm Hosenfeld. Nueva York: Picador, 1999.

Thite, Abhijit. *The Other Schindler... Irena Sendler: Savior of the Holocaust Children*, Priya Gokhale (trad.). Pune, India: Ameya Prakashan, 2010.

Tomaszewski, Irene y Tecia Werbowski. *Code Name: Żegota: Rescuing Jews in Occupied Poland, 1942-1945: The Most Dangerous Conspiracy in Wartime Europe.* Nueva York: Praeger, 2010.

_____. *Żegota, The Council for Aid to Jews in Occupied Poland, 1942-1945.* Montreal: Price-Patterson, 1999.

Turkovich, Marilyn. "Irena Sendler", 29 de septiembre de 2009, *Charter for Compassion,* http://voiceseducation.org/category/tag/irena-sendler.

Turkow, Jonas. *Ala Gólomb Grynberg: La heroica enfermera del gueto de Varsovia,* traducción del yidis por Elena Pertzovsky de Bronfman. Buenos Aires: Ejecutivo Sudamericano del Congreso Judío Mundial, 1970.

Tuszynska, Agata. *Vera Gran: The Accused,* Nueva York: Knopf, 2013.

Ulankiewicz, Andrzej Rafal. "'Warski II': Battalion 'Parasol' (Umbrella)". Memorias del Levantamiento de Varsovia (1944) publicadas en internet, www.warsawuprising.com/witness/parasol.htm.

Museo Memorial del Holocausto de Estados Unidos, "Sąd Grodzki w Warszawie, Akta Zg.1946 (Sygn. 655)", 194-56, RG Number RG-15.270M, número de acceso 2013.241, Archiwum Państwowe w Warszawie, http://collections.ushmm.org/findingaids/RG-15.270_01_fnd_pl.pdf.

Uziembło, Aniela. "Józef Zysman", *Gazeta Stołeczna,* núm. 141, 20 de junio de 2005.

Valley, Eli. *The Great Jewish Cities of Central and Eastern Europe: A Travel Guide.* Nueva York: Jason Aronson Publishers, 1999.

Wanat, Leon. *Za murami Pawiaka.* Varsovia: Książka i Wiedza, 1985.

Warsaw Ghetto: Oyneg Shabes–Ringelblum Archives: Catalog and Guide, Robert Moses Shapiro y Tadeusz Epsztein (eds.). Bloomington: Indiana University Press, 2009.

Webb, Chris. "Otwock & the Zofiowka Sanatorium: A Refuge from Hell", Holocaust Education & Archive Research Team, www.holo-caustresearchproject.org/ghettos/otwock.html.

Webb, Chris. *The Treblinka Death Camp: History, Biographies, Remembrance.* Stuttgart: Ibidem Press, 2014.

Weiner, Miriam. "Otwock", Routes to Roots Foundation, www.rtrfoun-dation.org/webart/poltownentry.pdf.

Whitlock, Monica. "Warsaw Ghetto: The Story of Its Secret Archive", 27 de enero de 2013, British Broadcasting Corporation, www.bbc.com/news/magazine-21178079.

Wieler, Joachim. "The Long Path to Irena Sendler: Mother of the Holo-caust Children" (entrevista con Irena Sendler), *Social Work and Society* 4, núm. 1 (2006), http://www.socwork.net/sws/article/view/185/591.

Witkowska, Agnieszka. "Ostatnia droga mieszkańców i pracowników warszawskiego Domu Sierot", *Zagłada Żydów, Studia i Materiały* 6 (2010), http://korczakowska.pl/wp-content/uploads/2011/12/Ag nieszka-Witkowska.-Ostatnia-droga-mieszkancow-i-pracownikow -warszawskiego-Domu-Sierot.pdf.

Wood, E. Thomas y Stanisław M. Jankowski. *Karski: How One Man Tried to Stop the Holocaust.* Nueva York: John Wiley & Sons, 1994.

Wygodzki, Stanisław. "Epitaph for Krysia Liebman", *Jewish Quarterly* 16, núm. 1 (1968): p. 33.

Zajdman, Renata. "A Tribute to Irena Sendler", material extra de la película para televisión *The Courageous Heart of Irena Sendler,* www.hall mark.com/online/hall-of-fame/images/TCHISBonusMaterial.pdf.

Zygmund, Antoni. "Aleksander Rajchman", *Wiadomości Matematyczne* 27 (1987), pp. 219-231, http://www.impan.pl/Great/Rajchman.

NOTAS

Prólogo

[1] Exhibición pública en el Museo Pawiak en 2014. Revisa también Leon Wanat, *Za murami Pawiaka*, Varsocvia: Książka i Wiedza, 1985.

[2] Testimonio de Irena Sendlerowa, Asociación de Niños del Holocausto en Polonia, www.dzieciholocaustu.org.pl/szab3.php?s=en_send lerowa.php.

Capítulo 1: Convertirse en Irena Sendler

[3] Imagen de los cuentos populares yidis; revisa por ejemplo: Hayah Bar-Yits, *Jewish Poland: Legends of Origin: Ethnopoetics and Legendary Chronicles*, Detroit: Wayne State University Press, 1999, p. 44.

[4] Miriam Weiner, "Otwock", Routes to Roots Foundation, www.rtr foundation.org/webart/poltownentry.pdf. Revisa también: Chris Webb, "Otwock & the Zofiowka Sanatorium: A Refuge from Hell", Holocaust Education & Archive Research Team, www.holocaustre searchproject.org/ghettos/otwock.html.

[5] "Irena Sendlerowa", base de datos Geni, www.geni.com/people/ Irena-Sendlerowa/600000001994 8138463.

[6] Magdelena Grochowska, "Lista Sendlerowej: Reportaż z 2001 Roku", *Gazeta Wyborcza*, 12 de mayo de 2008, s.p. También David Barré y

Agata Mozolewska, *Elle, elle a sauvé les autres…* París: Éditions du Cosmogone, 2009.

[7] Aleksander Kopiński, correspondencia personal.

[8] Grochowska, "Lista Sendlerowej".

[9] Yoram Gross, correspondencia personal.

[10] Grochowska, "Lista Sendlerowej". Por lo general la reticencia a que los niños judíos jugaran con los católicos venía del lado judío. Ver: Mark Paul, "Traditional Jewish Attitudes Toward Poles" ("Actitudes tradicionales judías hacia los polacos"), enero de 2015, www.kpk-to ronto.org/archives/wp-content/jewish_attitudes.pdf.

[11] "Irena Sendlerowa: O Pomocy Żydom", *Lewicowo*, 6 de octubre de 2011, lewicowo.pl/o-pomocy-zydom. El artículo es una reimpresión del material original publicado como: *This Is My Homeland: Poles Helping Jews, 1939-1945*, Władysław Bartoszewski y Zofia Lewinówna (eds.), segunda edición, Cracovia: Znak, 1969. Este texto está basado en dos enunciados de un artículo anterior escrito por Joseph Goldkorn, "He Who Saves One Life", *Law and Life*, núm. 9 (1967), y el testimonio escrito de Irena Sendler, publicado originalmente como "Those Who Helped Jews", Boletín del Instituto Histórico Judío, 45/46, 1963.

[12] *Ídem.*

[13] Anna Legierska, "A Guide to the Wooden Villas of Otwock", 10 de agosto de 2015, *Culture.pl*, http://culture.pl/en/article/a-guide -to-the-wooden-villas-of-otwock.

[14] Grochowska, "Lista Sendlerowej".

[15] Marjorie Wall Bingham, "Women and the Warsaw Ghetto: A Moment to Decide", *World History Connected*, worldhistoryconnected. press.illinois.edu/6.2/bingham.html.

[16] Grochowska, "Lista Sendlerowej".

[17] Legierska, "A Guide to the Wooden Villas of Otwock".

[18] "Rediscover Polish Scouting", Asociación de guías y *scouts* de Polonia, http://issuu.com/zhp_pl/docs/rediscoverpolishscouting.

[19] "Piotrków: Pamiątkowa tablica ku czci Sendlerowej", *ePiotrkow.pl* www.epiotrkow.pl/news/Piotrkow-Pamiatkowa-tablica-ku-czci-

Sendlerowej-,2801. Revisa también: Paweł Brojek, "Piąta rocznica śmierci Ireny Sendlerowej, Sprawiedliwej wśród Narodów Świata", *Prawy*, 12 de Mayo de 2013, www.prawy.pl/wiara/3049-piata-rocz nica-smierci-ireny-sendlerowej-sprawiedliwej-wsrod-narodow-swiata.

[20] Anna Mieszkowska, *Prawdziwa Historia Ireny Sendlerowej*, Varsovia: Marginesy, 2014, pp. 21-22.

[21] "Fundacja Taubego na rzecz Życia i Kultury Żydowskiej przedstawia Ceremonię Wręczenia Nagrody im. Ireny Sendlerowej", programa del 23 de octubre de 2013, Museo de Historia de los Judíos Polacos, http://nagrodairenysendlerowej.pl/dir_upload/download/thumb/9b515fb73c99cb31408f589b0b27.pdf.

[22] Museo de Historia de los Judíos Polacos, 2010, "Irena Sendler", *Polscy Sprawiedliwi* (Polish Righteous), www.sprawiedliwi.org.pl/en/cms/biography-83/.

[23] Testimonio de Barbara Jankowska-Tobijasiewicz, "Irenę Sendlerową i Barbarę Ditrich: niezwykłe sąsiadki z ul. Ludwiki wspomina", *Urząd Dzielnicy Wola*, 28 de enero de 2010, www.wola.waw.pl/page/341,internetowe-wydanie-kuriera-wolskiego—-wszystkie-nu mery.html?date=2010-01-00&artykul_id=394.

[24] Grochowska, "Lista Sendlerowej".

Capítulo 2: Las chicas de la doctora Radlińska

[25] Joanna B. Michlic, *Poland's Threatening Other: The Image of the Jew from 1880 to the Present*, Lincoln: Universidad de Nebraska, 2006, p. 113.

[26] Robert Blobaum (ed.), *Antisemitism and Its Opponents in Modern Poland*, Ítaca: Cornell University Press, 2005. También en Grochowska, "Lista Sendlerowej".

[27] Mary V. Seeman, "Szymon Rudnicki: Equal, but Not Completely", *Scholars for Peace in the Middle East*, reseña del libro, 7 de junio de 2010, http://spme.org/book-reviews/mary-v-seeman-szymon-rudnicki-equal-but-not-completely. Nótese que en el libro se usa la palabra "arios". Tanto judíos como no judíos usaron la palabra libremente

durante la ocupación de Polonia, y se considera históricamente correcta.

28 *Ídem.*

29 Yoram Gross, correspondencia personal.

30 A partir de ese momento y durante todo su periodo de su amistad con el círculo de jóvenes. Revisa en: Irena Sendler, "The Valor of the Young", *Dimensions: A Journal of Holocaust Stu*dies 7, núm. 2 (1993), p. 20-25.

31 Grochowska, "Lista Sendlerowej".

32 Anna Mieszkowska, *Irena Sendler: La madre de los hijos del holocausto*, Styria, Barcelona, 2008.

33 Museo de Historia de los Judíos Polacos, 2010, "Irena Sendler", *Polscy Sprawiedliwi* (Derecho Judío), www.sprawiedliwi.org.pl/en/cms/biography-83/.

34 Sendler, "The Valor of the Young".

35 Andrzej Biernacki, *Zatajony artysta. O Wacławie Borowym 1890-1950* Lublin: Norbertinum, 2005.

36 "The Invasion of Poland", *Base de datos de la Segunda Guerra Mundial*, ww2db.com/battle_spec.php?battle_id=28.

37 British Broadcasting Corporation, "On This Day: 1939: Germany Invades Poland", http://news.bbc.co.uk/onthisday/hi/dates/stories/september/1/newsid_3506000/3506335.stm.

38 "Directive Núm. 1 for the Conduct of the War", Proyecto Avalon: Escuela de Leyes de Yale, www.yale.edu/lawweb/avalon/imt/document/war dir1.htm.

39 Diane Ackerman, *The Zookeeper's Wife: A War Story*, Nueva York: W. W. Norton, 2008, 32.

40 Irena Sendler, "O Pomocy Żydom".

41 Irena Sendler, "The Valor of the Young".

42 Sendler, "The Valor of the Young". Revisa también: Irena Sendler, "Youth Associations of the Warsaw Ghetto: A Tribute to Jewish Rescuers", archivos ZIH (Materialy Zabrane w Latach, 1995–2003, sygn. S/353), Stanisław Barańczak y Michael Barańczak (trads.).

43 En nombre de Irena Schultz se acortó con el apodo polaco para Irena, Irka, para evitar confusiones entre Schultz y Sendler en la narración. Éste es el equivalente en español de diferenciar a dos personajes usando los nombres "María" y "Mari".

44 Louis Bülow, "Irena Sendler: An Unsung Heroine", www.auschwitz. dk/sendler.htm.

45 Detalles parafraseados del material del Ministerio de Información Polaco: *The German Invasion of Poland*, Londres: Hutchinson & Co. Ltd., 1940, extraído de: felsztyn.tripod.com/germaninvasion/id1. html.

46 Barré and Mozolewska, *Elle, elle a sauvé les autres.*

47 De un conteo contemporáneo del sitio a Varsovia hecho por un sobreviviente de Żegota. Revisa Władysław Bartoszewski, *1859 Dni Warszawy*, Cracovia: Wydawnictwo Znak, 1974.

48 Ellen Land-Weber, "Conditions for the Jews in Poland", *To Save a Life: Stories of Holocaust Rescue*, Universidad Estatal Humboldt, www2. humboldt.edu/rescuers/book/Makuch/conditionsp.html.

49 "Irena Sendler Award for Repairing the World", descripción de programa, Centrum Edukacji Obywatelskiej, www.ceo.org.pl/pl/ sendler/news/program-description.

50 "Poles: Victims of the Nazi Era: Terror Against the Intelligents and Clergy", Museo Memorial del Holocausto, Estados Unidos, www. ushmm.org/learn/students/learning-materials-and-resources/poles-victims-of-the-nazi-era/terror-against-the-intelligentsia-and -clergy.

51 Anna Mieszkowska, *Irena Sendler: La madre de los hijos del holocausto*, Barcelona: Styria 2008.

52 Life and Activity of Helena Twóczość Radlińskie", http://sciaga.pl/ tekst/69744-70-zycie_twoczosc_i_dzialalnosc_heleny_radlinskiej. Revisa también: Zofia Waleria Stelmaszuk, "Residential Care in Poland: Past, Present, and Future", *International Journal of Family and Child Welfare*, 2002-2003, p. 101.

53 Thomas Hammarberg, "2007 Janusz Korczak Lecture: Children Participation", Bruselas: Commissioner for Human Rights/Council of Europe, 2007, rm.coe.int/CoERMPublicCommonSearchServices/

DisplayDCTMContent?documentId=090000168046c47b. Revisa también: Bogusław Filipowicz, "Nadzieja spełniona: dzieło Ireny Sendlerowej w ratowaniu dzieci żydowskich", *Quarterly Research* 1, núm. 1 (2010), www.stowarzyszeniefidesetratio.pl/Presentations0/09Flipipowicz.pdf.

[54] Antoni Zygmund, "Aleksander Rajchman", *Wiadomości Matematyczne* 27 (1987), pp. 219-231, fragmento en: www.impan.pl/Great/Rajchman.

[55] Sobre esta historia, revisa Richard Hugman (ed.), *Understanding International Social Work: A Critical Analysis*, Nueva York: Palgrave, 2010.

[56] Ewa Kurek, Your Life Is Worth Mine: How Polish Nuns Saved Hundreds of Jewish Children in German-Occupied Poland, 1939-1944, Nueva York: Hippocrene Books, 1997, pp. 17 y 45.

[57] Correspondencia personal.

[58] Kurek, *Your Life Is Worth Mine*, p. 18.

[59] Laura Jockusch y Tamar Lewinsky, "Paradise Lost? Postwar Memory of Polish Jewish Survival in the Soviet Union", *Holocaust and Genocide Studies* 24, núm. 3 (invierno de 2010), pp. 373-399.

[60] Kurek, *Your Life Is Worth Mine*, p. 17.

[61] *Ibid*, p. 18.

Capítulo 3: Los muros de la vergüenza

[62] Internetowy Polski Słownik Biograficzny, "Helena Radlińska", www.ipsb.nina.gov.pl/index.php/a/helena-radlinska.

[63] Grochowska, "Lista Sendlerowej".

[64] Delegación del Gobierno Polaco, Departamento del Interior, fólder 202/II-43, reimpreso en: Krzysztof Komorowski, *Polityka i walka: Konspiracja zbrojna ruchu narodowego, 1939- 1945*, Varsovia: Oficyna Wydawnicza "Rytm", 2000.

[65] Stelmaszuk, "Residential Care in Poland".

[66] Jan Dobraczyński, diario privado, 1945. Cortesía de Mirosława Pałaszewska, comunicación personal.

[67] Tadeusz Cegielski, "Liberum Conspiro, or the Polish Masonry between the Dictatorship and Totalitarianism, 1926-1989", *El comunismo y las élites de Europa Central*, 31 de marzo de 2004, Escuela Normal Superior, presentación, wwwl.ens.fr/europecentrale/colloque_elites 2004/4Documents/Resumes/Cegielski_resum.htm.

[68] "Jadwiga Maria Józefa Piotrowska", Base de datos Geni, www.geni.com/people/Jadwiga-Piotrowska/6000000015472386167.

[69] Museo de Historia de los Judíos Polacos, 2010, "The Stolarski Family", *Polscy Sprawiedliwi* (Polish Righteous), www.sprawiedliwi.org.pl/en/family/123,the-stolarski-family/. Revisa también: "Józef Dubniak", El Museo del Alzamiento de Varsovia, www.1944.pl/historia/powstancze-biogramy/Józef_Dubniak.

[70] Irena Sendler, "O Pomocy Zydom".

[71] *Ibid.* Revisa también: Barré and Mozolewska, *Elle, elle a sauvé les autres.*

[72] Museo de Historia de los Judíos Polacos, 2010 "Irena Sendler", *Polscy Sprawiedliwi*, www.sprawiedliwi.org.pl/en/cms/biography-83/.

[73] Yisrael Gutman e Ina Friedman, *The Jews of Warsaw, 1939-1943: Ghetto, Underground, Revolt*, Bloomington: Indiana University Press, 1989, p. 28.

[74] Leni Yahil, *The Holocaust: The Fate of European Jewry, 1932-1945*, Oxford: Oxford University Press, 1991, 169.

[75] Yad Vashem, *This Month in Holocaust History*, "Warsaw Jews During World War II", www.yadvashem.org/yv/en/exhibitions/this_month/resources/warsaw.asp.

[76] Kawczyński y Kieszkowski, Dekret Bieruta, base de datos, www.kodekret.pl/Dekret-Bieruta.pdf. El Decreto Bierut, aprobado en 1945, fue un esfuerzo por restaurar los inmuebles confiscados durante la ocupación alemana, lo que lo convierte en un registro importante de la posguerra inmediata sobre la propiedad de diversos bienes raíces.

[77] Museo de Historia de los Judíos Polacos, 2010, "The Stolarski Family", *Polscy Sprawiedliwi*, www.sprawiedliwi.org.pl/en/family/123, the-stolarski-family/.

[78] Harrie Teunissen, "Topography of Terror: Maps of the Warsaw Ghetto", julio de 2011, www.siger.org/warsawghettomaps.

79 Kurek, *Your Life is Worth Mine*, p. 15.

80 Correspondencia personal de Janina Goldhar. Revisa también: Museo de Historia de los Judíos Polacos, 2010, "Maria Palester", *Polscy Sprawiedliwi*, www.sprawiedliwi.org.pl/en/family/434,palester-maria; así como: "Irena Sendlerowa", Asociación de Niños del Holocausto en Polonia, www.dzieciholocaustu.org.pl/szab58.php?s=en_sendlerowa.php.

81 Museo de Historia de los Judíos Polacos, 2010, "Maria Palester", *Polscy Sprawiedliwi*, www.sprawiedliwi.org.pl/en/family/434,palester-maria/.

82 "Spiritual Resistance in the Ghettos", *Enciclopedia del Holocausto*, Museo Memorial del Holocausto, Estados Unidos, www.ushmm.org/wlc/en/article.php?ModuleId=10005416.

83 Emanuel Ringelblum, en Monica Whitlock, "Warsaw Ghetto: The Story of Its Secret Archive", 27 de enero de 2013, British Broadcasting Corporation, www.bbc.com/news/magazine-21178079.

84 Władysław Bartoszewski, *The Warsaw Ghetto: A Christian's Testimony*, Stephen J. Cappellari (trad.), Boston: Beacon Press, 1987.

85 Ringelblum, *Notes from the Warsaw Ghetto*, pp. 228-229. Revisa también: Stanislaw Adler, *In the Warsaw Ghetto: 1940-1943, An Account of a Witness*, traducido por Sara Philip, Jerusalén: Yad Vashem, 1982.

86 "Varsovia", *Enciclopedia del Holocausto*, Museo Memorial del Holocausto, Estados Unidos, www.ushmm.org/wlc/en/article.php?ModuleId=10005069. La descripción histórica de Varsovia se ha nutrido de las siguientes fuentes adicionales: Karol Mórawski, *Warszawa Dzieje Miasta*, Varsovia: Wydanictwo Kxiążka i Wiedza, 1976; Robert Marcinkowski, *Warsaw, Then and Now*, Varsovia: Wydawnictwo Mazowsze, 2011; Olgierd Budrewicz, *Warszawa w Starej Fotografii*, Olszanica: Wydawnictwo Bosz, 2012.

87 Ringelblum, *Notes from the Warsaw Ghetto*, pp. 228-229.

88 "Nożyk Synagogue, Twarda Street 6", Shtetl virtual, www.sztetl.org.pl/en/article/warszawa/11,synagogues-prayer-houses-and-others/5,nozyk-synagogue-twarda-street-6/.

89 Naomi Baumslag, *Murderous Medicine: Nazi Doctors, Human Experimentation, and Typhus*, Santa Bárbara: Praeger, 2005, p. 107.

90 Michael A. Grodin (ed.), *Jewish Medical Resistance in the Holocaust*, Nueva York: Berghahn, 2014, p. 70.

91 Comisión de Historia de la Asociación Polaca de Enfermeras, "The Nursing School at the Orthodox Jew Hospital at Czyste District in Warsaw", Museo Virtual de Enfermería, www.wmpp.org.pl/en/nursing-schools/the-nursing-school-at-the-orthodox-jew-hospital-at-czyste-district-in-warsaw.html.

92 *The Einsatzgruppen Reports,* Yitzhak Arad, Shmuel Krakowski y Shmuel Spector (eds.), Jerusalén: Yad Vashem, 1989.

93 *Ídem.*

Capítulo 4: El círculo de jóvenes

94 "Mlawa Societies in Israel and in the Diaspora", *Jewish Mlawa: Its History, Development, Destruction*, David Shtokfish (trad. y ed.), Tel Aviv, 1984, 2 vols., www.jewishgen.org/yizkor/mlawa/mla449.html; revisa especialmente el capítulo 14, "Modern Times". Revisa también: Jonas Turkow, *Ala Gólomb Grynberg: La heroica enfermera del gueto de Varsovia*, Elena Pertzovsky de Bronfman (trad.), Buenos Aires: Ejecutivo Sudamericano del Congreso Judío Mundial, 1970.

95 Sendler, "Youth Associations of the Warsaw Ghetto".

96 *Ídem.*

97 *Ídem.*

98 Samuel Kassow, *In Those Nightmarish Days: The Ghetto Reportage of Peretz Opoczynski and Josef Zelkowicz* (traducido al inglés y coeditado por David Suchoff), New Haven: Yale University Press, 2015.

99 Bartoszewski, *The Warsaw Ghetto.*

100 "Irena Sendler", Asociación de Niños del Holocausto en Polonia.

101 Bartoszewski, *The Warsaw Ghetto*, p. 9.

102 Universidad Estatal de Nueva York en Buffalo, Universidad Jaguelónica, "Slow Extermination: Life and Death in the Warsaw Ghetto", *Info Poland,* http://info-poland.buffalo.edu/web/history/WWII/ghetto/slow.html.

[103] Ringelblum, *Notes from the Warsaw Ghetto*, p. 39.

[104] Sendler, "Youth Associations of the Warsaw Ghetto".

[105] Ringelblum, *Notes from the Warsaw Ghetto*. Revisa también: Shtetl virtual, "Janusz Korczak's Orphanage in Warsaw", Ewelina Gadomska (trad.), www.sztetl.org.pl/en/article/warszawa/39,heritage-sites/3518,ja nusz-korczak-s-orphanage-in-warsaw-92-krochmalna-street-until-1940-/.

[106] Ringelblum, *Notes from the Warsaw Ghetto*, p. 249. En el archivo guardado por Ringelblum y sus colaboradoes dentro del gueto, revisa *The Warsaw Ghetto: Oyneg Shabes–Ringelblum Archives: Catalog y and Guide*, Robert Moses Shapiro y Tadeusz Epsztein (eds.), Bloomington: Indiana University Press, 2009.

[107] Ringelblum, *Notes from the Warsaw Ghetto*, p. 119.

[108] Grodin, *Jewish Medical Resistance*. Revisa también: Barbara Góra, "Anna Braude Hellerowa", Varsovia: Asociación de Niños del Holocausto en Polonia, 2011, pp. 38-39.

[109] "Singing at the Café: Vera Gran's Postwar Trials", *Canadian Jewish News*, 13 de enero de 2015, www.cjnews.com/books-and-authors/sin ging-caf%C3%A9-sztuka-vera-gran%E2%80%99s-postwar-trials.

[110] Agata Tuszynska, *Vera Gran: la acusada*, España: Alianza, 2011.

[111] Dan Kurzman, *The Bravest Battle: The 28 Days of the Warsaw Ghetto Uprising*, Boston: Da Capo Press, 1993, p. 5.

[112] Sendler, "Asociación de jóvenes del gueto de Varsovia".

[113] *Ídem*. Revisa también: Marian Apfelbaum, *Two Flags: Return to the Warsaw Ghetto*, Jerusalén: Gefen Publishing House, 2007, p. 49.

[114] Aniela Uziembło, "Józef Zysman", *Gazeta Stołeczna*, núm. 141, 20 de junio de 2005. Revisa también: Grochowska, "Lista Sendlerowej".

[115] Katarzyna Person, "A Forgotten Voice from the Holocaust", *La Voz de Varsovia*, 31 de marzo de 2011, www.warsawvoice.pl/WVpage/ pages/article.php/23365/article.

[116] Yad Vashem, *This Month in Holocaust History*, "Judischer Ordnungs-dienst", www.yadvashem.org/yv/en/exhibitions/this_month/resour ces/jewish_police.asp.

[117] Anna Poray, 2004, "Waclaw and Irena Szyszkowski", www.saving-jews.org/righteous/sv.htm. Revisa también: August Grabski y Piotr

Grudka, "Polish Socialists in Warsaw Ghetto", Instituto Histórico Judío Emanuel Ringelblum, Varsovia, www.jhi.pl/en/publications/52.

[118] Grabski y Grudka, "Polish Socialists in the Warsaw Ghetto". Revisa también: "A Forgotten Voice from the Holocaust", y Sendler, "Asociación de jóvenes del gueto de Varsovia".

Capítulo 5: Una llamada al doctor Korczak

[119] Jan Engelgard, "To Dobraczyński był bohaterem tamtego czasu", *Konserwatyzm*, 19 de junio de 2013, http://www.konserwatyzm.pl/artykul/10342/to-dobraczynski-byl-bohaterem-tamtego-czasu. Reseñado en: Ewa Kurek, *Dzieci żydowskie w klasztorach. Udział żeńskich zgromadzeń zakonnych w akcji ratowania dzieci żydowskich w Polsce w latach 1939-1945* [*Niños judíos en los monasterios: El rol de las congregaciones religiosas femeninas en el rescate de niños judíos en Polonia de 1939-1945*], Zakrzewo: Replika, 2012.

[120] Correspondencia personal de Mirosława Pałaszewska. Tengo una deuda significativa y gratitud con la señora Pałaszewska por facilitar todos sus archivos privados para este proyecto. Muchos de los objetos son notas de periódico y documentos personales de las familias, la mayoría en polaco, que de otra forma habría sido casi imposible reconstruir.

[121] *Ídem.*

[122] Louette Harding, "Irena Sendler: Una heroína del holocausto".

[123] Marek Haltof, *Polish Film and the Holocaust: Politics and Memory*, Nueva York: Berghahn Books, 2012, p. 149; Nahum Bogner, "The Convent Children: The Rescue of Jewish Children in Polish Convents During the Holocaust", Yad Vashem, www.yadvashem.org/yv/en/righteous/pdf/resources/nachum_bogner.pdf. Revisa también: Cynthia Haven, "Life in Wartime Warsaw... Not Quite What You Thought" (entrevista con Hana Rechowicz), 21 de mayo de 2011, bookhaven.stanford.edu/2011/05/life-in-wartime-warsaw-not-quite-what-you-thought.

[124] Correspondencia personal de Mirosława Pałaszewska.

[125] Klara Jackl, "Father Boduen Children's Home: A Gateway to Life", Museo de Historia de los Judíos Polacos, 11 de junio de 2012, www.

sprawiedliwi.org.pl/en/cms/your-stories/794/; y correspondencia personal.

[126] Cynthia Haven, "Life in Wartime Warsaw... Not Quite What You Thought".

[127] Ellen Land-Weber, *To Save a Life: Stories of Holocaust Rescue*, Champaign-Urbana: Universidad de Illinois Press, 2002, p. 195.

[128] Jan Dobraczyński, *Tylko w jednym życiu* [*Una vez en la vida*], Varsovia: Pax, 1977; además de la correspondencia personal de Mirosława Pałaszewska. Revisa también: Andras Liv, "1912-1942: Korczak Orphanage Fate in Warsaw: Krochmalna 92-Chłodna 33-Sienna 16", 2 de enero de 2012, http://jimbaotoday.blogspot.ca/2012/01/korczak-orphanage-in-warsaw_02.html; cuenta con una excelente selección de fotografías históricas de los orfanatos.

[129] Jan Engelgard, "To Dobraczyński był bohaterem tamtego czasu".

[130] *Ídem.*

Capítulo 6: El gigante del gueto

[131] Sendler, "O Pomocy Żydom".

[132] Yad Vashem, "Irena Schultz: Rescue Story", *Justos de las Naciones*, db.yadvashem.org/righteous/family.html?language=en&itemId=4017410; y Anna Poray, 2004, "Waclaw and Irena Szyszkowski", *Polish Righteous*, www.savingjews.org/righteous/sv.htm.

[133] Irena Sendler, "Youth Associations of the Warsaw Ghetto". Revisa también: "Władysław Witwicki: Rescue Story", base de datos Yad Vashem.

[134] Irena Sendler, "Youth Associations of the Warsaw Ghetto".

[135] *The Last Eyewitnesses: Children of the Holocaust Speak,* Jakub Gutembaum y Agnieszka Lalała (eds.), vol. 2, Evanston: Northwestern University Press, 2005.

[136] Irena Sendler, "Youth Associations of the Warsaw Ghetto".

[137] Museo de Historia de los Judíos Polacos, 2010, "Irena Schultz", *Polscy Sprawiedliwi* (Polish Righteous), www.sprawiedliwi.org.pl/en/family/644/.

[138] Andrzej Marynowski, comunicación personal.

[139] *Ídem.*

[140] Rami Gołąb- Grynberg, comunicación personal.

[141] Andrezj Marynowski, comunicación personal.

[142] Irena Sendler, "O Pomocy Żydom".

[143] "Grojanowski Report", Yad Vashem, www.yadvashem.org/odot_pdf/microsoft%20word%20-%206317.pdf.

Capítulo 7: Un viaje a Treblinka

[144] Yitzhak Arad, *Belzec, Sobibor, Treblinka: The Operation Reinhard Death Camps*, Bloomington: Indiana University Press, 1999. Revisa también Chil Rajchman, *Treblinka*, Seix Barral, 2014

[145] Chris Webb, *The Treblinka Death Camp: History, Biographies, Remembrance*, Stuttgart: Ibidem Press, 2014, pp. 14 y 21, *passim.*

[146] Chil Rajchman, *Treblinka: A Survivor's Memory, 1942-1943*, Solon Beinfeld (trad.), Londres: Maclehose Press, 2009.

[147] Yitzhak Arad, "The Nazi Concentration Camps: Jewish Prisoner Uprisings in the Treblinka and Sobibor Extermination Camps", Registros de la Cuarta Conferencia Internacional Anual Yad Vashem, enero de 1980, Biblioteca Virtual Judía, www.jewishvirtuallibrary.org/jsource/Holocaust/resistyad.html.

[148] Toby Axelrod, "Treblinka Survivor Attends Berlin Ceremony", Agencia Telegráfica Judía, 1 de agosto de 2015, www.jta.org/2005/08/01/life-religion/features/treblinka-survivor-attends-berlin-ceremony. Revisa también: Mark Smith, *Treblinka Survivor: The Life and Death of Hershl Sperling*, Mt. Pleasant, Carolina del Sur: The History Press, 2010, p. 112.

[149] Axis History Forum, discusión online (Adam Fisher, 31 de agosto de 2002, http://forum.axishistory.com/viewtopic.php?t=6901). Medir valores históricos es notoriamente complejo, pero hablando de manera estricta un dólar en los años 40 equivalía a 5.3 eslotis polacos. Para una discusión de valores históricos y calculadoras, ve a la excelente

fuente académica MeasuringWorth: www.measuringworth.com/uscompare/relativevalue.php.

[150] Michał Głowiński, *The Black Seasons*, traducido por Marci Shore. Evanston: Northwestern University Press, 2005.

[151] "Fundacja Taubego na rzecz Życia i Kultury Żydowskiej przedstawia Ceremonię Wręczenia Nagrody im. Ireny Sendlerowej", programa 2013.

[152] Jewish Rescuers of the Holocaust, 1933-1945, "Jewish Organizations Involved in Rescue and Relief of Jews", 25 de agosto de 2012, http://jewishholocaustrescuers.com/Organizations.html.

[153] Chana Kroll, "Irena Sendler: Rescuer of the Children of Warsaw", Chadab, www.chabad.org/theJewishWoman/article_cdo/aid/9390 81/jewish/Irena-Sendler.htm. Revisa también: Joachim Wieler, "The Long Path to Irena Sendler: Mother of the Holocaust Children" (entrevista con Irena Sendler), *Social Work and Society* 4, núm. 1 (2006), www.socwork.net/sws/article/view/185/591.

[154] Joachim Wieler, "The Long Path to Irena Sendler".

[155] Irena Sendler, "Youth Associations of the Warsaw Ghetto". Revisa también: Jonas Turkow, *Ala Golomb Grynberg*; y Marcin Mierzejewski, "Sendler's Children", *La Voz de Varsovia*, 25 de septiembre de 2003, www.warsawvoice.pl/WVpage/pages/article.php/3568/article.

[156] Correspondencia personal.

[157] De acuerdo con Jan Dobraczyński, los miembros del personal que fueron con él eran Irena Sendłerowa, Jadwiga Piotrowska, Nonnę Jastrzębie, Halina Kozłowską, Janina Barczakową y Halina Szablakównę (Mirosława Pałaszewska, archivos privados). Revisa también: Museo de Historia de los Judíos Polacos, 2010, "Jan Dobraczyński", *Polscy Sprawiedliwi* (Polish Righteous), www.sprawiedliwi.org.pl/en/family/436,dobraczynski-jan/.

[158] Museo de Historia de los Judíos Polacos, 2010, "Jan Dobraczyński", *Polscy Sprawiedliwi* (Polish Righteous), www.sprawiedliwi.org.pl/en/family/436,dobraczynski-jan/.

[159] *Ídem.*

[160] *Ídem.*

[161] Nahum Bogner, *At the Mercy of Strangers: The Rescue of Jewish Children with Assumed Identities in Poland*, Jerusalén: Yad Vashem, 2009, p. 22.

[162] *Ídem.*

[163] Museo de Historia de los Judíos Polacos, 2010, "Stanisława Bussold", *Polscy Sprawiedliwi* (Polish Righteous), www.sprawiedliwi.org.pl/pl/family/331,bussold-stanislawa/

[164] "Fundacja Taubego na rzecz Życia i Kultury Żydowskiej przedstawia Ceremonię Wręczenia Nagrody im. Ireny Sendlerowej", programa 2013.

[165] Betty Jean Lifton, *The King of Children: A Biography of Janusz Korczak*, Nueva York: Schocken, 1989; y Janusz Korczak, *Ghetto Diary*, New Haven: Yale University Press, 2003.

[166] Janusz Korczak, *Ghetto Diary*, New Haven: Yale University Press, 2003.

[167] Adam Czerniakow, *Warsaw Diary of Adam Czerniakow: Prelude to Doom*, Raul Hilberg *et al.* (eds.), Chicago: Ivan R. Dee, 1999.

[168] Władysław Bartoszweski, *The Warsaw Ghetto*.

Capítulo 8: El hada buena de Umschlagplatz

[169] Michael T. Kaufman, "Marek Edelman, Commander in Warsaw Ghetto Uprising, Dies at 90", *New York Times*, 3 de octubre de 2009, www.nytimes.com/2009/10/03/world/europe/03edelman.html.

[170] "Edwin Weiss", Base de datos del Gueto de Varsovia, Centro Polaco de Investigación sobre el Holocausto, http://warszawa.getto.pl/index.php?mod=view_record&rid=09121996103042000001&tid=osoby&lang=en; y "Nachum Remba", Base de datos del Gueto de Varsovia, Centro Polaco de Investigación sobre el Holocausto, http://warszawa.getto.pl/index.php?mod=view_record&rid=05011904155335000002&tid=osoby&lang=en.

[171] Eli Valley, *The Great Jewish Cities of Central and Eastern Europe: A Travel Guide*, Nueva York: Jason Aronson Publishers, 1999, p. 230.

[172] Jonas Turkow, *Ala Golomb Grynberg*.

[173] Agnieszka Witkowska, "Ostatnia droga mieszkańców i pracowni-ków warszawskiego Domu Sierot", *Zagłada Żydów, Studia i Materiały*, vol. 6, 2010, http://korczakowska.pl/wp-content/uploads/2015/08/Agnieszka-Witkowska.-Ostatnia-droga-mieszkancow-i-pracowni kow-warszawskiego-Domu-Sierot.pdf, p. 22 y *passim*.

[174] *Ídem*.

[175] David Cesarani y Sarah Kavanaugh, *Holocaust: Jewish Confrontations with Persecution and Mass Murder*, vol. 4 de *The Holocaust: Critical Concepts in Historical Study*, Londres: Routledge, 2004, 56.

[176] Jürgen Oelkers, "Korczak's *Memoirs*: An Educational Interpretation", Universität Zürich, Institut für Erziehungswissenschaft, Lehrstühle und Forschungsstellen [conferencia publicada], p. 95-96. Revisa tam-bién: Władysław Szpilman, *The Pianist: The Extraordinary True Story of One Man's Survival in Warsaw, 1939-1945*, A. Bell (trad.), con extractos del diario de Wilm Hosenfeld, Nueva York: Picador, 1999.

[177] Diane Ackerman, *The Zookeeper's Wife*.

[178] Jürgen Oelkers, "Korczak's *Memoirs*".

[179] Agnieszka Witkowska, "Ostatnia droga mieszkańców".

[180] *Ídem*.

[181] I. M. Sidroni, "Rabbi Zalman Hasid", Alex Weingarten (trad.), *The Community of Sierpc: Memorial Book*, Efraim Talmi (ed.), Tel Aviv, 1959, www.jewishgen.org/Yizkor/Sierpc/sie377.html.

[182] Vladka Meed, *On Both Sides of the Wall: Memoirs from the Warsaw Ghetto*, Steven Meed (trad.), Jerusalén: Ghetto Fighters' House, 1972; rese-ñado por Rivka Chaya Schiller, *Women in Judaism* 9, núm. 1 (2012), http://wjudaism.library.utoronto.ca/index.php/wjudaism/article/view/19161/15895.

[183] Janusz Korczak, *The Child's Right to Respect*, Strasbourg: Council of Europe Publishing, 2009, www.coe.int/t/commissioner/source/pre ms/PublicationKorczak_en.pdf.

[184] *Ídem*.

[185] Irena Sendler, "Youth Associations of the Warsaw Ghetto".

[186] Marek Edelman, "The Ghetto Fights", in *The Warsaw Ghetto: The 45th Anniversary of the Uprising*, Varsovia: Interpress Publishers, 1987, pp.

17-39; archivado en www.writing.upenn.edu/~afilreis/Holocaust/warsaw-uprising.html.

[187] Stanislaw Adler, *In the Warsaw Ghetto*.

[188] "Janusz Korczak", Instituto Adam Mickiewicz, Varsovia, www.diapozytyw.pl/en/site/ludzie/; "Janusz Korczak: A Polish Hero at the Jewish Museum", *Culture* 24, 7 de diciembre de 2006, www.culture24.org.uk/history-and-heritage/art41997. Revisa también: Władysław Bartoszweski, *The Warsaw Ghetto*.

[189] "Irena Sendler Tells the Story of Janusz Korczak", Gariwo.

[190] Janusz Korczak, "A Child's Right to Respect".

[191] Irena, "Youth Associations of the Warsaw Ghetto".

[192] Ludwik Hirszfeld, *The Story of One Life*, Marta A. Balińska (trad.), Rochester: University of Rochester Press, 2014, Kindle location 8897.

[193] "Ala Gołąb [Golomb] Grynberg", Base de Datos del Gueto de Varsovia, Centro Polaco para la Investigación del Holocausto, http://warszawa.getto.pl/index.php?mod=view_record&rid=07051998094230000004&tid=osoby&lang=en.

[194] Ludwik Hirszfeld, *The Story of One Life*, Kindle location 8897.

[195] Base de datos Dekret Bieruta, www.kodekret.pl/Dekret-Bieruta.pdf.

[196] Vladka Meed, *On Both Sides of the Wall*, traducido por Steven Meed. Washington, D. C.: Museo Memorial del Holocausto de Estados Unidos, 1999.

[197] Irena Sendler, "Youth Associations of the Warsaw Ghetto".

[198] *Ídem*.

[199] *Ídem*.

[200] *Ídem*.

Capítulo 9: La recta final

[201] Yisrael Gutman, Ina Friedman, *The Jews of Warsaw, 1939-1943: Ghetto, Underground, Revolt*, Bloomington: Indiana University Press, 1989, 218.

[202] Władysław Bartoszweski, *The Warsaw Ghetto*. Revisa también: Abraham Lewin, *A Cup of Tears: A Diary of the Warsaw Ghetto*, Antony

Polonsky (ed.), Waukegan, Ilinois: Fontana Press, 1990; consultar las entradas de julio de 1942.

[203] Marek Edelman, "The Ghetto Fights".

[204] *The Last Eyewitnesses*, p. 111.

[205] Marilyn Turkovich, "Irena Sendler", 29 de septiembre de 2009, *Charter for Compassion*, http://voiceseducation.org/category/tag/irena-sendler. Incluye extractos de entrevistas con Irena Sendler y algunos videos.

[206] Marcin Mierzejewski, "Sendler's Children", *La voz de Varsovia*, 25 de septiembre de 2003, www.warsawvoice.pl/WVpage/pages/article.php/3568/article; y referencias de entrevistas personales.

[207] Marcin Mierzejewski, "Sendler's Children", *La Voz de Varsovia*, 25 de septiembre de 2003, www.warsawvoice.pl/WVpage/pages/article.php/3568/article.

[208] "The 72nd Anniversary of the Creation of the Council to Aid Jews", Instituto Histórico Judío, Varsovia, 3 de diciembre de 2014, www.jhi.pl/en/blog/2014-12-03-the-72nd-anniversary-of-the-creation-of-the-council-to-aid-jews

[209] Michalina Taglicht vivió con la familia Piotrowski, junto con su hija de cinco años, Bronia, en 1943. La niña después fue escondida en la casa de los papás de Jadwiga, ubicada a unos 100 km fuera de Varsovia, en el pueblo de Pionki, y Michelina fue escondida en un refugio en Varsovia. Jan y Zofia Szelubski (su esposa embarazada) también se refugiaron en la casa.

[210] Michał Głowiński, *The Black Seasons*.

[211] Alexandra Sližová, "Osudy zachráněných dětí Ireny Sendlerové", tesis de maestría, 2014, Masarykova University, http://is.muni.cz/th/383074/ff_b/BP-_Alexandra_Slizova.pdf

[212] Nahum Bogner, "The Convent Children", p. 7.

[213] "Adolf Abraham Berman", Yad Vashem, www.yadvashem.org/odot_pdf/Microsoft%20Word%20-%205996.pdf.

[214] Nahum Bogner, "The Convent Children", p. 7.

[215] Alexandra Sližová, "Osudy zachráněných dětí Ireny Sendlerové".

Capítulo 10: Agentes de la resistencia

[216] IPN TV, "Relacja Piotra Zettingera o Ucieczce z Warszawskiego Getta" (entrevista en video con Piotr Zettinger), www.youtube.com/watch?v=tY3WxXUiYzo.

[217] Sendler, "Youth Associations of the Warsaw Ghetto".

[218] Anna Poray, 2004, "Wacław and Irena Szyszkowski", Polish Righteous, www.savingjews.org/righteous/sv.htm.

[219] "The Woman Who Smuggled Children from the Ghetto", Jewniverse, 15 de febrero de 2013, http://thejewniverse.com/2013/the-woman-who-smuggled-children-from-the-ghetto.

[220] "Poles Saving Jews: Irena Sendlerowa, Zofia Kossak, Sister Matylda Getter", Mint of Poland, www.nbp.pl/en/banknoty/kolekcjonerskie/2009/2009_13___polacy_ratujacy_zydow_en.pdf.

[221] Recortes de periódicos sin fecha, "Jaga Piotrowska" y "Stowarzszenie Dzieci Holocaustu w Polsce", cortesía de la Asociación de Niños del Holocausto en Polonia y de Mirosława Pałaszewska. Revisa también: "50 Razy Kara Śmierci: Z Jadwigą Piotrowską", 11 de mayo de 1986, ZIH archives, Materialy Zabrane w Latach, 1995-2003, sygn. S/353.

[222] Anna Mieszkowska, *Irena Sendler*, p. 82.

[223] Janusz Korczak, "A Child's Right to Respect".

[224] "Address by Irena Sendeler [*sic*]", Asociación de Niños del Holocausto en Polonia, (entrevistas con Irena Sendler), www.dzieciholocaustu.org.pl/szab58.php?s=en_ sendlerowa001_ 02. php.

[225] E. Thomas Wood y Stanisław M. Jankowski, *Karski: How One Man Tried to Stop the Holocaust*, Nueva York: John Wiley & Sons, Inc., 1994; Stanisław Wygodzki, "Epitaph for Krysia Liebman", *Jewish Quarterly* 16, vol. 1 (1968): p. 33.

[226] Sharman Apt Russell, *Hunger: An Unnatural History*, Nueva York: Basic Books, 2006.

[227] Marek Edelman, "The Ghetto Fights".

[228] Jonas Turkow, *Ala Gólomb Grynberg*.

[229] "Deportations to and from the Warsaw Ghetto", Enciclopedia del Holocausto, Museo Memorial del Holocausto de Estados Unidos, www.ushmm.org/wlc/en/article.php?ModuleId=10005413.

[230] "Central Welfare Council, Poland", Yad Vashem, www.yadvashem. org/odot_pdf/Microsoft% 20Word%20-%205913.pdf.

[231] "K. Dargielowa", Base de Datos del Gueto de Varsovia, Centro Polaco para la Investigación del Holocausto, http://warszawa.getto.pl/ index.php?mod=view_record&rid=20051997191448000001&tid=osoby&lang=en

[232] Jonas Turkow, *Ala Gólomb Grynberg.*

[233] Joanna B. Michlic, *Poland's Threatening Other: The Image of the Jew from 1880 to the Present,* Lincoln: University of Nebraska, 2008, 170. "Protest" fue originalmente circulado en Varsovia en 1942 en un panfleto clandestino, con un tiraje de 5 000 copias. Los pasajes antisemitas fueron borrados casi de inmediato ese año, cuando el texto fue reimpreso. Sobre la historia de estas supresiones, revisa también: David Cesarani y Sarah Kavanaugh, *Holocaust: Responses to the Persecution,* p. 63. Debido a estos pasajes, el texto completo es difícil de conseguir; el material completo está reimpreso en algunos libros de consulta del holocausto, por ejemplo: Sebastian Rejak y Elżbieta Frister (eds.), *Inferno of Choices: Poles and the Holocaust,* Varsovia: Oficyna Wydawnicza "Rytm", 2012, p. 34.

[234] Teresa Prekerowa, *Żegota: Commision d'aide aux Juifs,* Maria Apfelbaum (trad.), Mónaco: Éditions du Rocher, 1999, p. 24.

[235] Krzysztof Komorowski, *Polityka i walka: Konspiracja zbrojna ruchu narodowego.*

Capítulo 11: Żegota

[236] Marek Halter, *Stories of Deliverance: Speaking with Men and Women Who Rescued Jews from the Holocaust,* Chicago y La Salle, Illinois: Open Court, 1997, pp. 9-11; citado en Mark Paul, "Wartime Rescue of Jews", pp. 61-62.

[237] "Życie Juliana Grobelnego", 3 de octubre de 2007, http://grju93brpo. blogspot.ca/2007/10/ycie-juliana-grobelnego.html. Revisa también: Jerzy Korczak, *Oswajanie Strachu,* Źródło: Tygodnik Powszechny,

2007, extraído de http://www.projectinposterum.org/docs/zegota.htm.

[238] Teresa Prekerowa, *Żegota: Commission d'aide aux Juifs*, Polacy Ratujący Żydów w Latach II Wojny Światowej, IPN (Instytut Pamięci Narodowej), Varsovia, 2005, http://ipn.gov.pl/__data/assets/pdf_file/0004/55426/1-21712.pdf.

[239] Marcin Mierzejewski, "Sendler's Children", *La Voz de Varsovia*, 5 de septiembre de 2003, www.warsawvoice.pl/WVpage/pages/article.php/3568/article.

[240] Teresa Prekerowa, *Konspiracyjna Rada Pomocy Żydom w Warszawie, 1942-1945,* Warsaw: PIW, 1982. Algunos capítulos fueron traducidos del polaco por la fundación canadiense Polish-Jewish Heritage: www.polish-jewish-heritage.org/eng/teresa_preker_chapters1-2.htm.

[241] Irena Sendler, "Youth Associations of the Warsaw Ghetto".

[242] Teresa Prekerowa, *Konspiracyjna Rada Pomocy Zydom w Warszawie*.

[243] *Ídem.*

[244] *Ídem.*

[245] *Ídem.*

[246] Bohdan Hryniewicz, *My Boyhood War: Warsaw: 1944,* Stroud, Reino Unido: The History Press, 2015.

[247] Magdalena Grochowska, "Sendler's List".

[248] Irena Sendler, "O Pomocy Żydom", *Lewicowo*.

[249] *Ídem.*

[250] Jerzy Korczak, *Oswajanie Strachu,* Varsovia: Wydawnictwo Muza, 2007.

[251] Jerzy Korczak, *Oswajanie Strachu.*

[252] "Otwoccy Sprawiedliwi", *Gazeta Otwocka,* julio de 2012, www.otwock.pl/gazeta/2012/sprawiedliwi.pdf.

[253] *Ídem.*

[254] Guía de Praga, "Building of the Mint", www.warszawskapraga.pl/en/object_route.php?object_id=332.

[255] Alanna Gomez, "Jan and Antonia Zabinski: The Zookeepers", Canadian Centre for Bio-Ethical Reform, www.unmaskingchoice.ca/blog/2013/01/18/jan-and-antonia-zabinski-zookeepers.

256 Vanessa Gera, "New Exhibition at Warsaw Zoo Honors Polish Couple Who Saved Jews During World War II", *Haaretz*, 11 de abril de 2015, www.haaretz.com/jewish-world/jewish-world-features/1.651285.

257 Otwoccy Sprawiedliwi", *Gazeta Otwocka*, julio de 2012, www.otwock. pl/gazeta/2012/sprawiedliwi.pdf.

Capítulo 12: Hacia el precipicio

258 Reportes de esta historia varían dependiendo de la fuente. Irena Sendler dijo en una entrevista en la decada de los sesenta que, aunque ella estuvo presente, pudo haber sido en casa de una de sus conspiradoras cercanas. Pero es más probable que sólo estuviera siendo modesta y protegiendo a sus vecinos durante un periodo en el que todavía la perseguían. Revisa: Irena Sendler, "O Pomocy Żydom".

259 *Ídem.*

260 *Ídem.*

261 Halina Złotnicka [Goldsmith], "Czesc Tereska VI", Calendario Judío, Almanaque 1990-1991, pp. 138-146; recortes de periódicos, cortesía de los archivos privados de Mirosława Pałaszewska; correspondencia personal.

262 "Życie Juliana Grobelnego".

263 *Journal of Emanuel Ringelblum*, p. 28.

264 Robert Rozett, "The Little-Known Uprising: Warsaw Ghetto, January", Jerusalem Post, 16 de enero de 2013, www.jpost.com/Opi nion/Op-Ed-Contributors/The-little-known-uprising-Warsaw -Ghetto-January-1943

265 "Odznaczenie za bohaterską postawę i niezwykłą odwagę", Oficina del presidente de Polonia, 16 de marzo de 2009, www.prezydent.pl/ archiwum-lecha-kaczynskiego/aktualnosci/rok-2009/art,48,61,odz naczenie-za-bohaterska-postawe-i-niezwykla-odwage.html.

266 "A List (No. VII) of Welfare Cases According to Caseload 'Cell' Heads", número de registro ‏24092מ‏", catálogo 6210, base de datos Ghetto House Fighters Archive, www.infocenters.co.il/gfh/

multimedia/FilesIdea/%D7%90%D7%95%D7%A1%20006210.
pdf.

[267] Irena Sendler, "O Pomocy Żydom".

[268] *Ídem.*

[269] Citado en Michał Głowiński, *The Black Seasons*, p. 115.

[270] *The Last Eyewitnesses.*

[271] *Ídem.*

[272] "Zamordowani w różnych rejonach Warzawy", Więźniowie Pawiaka
[Víctimas de Pawiak en Varsovia], 1939-1944, www.stankiewicze.
com/pawiak/warszawa4.htm.

[273] Cortesía de los archivos privados de Mirosława Pałaszewska y de la
Asociación de los Niños del Holocausto en Polonia.

[274] Cortesía de los archivos privados de Mirosława Pałaszewska y de la
Asociación de los Niños del Holocausto en Polonia.

[275] Cortesía de los archivos privados de Mirosława Pałaszewska; correspondencia personal.

[276] Teresa Prekerowa, *Żegota: Commission d'aide aux Juifs*; Israel Gutman,
The Encyclopedia of Righteous Among the Nations, Jerusalén: Yad Vashem,
2007, vol. 5 (Polonia), parte 2, pp. 611-612.

[277] Alexandra Sližová, "Osudy zachráněných dětí Ireny Sendlerové".

[278] Michał Głowiński, *Black Seasons*.

[279] *Ídem.*

Capítulo 13: La rebelión de Ala

[280] Esta imagen surge del poema "Campo dei Fiori" de Czesław Miłosz.

[281] "The Warsaw Ghetto Uprising", Yad Vashem, www.yadvashem.org/
yv/en/education/newsletter/30/warsaw_ghetto_uprising.asp.

[282] Władysław Bartoszewski, *The Warsaw Ghetto*.

[283] Marek Edelman, "The Ghetto Fights".

[284] *Ídem.*

[285] "The Warsaw Ghetto: Stroop's Report on the Battles in the Warsaw
Ghetto Revolt (May 16, 1943)", Biblioteca Judía Virtual, www.jewi
shvirtuallibrary.org/jsource/Holocaust/sswarsaw.html.

286 Transcripciones del juicio de Eichmann, Proyecto Nizkor, www. nizkor.org/hweb/people/e/eichmann-adolf/transcripts/Sessions/ Session-025-04.html.

287 David Danow, *The Spirit of Carnival: Magical Realism and the Grotesque,* Lexington: University of Kentucky Press, 2005.

288 *Ídem.*

289 Teresa Prekerowa, Żegota: *Commission d'aide aux Juifs,* Maria Apfelbaum (trad.). Mónaco: Éditions du Rocher, 1999.

290 *Ídem.*

291 Anna Mieszkowska, *Prawdziwa Historia Ireny Sendlerowej,* p. 127.

292 Jonas Turkow, *Ala Gólomb Grynberg.*

293 Algunas fuentes alternativas mencionan la fecha del 9 de mayo.

284 Marek Edelman, "The Ghetto Fights".

295 *Ídem.*

296 *Ídem.*

297 "Marek Edelman: Last Surviving Leader of the 1943 Warsaw Ghetto Uprising Against the Nazis", *Independent,* 7 de octubre de 2009, www.independent.co.uk/news/obituaries/marek-edelman-last-surviving-leader-of-the-1943-warsaw-ghetto-uprising-against-the-nazis-1798644.html.

298 Marian Apfelbaum, *Two Flags: Return to the Warsaw Ghetto,* Nueva York: Gefen Publishing, 2007, p. 317.

299 *Ídem.*

300 Para ampliar sobre el tema del Hotel Polski, revisa: Abraham Shulman, *The Case of Hotel Polski: An Account of One of the Most Enigmatic Episodes of World War II,* Biblioteca del Holocausto, Nueva York, 1982.

301 "Adam Żurawin", Base de Datos del Gueto de Varsovia, Centro Polaco para la Investigación del Holocausto, http://warszawa.getto. pl/index.php?mod=view_record&rid=27032003204554000076&tid=osoby&lang=en.

302 Andrew Nagorski, " 'Vera Gran: The Accused' by Agata Tuszynska", reseña en *Washington Post,* 22 de marzo de 2013, www.washingtonpost. com/opinion/vera-gran-the-accused-by-agata-tuszynskatranslated-from-the-french-of-isabelle-jannes-kalinowski-by-charles-

ruas/2013/03/22/6dce6116-75f2-11e2-8f84-3e4b513b1a13_story.
html.

303 Después de la guerra Vera Gran declaró no ser colaboradora y el
tema ha sido controversial, como se discute en la obra de Andrew
Nagorski, entre otros. En sus memorias, Vera Gran también acusó
al "pianista" Władysław Szpilman de haber sido un colaborador.
Por lo general, los investigadores tomaron esto como una táctica de
distracción y posiblemente como un reflejo de la avanzada edad y
décadas de rencor de Vera Gran. La publicación de la biografía dio
pie a que el hijo de Szpilman protestara sobre la difamación de su
padre. En 1983, Irena Sendler también hizo una denuncia de Vera
Gran en testimonio escrito para el doctor Horn Maurycy, director del
Instituto Histórico Judío en Varsovia (archivo A.051/488/80): www.
veragran.com/sendler1pdf.pdf y www.veragran.com/sendler2pdf.
pdf. Jonas Turkow (salvado por Ala Gołąb-Gryberg y autor de la
única biografía de ella) también denunció a Vera Gran por actividades de colaboracionismo con los nazis.

304 "New Book Full of 'Lies and Libel' Says Son of Władysław Szpilman", *Polskie Radio*, emisión y transcripción el 5 de noviembre de
2011. www2.polskieradio.pl/eo/dokument.aspx?iid=142897.

305 Irena Sendler, "Youth Associations of the Warsaw Ghetto".

306 Lawrence N. Powell, *Troubled Memory: Anne Levy, the Holocaust, and David
Duke's Louisiana*, Charlotte: University of North Carolina Press, 2002,
249; Deborah Charniewitch-Lubel, "Kolno Girls in Auschwitz", en
Kolno Memorial Book, Aizik Remba y Benjamin Halevy (eds.), Tel Aviv:
Kolner Organization y Sifirat Poalim, 1971, www.jewishgen.org/
Yizkor/kolno/kole056.html.

307 Jadwiga Rytlowa, "Chaja Estera Stein (Teresa Tucholska-Körner):
'The First Child of Irena Sendler' ", Museo de Historia de los Judíos Polacos, 14 de septiembre de 2010. www.sprawiedliwi.org.pl/
en/cms/your-stories/360,chaja-estera-stein-teresa-tucholska-k-rner-
the-first-child-of-irena-sendler-/.

308 Irena Sendler, "O Pomocy Żydom".

Capítulo 14: Aleja Szucha

309 *Ídem*. Revisa también: Museo de Historia de los Judíos Polacos, 2010, "The Stolarski Family", *Polscy Sprawiedliwi* (Polish Righteous), www. sprawiedliwi.org.pl/en/family/123,the-stolarski-family/.

310 Museo de Historia de los Judíos Polacos, 2010, "Irena Sendler", *Polscy Sprawiedliwi* (Polish Righteous), www.sprawiedliwi.org.pl/pl/cms/biografia-83/.

311 Irena Sendler, "O Pomocy Żydom".

312 Wanda D. Lerek, *Hold on to Life, Dear: Memoirs of a Holocaust Survivor*, s/l: W. D. Lereck, 1996.

313 Holocaust Education & Archive Research Team, "Gestapo Headquarters: Szucha Avenue and Pawiak Prison-Warsaw", 2007, www. holocaustresearchproject.org/nazioccupation/poland/pawaiak. html. Aunque no es un sitio académico, la información incluye una gran colección de fotos históricas de Pawiak y un excelente resumen.

314 *Ídem*.

315 Anna Czuperska-Śliwicka, *Cztery Lata Ostrego Dyżuru: Wspomnienia z Pawiaka, 1930-1944*, Varsovia: Czytelnik, 1965; revisa también la exhibición de materiales del Museo Pawiak en el 2013.

316 Regina Domańska, Pawiak, *Więzienie Gestapo: Kronika 1939-1944*, Varsovia: Książka i Wiedza, 1978; revisa también: Anna Czuperska -Śliwicka, *Cztery Lata Ostrego Dyżuru* y la exhibición de materiales del Museo Pawiak en el 2013.

317 "Barbara Dietrych-Wachowska", biografía : http://pl.cyclopaedia. net/wiki/Barbara_Dietrych-Wachowska. Algunas fuentes dicen que Helena Pęchcin y Barbara Dietrych-Wachowska fueron arrestadas a principios de agosto. Otras dicen que unos días antes que Irena. Pero los que conocieron a Irena en persona reportan que las tres mujeres fueron arrestadas el mismo día en la redada que surgió por la denuncia de la lavandería-correo. Sin importar cuál sea el caso, lo cierto es que Irena Sendler y Basia Dietrich compartieron celda en Pawiak. Gracias por esta información al fallecido Yoram Gross, quien me lo contó.

[318] Mirosław Roguszewski, *Powstańcze Oddziały Specjalne "Jerzyki" w latach 1939-1945,* Bydgoszcz: s/e, 1994.

[319] Anna Czuperska-Śliwicka, *Cztery Lata Ostrego Dyżuru.*

[320] Irene Tomaszewski y Tecia Werbowski, *Code Name: Żegota.*

[321] "Gestapo Torture of Jews in Warsaw Prisons Reported, List of Guilty Nazis", 19 de octubre de 1942, Jewish Telegraphic Agency, www. jta.org/1942/10/19/archive/gestapo-torture-of-jews-in-warsaw-pri sons-reported-list-of-guilty-nazis-published.

[322] Exhibición de materiales del Museo Pawiak en el 2013.

[323] Irene Tomaszewski y Tecia Werbowski, *Code Name: Żegota,* 58.

[324] Jerzy Korczak, *Oswajanie Strachu.*

[325] Jonas Turkow, *Ala Gólomb Grynberg.*

[326] "Aktion Erntefest (Operation 'Harvest Festival')", Enciclopedia del Holocausto, Museo Memorial del Holocausto de Estados Unidos, www.ushmm.org/wlc/en/article.php?ModuleId=10005222.

[327] Teresa Prekerowa, *Żegota: Commission d'aide aux Juifs,* Maria Apfelbaum (trad.). Mónaco: Éditions du Rocher, 1999.

[328] Władysław Bartoszewski y Zofia Lewinówna, *Ten jest z ojczyzny mojej: Polacy z pomocą Żydom, 1939–1945,* Varsovia: Świat Książki, 2007, p. 370.

[329] "Irenę Sendlerową i Barbarę Ditrich: niezwykłe sąsiadki z ul. Lud-wiki wspomina Barbara JankowskaTobijasiewicz", Urząd Dzielni-cy Wola, 28 de enero de 2010, archivo 46/347, www.wola.waw.pl/ page/341,internetowe-wydanie-kuriera-wolskiego——-wszystkie-nu mery.html?date=2010-01-00&artykul_id=394; contiene testimonio de Barbara Jankowska-Tobijasiewicz, quien vivió en el edificio de departamentos de Irena Sendler y Basia Dietrich cuando era niña.

[330] Marcin Mierzejewski, "Sendler's Children", *La Voz de Varsovia,* 25 de septiembre de 2003, www.warsawvoice.pl/WVpage/pages/article. php/3568/article. Revisa también: Yad Vashem, "Deneko Family: Rescue Story", *Justos de las Naciones,* http://db.yadvashem.org/righ-teous/family. html?language=en&itemId=4014550.

[331] Teresa Prekerowa, *Żegota: Commission d'aide aux Juifs,* Maria Apfelbaum (trad.). Mónaco: Éditions du Rocher, 1999.

Capítulo 15: La ejecución de Irena

[332] *Ídem.*

[333] Irena Sendler, notas autobiográficas, archivos ZIH, Materialy Zabrane w Latach, 1995-2003, sygn. S/353, file IS-04-85-R.

[334] *Ídem*

[335] Irena Sendler, "O Pomocy Żydom".

[336] *Ídem.*

[337] *Ídem.*

[338] *Ídem.*

[339] Government Delegation for Poland, archivos, firma 202/II-43, Department of the Interior, rpt. Krzysztofa Komorowskiego, *Polityka i Walka: Konspiracja Zbrojna Ruchu Narodowego, 1939–1945*, Varsovia: Oficyna Wydawnicza "Rytm", 2000. Revisa también: Zołnierze Przeklieci Nacjonalizmzabija, 20 de diciembre de 2013, https://zol nierzeprzekleci.wordpress.com/listy-nienawisci.

[340] Museo de Historia de los Judíos Polacos, 2010, "Irena Sendler", *Polscy Sprawiedliwi* (Polish Righteous), www.sprawiedliwi.org.pl/en/cms/ biography-83/.

[341] Diane Ackerman, *The Zookeeper's Wife*, 196.

[342] Halina Grubowska, correspondencia y entrevistas personales.

[343] Janina Goldhar, correspondencia personal.

[344] "Fundacja Taubego na rzecz Życia i Kultury Żydowskiej przedstawia Ceremonię Wręczenia Nagrody im. Ireny Sendlerowej", programa del 2013.

[345] *Ídem.* Revisa también: *Prawdziwa Historia Ireny Sendlerowej*, de Anna Mieszkowska.

[346] Joanna Papuzińska-Beksiak, Muzeum Powstania Warszawskiego, archivos de historia oral, 13 de enero de 2012, http://ahm.1944.pl/ Joanna_Papuzinska-Beksiak/1. Muchos de los detalles fueron sacados de esta entrevista.

[347] Museo de Historia de los Judíos Polacos, 2010, "Chaja Estera Stein", *Polscy Sprawiedliwi* (Polish Righteous), www.sprawiedliwi.org.pl/en/ cms/your-stories/360,chaja-estera-stein-teresa-tucholska-k-rner-the-first-child-of-irena-sendler-/.

348 Yad Vashem, "Grobelny Family: Rescue Story", Justos de la Naciones, db.yadvashem.org/righteous/family.html?language=en&itemId
=4034600.

349 "Życie Juliana Grobelnego", RelatioNet, 3 de octubre de 2007, http://
grju93brpo.blogspot.ca/2007/10/ycie-juliana-grobelnego.html.

350 Teresa Prekerowa, *Żegota: Commission d'aide aux Juifs*, Maria Apfelbaum (trad.). Mónaco: Éditions du Rocher, 1999.

351 Anna Mieszkowska, Prawdziwa Historia Ireny Sendlerowej.

352 "Irena Sendlerowa", Asociación de Niños del Holocausto en Polonia.

353 *Ídem.*

354 *Ídem.*

355 *Ídem.*

Capítulo 16: Combate en Varsovia

356 Museo de Historia de los Judíos Polacos, 2010, "The Stolarski Family", *Polscy Sprawiedliwi* (Polish Righteous), www.sprawiedliwi.org.
pl/en/family/123,the-stolarski-family/.

357 Alexandra Richie, *Warsaw 1944: Hitler, Himmler, and the Warsaw Uprising*, Nueva York: Farrar/Strauss and Giroux, 2013. Reseñdo por
Irene Tomaszewski en *Cosmopolitan Review* 6, núm. 1 (2014), http://
cosmopolitanreview.com/warsaw-1944.

358 *Ídem.*

359 Fuerza Aérea de Alemania durante la Segunda Guerra Mundial
(nota de la traductora).

360 Zygmunt Skarbek-Kruszewski, *Bellum Vobiscum: War Memoirs*, Jurek
Zygmunt Skarbek (ed.), s/l: Skarbek Consulting Pty Ltd, 2001.

361 Diario de Hans Frank, Archivos Nacionales de Estados Unidos, Washington, D. C., publicación T992, microfilm, www.archives.gov/
research/captured-german-records/microfilm/t992.pdf.

362 Comisión Central para la Investigación de Crímenes Alemanes en
Polonia, *German Crimes in Poland*, Nueva York: Howard Fertig, 1982.

363 Museo de Historia de los Judíos Polacos, 2010, "Irena Sendler", *Polscy Sprawiedliwi* (Polish Righteous), www.sprawiedliwi.org.pl/en/cms/
biography-83/.

364 Museo de Historia de los Judíos Polacos, 2010, "Maria Palester", *Polscy Sprawiedliwi* (Polish Righteous), www.sprawiedliwi.org.pl/en/family/434,palester-maria/.

365 Recuerdos de Andrzej Rafal Ulankiewicz, " 'Warski II': Battalion 'Parasol' (Umbrella)", citado en: Warsaw Uprising 1944, www.warsawuprising.com/witness/parasol.htm. Una de esas jóvenes fue Maria Stypułkowska, nombre clave "Kama". Se unió al Ejército Nacional como mensajera a los diecisiete años y se convirtió en una legendaria asesina y saboteadora. La ejecución de Franz Kutschera, jefe de la policía y de las ss en Varsovia, el 1° de febrero de 1944, fue trabajo de Maria. Sobrevivió la guerra para contar sus historias; revisa su testimonio: "Maria 'Kama' Stypułkowska-Chojecka Popiera Komorowskiego—a Ty?", grabado por Bronisław Komorowski, 27 de mayo de 2010, www.youtube.com/watch?v=LOQaeuv9b6Y.

366 Irena Sendler, "Youth Associations of the Warsaw Ghetto".

367 Zygmunt Skarbek-Kruszewski, *Bellum Vobiscum*.

368 Anna Mieszkowska, *Prawdziwa Historia Ireny Sendlerowej*.

369 Archivos de Mirosława Pałaszewska y correspondencia personal.

370 Archivos de Mirosława Pałaszewska.

371 Museo de Historia de los Judíos Polacos, 2010, "Irena Sendler", *Polscy Sprawiedliwi* (Polish Righteous), www.sprawiedliwi.org.pl/en/cms/biography-83/.

372 Anna Mieszkowska, *Prawdziwa Historia Ireny Sendlerowej*.

373 Magdelena Grochowska, "Lista Sendlerowej".

374 Ada Pagis, "A Rare Gem", *Haaretz*, 9 de mayo de 2008, www.haaretz.com/a-rare-gem-1.245497; reseña de *Ir betoch ir* [*Una ciudad dentro de otra*], diario de Batia Temkin-Berman, Uri Orlev (trad.), Jerusalén: Yad Vashem, 2008.

375 *The Last Eyewitnesses: Children of the Holocaust Speak*, Wiktoria Śliwówska (ed.), Julian y Fay Bussgang Evanston (trad.), Evanston, Illinois: Northwestern University Press, 1999.

376 Irena Sendler, "Youth Associations of the Warsaw Ghetto".

Capítulo 17: El fin de la historia

[377] Arash Kheradvar y Gianni Pedrizzetti, *Vortex Formation in the Cardiovascular System*, Nueva York: Springer, 2012.

[378] Irena Sendler, "Youth Associations of the Warsaw Ghetto".

[379] "Elżbieta Ficowska", testimonio, Asociación de Niños del Holocausto en Polonia, www.dzieciholocaustu.org.pl/szab58.php?s=en_myio nas_11.php.

[380] Michał Głowiński, *The Black Seasons*.

[381] *Ídem.*

[382] Correspondencia personal.

[383] A. M. Rosenthal, "The Trees of Warsaw", *Nueva York Times*, www. nytimes.com/1983/08/07/magazine/the-trees-of-warsaw.html.

[384] "Fundacja Taubego na rzecz Życia i Kultury Żydowskiej przedstawia Ceremonię Wręczenia Nagrody im. Ireny Sendlerowej", programa 2013. También archivos de Mirosława Pałaszewska y correspondencia personal.

[385] *Ídem.* Revisa también: "Irena Sendler, Saviour of Children in the Warsaw Ghetto, Died on May 12th, Aged 98", *Economist*, 24 de mayo de 2008, www.economist.com/node/11402658.

[386] "Irena Sendlerowa", Asociación de Niños del Holocausto en Polonia.

[387] Archivos de Mirosława Pałaszewska y correspondencia personal; revisa también: Michał Głowiński, *The Black Seasons*, p. 87.

[388] Archivos de Mirosława Pałaszewska; también Michał Głowiński, *The Black Seasons*, p 86.

[389] *Ídem.*

[390] Iwona Rojek, "To była matka całego świata-córka Ireny Sendler opowiedziała nam o swojej mamie", *Echo Dnia Śilętokrzyskie*, 9 de diciembre de 2012. www.echodnia.eu/swietokrzyskie/wiadomosci/ kielce/art/8561374,to-byla-matka-calego-swiata-corka-ireny-send ler-opowiedziala-nam-o-swojej-mamie,id,t.html.

[391] Anna Mieszkowska, *Prawdziwa Historia Ireny Sendlerowej*.

[392] Michał Głowiński, *The Black Seasons*.

Conclusión: La historia desaparecida de Irena Sendler

[393] Irena Sendler, "Youth Associations of the Warsaw Ghetto".

[394] Joseph Bottum, "Good People, Evil Times: The Women of Żegota", *First Things,* 17 de abril de 2009: www.firstthings.com/blogs/first-thoughts/2009/04/good-people-evil-times-the-women-of-zegota.

[395] Anna Mieszkowska, *Prawdziwa Historia Ireny Sendlerowej,* p. 20.

[396] Alexandra Sližová, "Osudy zachráněných dětí Ireny Sendlerové".

[397] "Fundacja Taubego na rzecz Życia i Kultury Żydowskiej przedstawia Ceremonię Wręczenia Nagrody im. Ireny Sendlerowej", Programa 2013.

[398] Magdelena Grochowska, "Lista Sendlerowej".

[399] Yoram Gross, correspondencia personal.

[400] Joachim Wieler, "The Long Path to Irena Sendler".

[401] Magdelena Grochowska, "Lista Sendlerowej".

[402] Hans G. Furth, "One Million Polish Rescuers of Hunted Jews?", *Journal of Genocide Research* 1, núm. 2 (1999): pp. 227-232.

[403] Irena Sendler, notas autobiográficas, ZIH archives, Materialy Zabrane w Latach, 1995-2003, sygn. S/353, file IS-04-85-R.

[404] Aleksandra Zawłocka, "The Children of Ms. Sendler", Polish-Jewish Heritage Foundation of Canada, www.polish-jewish-heritage.org/eng/The_Children_of_Ms_Sendler.htm. Revisa también: Museo de Historia de los Judíos Polacos, 2010, "Irena Sendler", *Polscy Sprawiedliwi* (Polish Righteous), www.sprawiedliwi.org.pl/en/cms/biography-83/.

[405] Scott T. Allison, George R. Goethals, *Heroes: What They Do and Why We Need Them,* Oxford: Oxford University Press, 2010, p. 24.

[406] Anil Dutta Mishra, *Inspiring Thoughts of Mahatma Gandhi,* Delhi: Concept Publishing, 2008, p. 36.

Otras fuentes adicionales consultadas para este libro incluyen: Halina Grubowska, *Ta, Która Ratowała Żydów: rzecz o Irenie Sendlerowej,* Varsovia: Żydowski Instytut Historyczny im. Emanuela Ringelbluma, 2014; Władysław Bartoszewski, "Powstanie Ligi do Walki z Rasizmem w 1946 r.", *Więź* (1998): pp. 238-245; Tomasz Szarota, "Ostatnia Droga

Doktora: Rozmowa z Ireną Sendlerową", *Historia*, vol. 21, 24 de mayo de 1997, p. 94; Janina Sacharewicz, "Irena Sendlerowa: Działanie z Potrzeby Serca", *Słowo Żydowskie*, 20 de abril de 2007; Mary Skinner, *Irena Sendler: In the Name of Their Mothers* (documental), 2011; "Bo Ratowała Życie", *Gość Warszawski*, núm. 6, 11 de febrero de 2007; y Abhijit Thite, *The Other Schindler... Irena Sendler: Savior of the Holocaust Children*, Priya Gokhale (trad.), Pune, India: Ameya Prakashan, 2010.